LA CITADELLE ENDORMIE

Jean Guisnel

LA CITADELLE ENDORMIE

Faillite de l'espionnage américain

Fayard

Du même auteur

Les Généraux, enquête sur le pouvoir militaire en France, La Découverte , 1990

Charles Hernu ou la République au coeur, Fayard, 1993.

Guerres dans le cyberespace, services secrets et Internet, La Découverte, 1995.

Les pires amis du monde ; les relations franco-américaines à la fin du XXe siècle, 1999, Stock, Prix France-Amérique, 1999.

Libération, la biographie, La Découverte, 1999, Prix du livre politique, 2000.

En collaboration

-

Services secrets, les services de renseignement sous François Mitterrand, avec Bernard Violet, La Découverte, 1988.

Au coeur du secret, 1500 jours aux commandes de la DGSE, en collaboration avec Claude Silberzahn, Fayard, 1995.

Carnet secrets d'un nageur de combat, en collaboration avec Alain Mafart, Albin Michel, 1999.

Être juste, justement, en collaboration avec Marilyse Lebranchu, Albin Michel, 2002.

Pour Carole et pour Héloïse

Dites-leur l'approche de la Grande Dévastation,
dites-leur la menace qui pèse sur eux
comme elle a brûlé sur vous,
dites-leur de faire face et que nous sommes des frères,
mais ne les choquez pas ni ne les scandalisez,
et dites-vous que, pour vous,
l'heure a sonné de rendre coup pour coup au Monstre,
et, par mille et mille coups d'épingles,
de tenter de dévaster la Dévastation !

Sayd Bahodine Majrouh
poète afghan assassiné en 1988

Introduction

Un échec historique

Quelques minutes avant le décollage du vol 11 d'American Airlines qui va quitter l'aéroport Logan de Boston, un homme jeune, d'allure anodine, confortablement installé en classe Affaires, entend l'annonce de l'équipage enjoignant à tous les passagers d'éteindre leurs téléphones portables et leurs appareils électroniques. Mohammed Atta ne s'est jamais trouvé aussi près de la réalisation de l'acte qu'il prépare depuis des mois, si ce n'est des années. Avant d'éteindre son téléphone, il appelle durant quelques secondes son complice Marwan Al Shehhi qui se trouve à bord d'un autre appareil, lui aussi au roulage sur une piste de l'aéroport de Boston. Dès lors, le sort en est jeté. Dans les deux avions qui emmènent les équipes que ces deux hommes dirigent[1], de même que dans les

1. Vol 11 d'American Airlines : 92 personnes à bord du Boeing 767 Boston-Los Angeles. Décollage : 8 heures. Percute la tour nord du World Trade Center à 8 h 47. Terroristes : Mohammed Atta, Satam Al Suqami, Walid Al Shehri, Abdulaziz Al Omari, Wail Al Shehri.

Vol 175 de United Airlines : 65 personnes à bord du Boeing 767 Boston-Los Angeles. Décollage : 8 heures. Percute la tour sud du World Trade Center à 9 h 03. Terroristes : Marouan Al Shehhi, Fayez Ahmed, Ahmed Al Gahmdi, Hamza Al Ghamdi, Mohad Al Shehri. [NDA : pour l'ensemble des identités des terroristes, l'orthographe retenue est celle donnée par *Le Monde* (17 septembre 2001).]

deux autres[1] à bord desquels se sont installés les membres de deux équipes supplémentaires, les terroristes vont attendre que soit atteinte l'altitude de croisière. Puis, dans chacun des quatre appareils, les scénarios seront à peu de chose près identiques : deux hommes iront, brandissant à la main de simples cutters, prendre les commandes dans le poste de pilotage après avoir tué les pilotes ; les autres tiendront les passagers en respect. Une heure et demie plus tard, soit entre 8 h 47 et 9 h 38[2], le pire acte terroriste de l'Histoire sera consommé : les deux avions partis de Boston auront percuté les deux tours du World Trade Center ; un vol parti de l'aéroport Dulles, à Washington, se sera écrasé sur le Pentagone ; dans le quatrième avion, les passagers se seront révoltés et le projet terroriste n'aura pas été mené à terme : le Boeing 747 s'écrasera en Pennsylvanie.

Mais qu'a-t-il bien pu se passer pour que les services de renseignement américains n'aient pas vu venir les attentats du 11 septembre ? Question à l'énoncé simple mais aux réponses à tiroirs. Car ce fiasco, inconcevable au regard des efforts engagés par les États-Unis pour se prémunir contre ce type d'attaque-surprise déjà expérimentée dans des conditions différentes à Pearl Harbor en décembre 1941, ne saurait se satisfaire d'explications simples. Un aussi formidable ratage ne

1. Vol 77 d'American Airlines : 64 personnes à bord du Boeing 757 Washington-Los Angeles. Décollage : 8 h 14. Percute le Pentagone à 9 h 38. Terroristes : Kalid Al Midhar, Majed Moqed, Nawaq Al Hamzi, Salem Al Hamzi, Hani Hanjour.

Vol 93 de United Airlines : 44 personnes à bord du Boeing 747 Newark-San Francisco. Décollage : 8 h 01. S'écrase dans un champ en Pennsylvanie à 10 h 10. Terroristes : Saïd Al Gahmdi, Ahmed Al Haznawi, Ahmed Al Nami, Ziad Jarrahi.

2. 14 h 47 et 15 h 38, heure de Paris.

peut être que le résultat d'une longue chaîne de problèmes, certains identifiés, d'autres pas, qui puisent leurs racines il y a bien longtemps, dès les prolégomènes de la Guerre froide, quand s'est mise en place cette « culture du renseignement » si particulière, propre à celui qui était déjà le plus puissant pays du monde, soucieux de ne point s'engager dans les guerres frontales mais leur préférant les stratégies indirectes et la confrontation avec l'Union soviétique sur des champs de bataille périphériques. C'est en partie là, au cœur de cette histoire tumultueuse et passionnée, faite d'innombrables « coups tordus », dans ces défaites réitérées et ces victoires trop minces pour être connues, qu'il faut trouver une des raisons qui ont abouti au désastre du 11 septembre. On ne saurait comprendre ces événements sans se souvenir que, durant la seconde moitié des années 70, marquées par une exigence nouvelle de retour à la vertu publique, le lien entre les services de renseignement américains et la nation, sans lequel ces services ne seraient plus rien, s'est trouvé rompu à force d'avoir servi à couvrir trop d'actions antidémocratiques, de recours à des supplétifs locaux aux mains ensanglantées, d'absolu mépris des droits de l'homme. Après la guerre du Vietnam, après la présidence de Richard Nixon, surnommé Tricky Dicky (« Dick le tricheur »), ses successeurs, Gerald Ford, Jimmy Carter et Ronald Reagan enfoncèrent le clou en interdisant (mais sur le papier seulement) le recours aux homicides, et la CIA se rangea des voitures. On n'embaucha plus que des jeunes gens bien propres sur eux, nourris au McDo et à la bière Budweiser. Parallèlement, les espions abandonnèrent le terrain pour ne plus recourir qu'aux satellites-espions, à la lecture des journaux, aux interceptions téléphoniques, en s'endormant dans une douce quiétude. Jusqu'à ce que survienne le 11 septembre 2001…

À l'occasion de l'anniversaire de la CIA, en juillet 1997, le *New York Times* écrivait : « En cinquante ans, cette agence d'élite est devenue une paria dans la culture américaine, prisonnière de son histoire publique d'agence d'espionnage (...). Tristes, en colère, plusieurs de ceux qui l'ont dirigée durant la Guerre froide disent que c'est son cœur qui lâche, que le service secret de la Nation pourrait atteindre le terme de sa vie active[1]. » Le propos est cruel, mais sans doute fallacieux : comment imaginer que la CIA puisse disparaître ? Sous son appellation et sous son organisation actuelles, peut-être. Mais quelle importance ? La CIA et les autres services sont indispensables au fonctionnement de l'Amérique impériale, comme le sont d'ailleurs leurs homologues à tous les États du monde : la diplomatie, la défense, l'économie ont besoin de ces structures dont le propre est de voler l'information cachée en violant les lois de leur propre pays comme celles du ou des pays auxquels elles s'en prennent.

Perception du risque terroriste

Pour mesurer l'ampleur de l'échec des services américains, on doit se garder de se laisser fasciner par l'apparente soudaineté du désastre représenté par les attentats du 11 septembre ; ceux-ci ne sont pas survenus comme un éclair dans un ciel bleu, mais bel et bien dans un contexte où le risque terroriste avait été nettement perçu par ceux qui ont justement la charge de surveiller la marche du monde. Depuis près de dix ans pour

1. Tim Weiner : « Aging Shop of Horrors : The CIA Limps to Fifty », *The New York Times*, 20 juillet 1997.

les Américains, vingt ans pour les Français, ce péril faisait même figure d'obsession. Rappelons que la France avait été massivement frappée, dès le début des années 80, par un terrorisme lié aux événements du Moyen-Orient[1]. Les États-Unis n'étaient pas moins concernés par ce terrorisme d'origine moyen-orientale[2], et, après diverses opérations meurtrières, notamment au Liban, le sol américain avait lui-même été touché.

Le 26 février 1993, un premier attentat contre le World Trade Center avait déjà été perpétré et son organisateur, le Pakistanais Ramzi Youssef, fut condamné à la prison à perpétuité. Si le FBI avait pu arrêter un premier membre de son réseau, c'est que ce dernier était venu récupérer à l'agence de location la caution (400 dollars) de la fourgonnette qui avait été placée, bourrée de 600 kilos d'un mélange détonnant composé de désherbant agricole et de fuel (prix de revient total de la charge : 400 dollars), dans le parking d'une des deux tours jumelles. Ni l'arrestation de Ramzi Youssef, extradé du Pakistan en 1997, ni son procès ne permirent à l'époque d'établir un lien quelconque entre ce dernier et Oussama Ben Laden. Depuis lors, divers rapprochements entre les deux hommes ont pu être établis[3], notamment,

1. Le terrorisme meurtrier lié aux événements du Moyen-Orient a débuté en France en 1980, avec l'attentat contre la synagogue de la rue Copernic qui fit 4 morts. Par la suite, les pires attentats furent ceux contre le train *Le Capitole*, organisé par le terroriste Carlos, qui fit 5 morts et 27 blessés, le 29 mars 1982, et contre un commerce de la rue des Rosiers, à Paris, le 9 août 1982, qui fit 6 morts et 22 blessés. La vague terroriste organisée en 1986 par le réseau de Fouad Ali Saleh provoqua 13 morts. La suivante fit 9 morts lors de 8 attentats durant l'été 1995. Un autre attentat fit 4 morts au métro Port-Royal, à Paris, le 3 décembre 1996.

2. *Cf.* tableau « Principaux attentats... », p. 331.

3. Simon Reeve, *The News Jackals ; Ramzi Youssef, Osama Bin Laden and the Future of Terrorism*, Northeastern University Press, Boston, 1999, pp. 48-50.

semble-t-il, par un complice de Ramzi Youssef, Wali Khan Amin Shah, qui avait mis sur pied avec son acolyte une extraordinaire opération terroriste : le « projet Bojinka » prévoyait la destruction en vol, le même jour, d'une douzaine d'avions commerciaux en provenance d'Asie traversant le Pacifique vers les États-Unis. Une mauvaise manipulation ayant mis le feu à leur appartement de Manille (Philippines), Youssef fut contraint à la fuite. Si ses liens éventuels avec Ben Laden n'ont pas été directement établis, ce n'est pas non plus le cas du cheikh intégriste égyptien Omar Abdel Rhamane, prédicateur aveugle, violemment anti-américain, qui prêchait le Jihad dans une mosquée de New York. Lui aussi avait organisé un complot visant à provoquer des attentats spectaculaires dans New York, mais l'opération échoua en raison de la défection d'un membre du réseau, recruté par le FBI. En décembre 1999, les Américains arrêtèrent à la frontière canadienne un Algérien de 33 ans, Ahmed Ressam, bien connu des policiers et des juges antiterroristes français qui avait vu son nom cité dans l'enquête sur le « gang de Roubaix » dont quatre membres avaient été tués par la police le 29 mars 1996[1]; lors de son arrestation, Ressam s'apprêtait à commettre des attentats, à l'occasion du passage à l'an 2000, au moyen des 60 kilos d'explosifs qu'il transportait dans sa voiture. En février 2002, Yacine Akhnouche, un Algérien de 27 ans, arrêté à Paris, affirmera avoir rencontré dans des camps d'entraînement en Afghanistan plusieurs membres du réseau Ben Laden, dont Ahmed Ressam,

1. Plusieurs membres du « gang de Roubaix » étaient liés au réseau dirigé par Fateh Kamel, proche de la mouvance de Ben Laden, dont le procès se déroula à Paris en février 2001.

Zacharias Moussaoui (arrêté en août 2001 lors de son entraînement au pilotage aux États-Unis) et Charles Reid (qui tenta de faire sauter un avion en vol à l'aide d'une chaussure à la semelle bourrée d'explosif), entre autres.

Le paradoxe, estime un enquêteur français qui suit de près le dossier du terrorisme islamique, réside dans la relative indifférence au phénomène terroriste perçue chez ses collègues américains durant la décennie 1990 et au-delà : « C'est comme s'ils n'étaient pas intéressés par cette question. Ils s'étaient satisfaits du miracle qui leur avait permis d'élucider en partie l'attentat commis en 1993 au World Trade Center, mais ne prêtaient aucune attention particulière à nos avertissements. » Cette attitude américaine, qui aura finalement perduré pendant plus de vingt ans, remonte sans doute à la prise d'otages à l'ambassade américaine à Téhéran. Le fiasco militaire qui s'en était ensuivi, puis les tractations douteuses avec le régime des mollahs lors de l'*Iran-Contra Affair*, avaient pu laisser penser à n'importe quel apprenti terroriste que les États-Unis ne réagissaient plus aux avanies frappant leurs ressortissants. De même les attentats meurtriers perpétrés dans les années 80 contre les intérêts américains à Beyrouth avaient entraîné force rodomontades, mais aucune réaction particulière, et les terroristes purent se croire par la suite autorisés à harceler impunément à l'explosif un pays qui tuait *chaque jour* par arme à feu plus de 80 de ses habitants[1].

1. Soit environ 30 000 par an, avec un pic en 1993 (39 595). (Source : http://www.bradycampaign.org/press/related_documents/112901a.pdf). À ce rythme, les armes à feu provoquent en cinq semaines autant de décès que les attentats contre le World Trade Center (2 842 morts recensés au 11 février 2002).

Et ce n'était pas les quelques missiles tirés contre lui en 1998 qui allaient persuader Oussama Ben Laden du contraire...

Englués dans leur aversion du risque, rétifs à l'idée de perdre un seul de leurs hommes dans des contrées inhospitalières, incapables de trouver par eux-mêmes les renseignements indispensables à la mise sur pied de ripostes efficaces, les services américains donnaient l'impression de « laisser courir ». Pourtant, malgré leurs méthodes contestables, leurs moyens techniques trop énormes, leur bonne conscience incommensurable, ce complexe de supériorité qui les rend insupportables à leurs homologues du monde entier, ces services étaient en alerte. Maladroitement, avec parfois des approximations d'amateurs tout à fait inattendues de leur part, ils travaillaient sur la question du terrorisme. Comme toujours, quand ils traitent d'un sujet particulier, ils s'en étaient d'abord remis à leurs capacités techniques, et les analystes de la CIA – ceux qui travaillent dans les bureaux, par opposition aux opérationnels qui ratissent (ou devraient ratisser) le terrain – ont fait fonction d'organe de digestion pour absorber des flux d'informations amazoniens. Nous verrons dans quelles conditions afin de tenter de déterminer pourquoi cela n'a pas fonctionné.

Les analyses sur le terrorisme ont été produites pour l'essentiel par le CTC (Counterterrorism Center), une structure de la CIA dirigée par un vétéran du service, Cofer Black, qui rassemble des spécialistes venus de plusieurs agences. Même si les attentats du 11 septembre donnent à penser que leur travail n'a débouché que sur un résultat nul, il convient aussi de reconnaître que, depuis plusieurs années, ils ne laissaient planer aucun mystère ni sur la réalité de la menace, ni sur les risques encourus. Le 5 février 1997, le nouveau directeur de la CIA, George Tenet, dont la nomination, à cette date, n'avait pas encore été confirmée par le Sénat, expliquait ainsi que les menaces terroristes auxquelles devaient faire face les États-Unis reposaient sur des groupes qui « ont développé de larges infrastructures transnationales, lesquelles, dans certains cas, encerclent littéralement la planète. Ces réseaux peuvent impliquer plusieurs groupes aux idées proches, chacun assistant les autres. Les terroristes utilisent des infrastructures dans une grande variété d'objectifs englobant aussi bien le financement, le recrutement, le transport d'armes et de matériel, les va-et-vient des opérationnels. Pour ce qui est des finances, nous avons affaire à des structures de plus en plus complexes, capables de lever et transférer des fonds, y compris en utilisant des organisations charitables ou non gouvernementales, pour faire circuler l'argent. Ces infrastructures mondiales peuvent être utilisées par les terroristes pour mener leurs attaques en des lieux et à des moments choisis par eux, comme l'ont démontré les deux attentats du Hezbollah libanais contre des cibles israéliennes ou juives à Buenos Aires en 1992 et 1994[1]. Les réseaux terroristes modernes font également preuve de

1. En 1994, un attentat contre la mutuelle juive AMIA fit 85 morts à Buenos Aires. Fin janvier 2002, la Justice argentine a envoyé une commission rogatoire en Suisse afin de faire bloquer les comptes de l'ancien président argentin Carlos Menem, accusé d'avoir touché un pot-de-vin de 10 millions de dollars de l'Iran pour disculper publiquement le Hezbollah.

sophistication et d'expertise. Nous le constatons quand une opération antiterroriste réussie lève un aperçu de leurs méthodes, que ce soit dans leur manière de communiquer, d'assurer une surveillance, d'organiser une préparation opérationnelle, etc.[1] ». Ce qui n'est pas si mal vu, on en conviendra… Il n'empêche que, quelques mois plus tard, malgré cette perception relativement précise qui semble coller aux pratiques de l'organisation Al-Qaida d'Oussama Ben Laden, la CIA ne verra pas venir les deux tragiques attentats qui vont survenir en Afrique, le 7 août 1998, contre les ambassades américaines au Kenya et en Tanzanie, faisant au total 252 morts, dont 12 citoyens américains, et près de 5 000 blessés.

Début 2001, le même George Tenet, patron de la CIA – laquelle n'aura pas davantage su prévoir l'attentat perpétré contre la frégate *USS Cole* dans le port d'Aden, au Yémen, le 24 octobre 2000[2] – fera encore preuve d'une belle lucidité, toujours devant le Sénat, en affirmant : « La menace terroriste est réelle et évolutive. Le terrorisme d'État paraît avoir perdu de sa vigueur depuis cinq ans, mais des groupes transnationaux – avec un commandement décentralisé qui les rend plus difficiles à identifier et à contrer – sont apparus. Nous assistons à un petit nombre d'opérations contrôlées centralement, mais davantage se trouvent initiées et exécutées à des niveaux infé-

1. Audition de George Tenet devant le Senate Select Committee on Intelligence : *« Hearing on Current and Projected National Security Threats to the United States »*, 5 février 1997.

2. L'un des suspects recherché dans cet attentat, Sameer Mohammed Al Hada, a été tué lors d'une confrontation avec la police yéménite, le 13 février 2002 à Sana'a. Des sources yéménites ont indiqué qu'il pourrait être le beau-frère de Kalid Al Mihdar, pilote du vol 77 d'American Airlines qui s'est écrasé sur le Pentagone.

rieurs[1]. » Là encore, voilà qui est bien observé. Mais pas suffisant... Son collègue Louis Freeh, alors patron du FBI, déclarait quant à lui, quatre mois avant les attentats, tout aussi lucidement, que les « extrémistes affiliés, motivés par des convictions politiques ou religieuses, représentent la menace la plus pressante pour les États-Unis. Dans cette catégorie, des extrémistes islamistes sunnites, comme Oussama Ben Laden, et des individus rattachés à son organisation Al-Qaida, ont démontré leur volonté et leur capacité de mener des attaques provoquant des pertes humaines à grande échelle, ainsi que des destructions frappant des citoyens américains, leurs installations et leurs intérêts (...). Le dénominateur commun à ces différents individus n'est autre que leur engagement dans le mouvement international du Jihad qui associe une idéologie radicalisée à un programme de propagande contre les "ennemis de l'islam" de manière à renverser tous les gouvernements qui n'appliquent pas la *charia*, ou loi islamique intégriste. Objectif tactique prioritaire de ces mouvements : la mise au point et la réalisation d'une attaque terroriste à grande échelle, très spectaculaire, provoquant des pertes considérables, contre les citoyens et intérêts américains ainsi que ceux de leurs alliés dans le monde entier [2] ». Si Louis Freeh n'a jamais prétendu être Mme Irma, il faut bien admettre que les structures spécialisées du FBI, la Counterterrorism Division et la National Security Division, n'avaient pas si mal travaillé. D'autres spécialistes des services

1. Audition de George Tenet devant le Senate Select Committee on Intelligence : « Worldwide Threat 2001 : National Security in a Changing World », 7 février 2001.

2. Louis Freeh : « Threat of Terrorism to the United States », audition devant le Senate Committees on Appropriations, Armed Services, and Select Intelligence Committee, 10 mai 2001.

de renseignement parmi les mieux informés sur Al-Qaida et Ben Laden dirent et répéteront pratiquement la même chose[1]. Le problème, pour la CIA comme pour les autres « services », c'est que le contribuable américain ne réclame pas seulement de leur part une obligation de moyens consistant à mettre en œuvre tout ce dont ils disposent pour mener à bien leur mission ; ils exigent aussi en contrepartie une obligation de résultat : que la vision stratégique, version « boule de cristal », se transforme en information tactique directement utilisable.

Fabrication d'un terroriste

On ne saurait négliger la conséquence de l'abandon de l'Afghanistan à son sort après la défaite des Soviétiques lorsque ceux-ci quittèrent le pays la queue basse en février 1989. Quatre-vingt mille d'entre eux y étaient arrivés, le 24 décembre 1979, et avaient commencé par exécuter Hafizullah Amin, qui s'était emparé du pouvoir trois mois plus tôt, pour installer à sa place le très prosoviétique Babrak Karmal. Très tôt, des hommes fiers et indomptables, dont Ahmed Shah Massoud, puisant leur énergie guerrière dans une tradition séculaire de lutte contre toutes les tentatives d'invasion successives[2], se soulevèrent

1. À intervalles irréguliers, le service de documentation du Congrès publie une analyse informée sur les évolutions du terrorisme moyen-oriental. Voir la dernière parution : Kenneth Katzman, *Terrorism : Near Eastern Groups and State Sponsors, 2002.* Congressional Research Service, Washington, 13 février 2002.

2. On lira avec plaisir Olivier Weber, *Le Faucon afghan, voyage au pays des talibans*, éd. Robert Laffont, Paris, 2001. Voir aussi : Ahmed Rashid, *Asie centrale, champs de guerres*, éd. Autrement, Paris, 2002.

contre eux. Rapidement, la CIA comprit tout le profil qu'elle pouvait tirer de l'enlisement qui se profilait. Son but ? Faire de l'Afghanistan le Vietnam de l'Union soviétique. De ce point de vue, l'objectif allait être atteint, puisque l'URSS ne survivrait que quelques mois à sa défaite en Afghanistan, en 1989. On le sait peu, mais la première action de la CIA fut des plus modestes : elle consista à faire livrer aux tribus rebelles décidées à se battre contre l'armée soviétique des milliers de vieux fusils de fabrication britannique Lee-Enfield 303 Mk I, modèle 1895 ! L'arme séculaire était rustique, mais efficace à plus de 1 500 mètres. Elle constitua le premier arsenal de base des tribus qui n'allaient pas mettre longtemps à apprécier des équipements plus modernes et à en recevoir des centaines de tonnes via le Pakistan.

Non pas en provenance de la seule CIA car celle-ci fut puissamment aidée dans cette tâche par la DGSE, les services secrets français dont aucun acteur n'a encore publiquement évoqué cet aspect des stratégies « indirectes » appliquées par la France, elle aussi, durant la Guerre froide. La DGSE a jadis soutenu le commandant Massoud, assassiné le 9 septembre 2001 dans le cadre d'une opération-suicide qui apparaît désormais comme le prélude à l'attaque déclenchée quarante-huit heures plus tard contre les États-Unis. Le soutien secret de la France à la résistance afghane a commencé à partir de 1986[1] sur instructions conjointes du président de la République, François Mitterrand, et du Premier ministre, Jacques Chirac. La

1. Jean Guisnel et Bernard Violet, *Services secrets. Le pouvoir et les services de renseignement sous François Mitterrand*, éd. La Découverte, Paris, 1988, p. 169.

DGSE a alors contribué à la formation des hommes de deux groupes de résistance, l'un dirigé par Amine Wardak, l'autre par Massoud. Plusieurs dizaines de leurs cadres militaires sont venus se former secrètement en France, notamment au Centre d'instruction des réserves parachutistes de Cercottes (Loiret), base du Service Action. Un officier qui fut leur instructeur durant des années a raconté à l'auteur que ces hommes « étaient des bons. Disciplinés et touchants dans leur amitié pour la France. Formés au lycée français de Kaboul, plusieurs de leurs officiers parlaient bien notre langue ». En France, les hommes du Service Action formèrent ces combattants au maniement des armes antichars, à celui des appareils modernes de communication, mais les aidèrent également à organiser leurs mouvements. Notre interlocuteur poursuit : « Certains d'entre eux voulaient fuir leur pays. Nous les avons incités à y demeurer, mais surtout à maintenir la population sur place. Ils n'auraient pas pu, sans elle, poursuivre leur combat. Nous les avons aidés, par exemple, à mettre en place une infrastructure, à aménager des hôpitaux souterrains pour résister aux bombardements. »

La DGSE dispose alors à Peshawar, au Pakistan, d'une base opérationnelle qui reçoit notamment les armements livrés à la résistance par la France. Des avions y livrent essentiellement des mortiers, des missiles Milan antichars, divers moyens de transmission. Une demi-douzaine d'agents de la DGSE sont présents en permanence auprès de Massoud pour assurer les liaisons, les communications, la formation, et réceptionner les armements acheminés ensuite de Peshawar par piste, les Pakistanais fermant les yeux. Les Français participent également aux combats contre les

Russes, mais pas en première ligne : « Nous ne pouvions courir le risque que l'un de nous soit pris », confie un homme qui participa à ces actions. Celui-ci ajoute : « On a pu vérifier dans ces combats que les Russes étaient nuls, à un point inimaginable ! Ils tendaient des embuscades que nous repérions aussitôt, dans des gorges que nous franchissions sitôt qu'ils étaient partis[1] ! » Suite de la partie française du « Grand Jeu[2] », alors en cours à la périphérie et à l'intérieur de l'Afghanistan – une partie que les Américains ont toujours du mal à admettre, sinon à reconnaître.

Quand les Français de la DGSE se battent à l'époque en Afghanistan, ils ne sont pas les seuls Européens. Les Britanniques s'y trouvent également, qui fourniront notamment à la résistance des missiles sol-air *Blowpipe* ; ceux-ci seront, malgré leur difficile mise en œuvre, d'une grande efficacité contre les avions et hélicoptères russes.

À la fin de la Guerre froide, telle est donc la manière choisie par deux grandes démocraties européennes de se battre clandestinement, les armes à la main, contre les Soviétiques : aux côtés de la résistance afghane. Pour les Français, il ne saurait être question de soutenir qui que soit d'autre que Massoud. Mais les Américains et les Saoudiens soutiennent pour leur part le fondamentaliste Gulbuddin Hekmatyar[3] dont la lutte contre le commandant Massoud,

1. Jean Guisnel : « Quand la DGSE soutenait Massoud », *Le Point*, 21 septembre 2001.

2. La grande compétition entre les empires britannique et russe, au XIXe siècle, a été évoquée par Rudyard Kipling dans son chef-d'œuvre, *Kim*, publié en 1901.

3. Sur cet aspect : Claude Silberzahn, *Au cœur du secret. 1 500 jours aux commandes de la DGSE*, Fayard, Paris, 1995.

dans la foulée de la victoire contre les Soviétiques, provoquera massacres et désolation à Kaboul, ouvrant la voie à un autre régime de fer, celui des talibans, qui prendront le pouvoir en septembre 1996.

L'aide française à Massoud cesse au moment de la chute du régime prosoviétique[1] et la dernière mission de la DGSE intervient à cette époque : un appareil C-130 *Hercules* du Groupe aérien mixte 56 (GAM 56 Vaucluse), l'escadrille des services secrets français, arrache en catastrophe de Kaboul les derniers diplomates restés sur place. Parmi les cadres de la DGSE qui sont allés sur le terrain, cette fin de la présence française laisse la stupeur le disputer à la déception. L'un d'eux ne dissimule pas sa colère : « Scandaleux ! On a laissé tomber Massoud alors qu'il nous avait aidés, qu'il aurait pu, avec notre aide, faire un mal terrible aux talibans ! »

Quand les Français alimentent en armes les résistants afghans, ils passent par leurs propres filières d'achats et de fournitures sur les marchés « gris » internationaux ; les Américains, eux, ne veulent pas être pris la main dans le sac. Ils aident les Afghans, mais par Pakistanais et Saoudiens interposés. Ces derniers, notamment, sont en étroit contact avec un de leurs jeunes ressortissants, issu d'une très riche famille saoudienne, Oussama Ben Laden. Ils désignent le prince Turki Al Faisal comme préposé aux relations avec Ben Laden. Ce dernier, qui vient de passer le cap

1. Le suppôt des Soviétiques, Babrak Karmal, avait démissionné en mai 1986 pour être remplacé par le chef de la police secrète, Mohammed Najibullah. Ce dernier quitta le pouvoir en mai 1992, scellant la fin de quatorze ans de pouvoir prosoviétique en Afghanistan, pour être remplacé par Burhanuddin Rabbani, un homme de Massoud.

de la trentaine, est déjà un homme richissime, efficace et pragmatique, qui brasse des dizaines de millions de dollars et ne néglige pas ses propres affaires : sur le terrain, dans les montagnes, ce sont ses entreprises, avec leur matériel et leurs personnels, qui aménagent camps d'entraînement, grottes de montagne, hôpitaux souterrains, etc. En 1988, Oussama Ben Laden passe à la vitesse supérieure et crée son groupe, Al-Qaida : celui-ci va non seulement entreprendre sa propre guerre, mais fonctionner également comme prestataire pour tous ceux qui souhaitent recourir à ses services, et définir en retour le cadre d'action de groupes fonctionnant pour une part de manière autonome.

En 1989, une fois les Russes partis, il rentre en Arabie saoudite où son militantisme radical déplaît : mais la famille régnante attendra cinq années pleines avant de lui retirer sa nationalité et son passeport. En fait, il n'a plus d'utilité pour le régime prosélyte d'une secte rigoriste, les wahabites, et qui craint de se retrouver aux prises avec des islamistes radicalisés à l'extrême, disposant de cette masse de manœuvre cosmopolite et sans scrupules composée des « afghans » désœuvrés que Ben Laden n'entend pas démobiliser. Le contact entre Ben Laden et la famille royale saoudienne avec laquelle son père bâtit sa fortune dès les années 50 en construisant force édifices religieux, routes, palais et bâtiments publics n'a pourtant jamais été complètement rompu, notamment en raison des liens qu'il a tissés durant la guerre de résistance antisoviétique avec le prince Turki Al-Faisal : le chef du GID (General Intelligence Directorate), les services secrets saoudiens, a été le grand dispensateur de fonds secrets saoudiens aux résistants – et à Oussama Ben Laden –, et, malgré la rupture officielle avec ce dernier, il a gardé des liens avec lui jusqu'à son éviction par la famille régnante, quelques jours avant les attentats américains. Turki Al Faisal est aussi l'homme des relations secrètes avec les États-Unis, l'organisateur du soutien aux résistants afghans géré plusieurs années durant dans le secret du triangle des services secrets américains, saoudiens et pakistanais.

Il est souvent admis comme une vérité établie que la CIA s'est trouvée en contact direct avec Oussama Ben Laden durant les années de la guerre antisoviétique en Afghanistan et jusqu'à ce que le dernier soldat russe ait quitté le pays, le 15 février 1989. Cette thèse est contestée par de nombreux auteurs : « Bien que les accusations selon lesquelles la CIA est responsable de l'ascension des Arabes afghans fassent de beaux articles, elles ne font pas de la bonne histoire. La vérité est plus complexe et nuancée, dans toute la gamme des gris. Les États-Unis entendaient être à même de démentir[1] que la CIA finançait la résistance afghane, et son soutien financier transitait donc par l'ISI[2]. Celui-ci choisissait de son côté quelle faction afghane il convenait d'armer et d'entraîner, en favorisant la plus islamiste et la plus favorable au Pakistan. Les Arabes afghans combattaient aux côtés de ces factions, et c'est ainsi qu'ils furent accusés d'être des créatures de la CIA[3]. » Le journaliste britannique Robert Fisk, qui repéra le plus tôt Ben Laden en Occident et qui le

1. Il s'agit là de la théorie dite du « démenti plausible » qui permet à la CIA de prétendre qu'elle ne se trouve pas impliquée dans un « sale coup ». Si la démonstration est faite qu'elle y a trempé, son rôle consiste à servir de fusible afin de protéger le Président.

2. Inter-Services Intelligence, les services secrets pakistanais.

3. Peter L. Bergen, *Holy War, Inc. ; Inside the Secret World of Ossama Ben Laden*, The Free Press, New York, NY, 2001, pp. 64-65.

connaît fort bien pour avoir passé du temps avec lui à de nombreuses reprises dans les grottes afghanes, accorde du crédit à ce dernier quand il nie tout contact personnel avec les agents de la CIA : « Ben Laden m'a répété qu'il n'avait jamais accepté la moindre balle provenant d'Occident et qu'il n'avait jamais rencontré d'agent américain ou britannique[1]. »

Pourquoi les Américains ont-ils abandonné le terrain, une fois les Russes partis ? Parce qu'ils avaient d'autres chats à fouetter. Très vite – l'année suivante –, Saddam Hussein a envahi le Koweït et a mobilisé toute l'attention de l'exécutif américain et de ses stratèges. Mais l'Amérique estimait surtout n'avoir plus rien à faire, après la bataille, dans cette partie de l'Asie dont on sait pourtant depuis des temps immémoriaux qu'elle constitue une poudrière. Non par essence, ou parce que les populations qui habitent ces territoires seraient génétiquement programmés pour la violence et les massacres, mais plus simplement parce que la géographie commande et que, de ce point de vue, l'Afghanistan fait figure de plaque tournante : entre l'Inde et les États d'Asie centrale, entre le Pakistan et la Chine, limitrophe et point de passage obligé entre ces univers antagoniques, terre de conquêtes et de conquérants depuis l'Antiquité, déjà convoitée par Alexandre le Grand, puis par les Russes et les Britanniques qui tous partirent en laissant derrière eux ruines et monceaux de cadavres. Depuis le naufrage de l'Union soviétique, l'Afghanistan se trouve être également, pour son malheur, sur la route idéale d'un gazoduc entre le champ gazier de Dauletabad, au

1. Robert Fisk : « Oussama Ben Laden », *Le Monde*, 19 septembre 2001.

Turkménistan, et la côte pakistanaise de l'océan Indien[1]. Dans le nouveau « Grand Jeu », cette voie permettrait d'éviter les aléas d'un acheminement vers la mer via les ex-républiques soviétiques ou l'Iran.

Le jeu des États-Unis dans cette région est, de ce fait, d'une grande complexité. Si le monde avait fonctionné comme l'Amérique l'entend, les choses auraient été beaucoup plus simples : une fois les Soviétiques évincés, les compagnies pétrolières américaines auraient débarqué en Afghanistan et tout serait rentré dans l'ordre. Mais, en matière géopolitique, rien n'est jamais aussi fluide, et les impondérables sont constants : la montée de l'islamisme radical, incarné par le sunnite Ben Laden après l'avoir été par ses ennemis les chiites iraniens ; le rôle trouble du Pakistan, poudrière nucléarisée prête à en découdre avec son voisin indien, coulé dans le même métal, et à mettre le feu à la planète à coups de bombes atomiques ; sans oublier l'incontournable Arabie saoudite qui arrose tout l'islam intégriste de ses pétrodollars, de l'Algérie à la Bosnie, du Pakistan à l'Afghanistan. Particulièrement complexe et délicate est de ce fait la relation des États-Unis avec le royaume intégriste saoudien où ni la liberté de pensée, de

1. Voir à ce propos Jean-Charles Brisard et Guillaume Dasquié, *Ben Laden, la vérité interdite*, éd. Denoël, Paris, 2001, pp. 43-49. Richard Labévière, *Les Dollars de la terreur ; les États-Unis et les islamistes*, éd. Grasset, Paris, 1999, pp. 281-313. Pascal Riché : « Sous le conflit afghan, des pipelines ? », *Libération*, 5 janvier 2002. Roger Trilling : « Bushido – The Way of Oil », *The Village Voice*, 16 janvier 2002. Dominique Gallois et Marie Jégo : « L'exportation des hydrocarbures, sujet stratégique majeur pour l'Asie centrale », *Le Monde*, 20 octobre 2001. Olivier Roy : « Avec les talibans, la charia plus le gazoduc », *Le Monde diplomatique*, novembre 1996.

presse ou d'expression, ni le respect des droits de l'homme les plus élémentaires, ni l'égalité entre hommes et femmes, ni la séparation de la région et de l'État, ni rien de ce qui ressemble aux principes de base d'une démocratie moderne n'ont cours. Entre Ryad et Washington, on s'en tient donc à un échange de bons procédés : les États-Unis garantissent la sécurité de la dynastie corrompue des Saoud, et cette dernière, qui possède le quart des réserves du pétrole mondial, garantit en contrepartie l'approvisionnement pétrolier de l'oncle Sam. Quand les relations se tendent, c'est le prix du pétrole qui s'envole : en 1973, le choc pétrolier – le baril de brut passant de 3 à 11 dollars en un mois – a été provoqué par l'embargo saoudien. En 1985, les choses ont failli tourner assez mal quand la CIA et le Mossad israélien se sont rendu compte, mais trop tard, que Riyad venait d'acheter en Chine des missiles CSS2 capables d'atteindre l'État hébreu ! La Guerre du Golfe vint rassurer les Saoudiens sur les intentions américaines à leur égard, et cet attachement se traduisit par de jolies contreparties : 100 milliards de dollars d'achats d'armement… Dans la mesure où l'arrivée de George W. Bush aux affaires avait déjà provoqué une forte tension en raison de son soutien affiché à Israël, les attentats du 11 septembre n'ont évidemment rien arrangé : la plupart des terroristes détenaient des passeports saoudiens, et, par la suite, Riyad continua de traîner les pieds lorsqu'il s'agit de collaborer à l'enquête criminelle, de geler les avoirs de divers soutiens au réseau Al-Qaida, voire d'autoriser le Pentagone à utiliser une base saoudienne pour conduire ses opérations en Afghanistan.

Tout le monde à Washington, y compris à la CIA, semble avoir toujours pensé que rien de bon ne pourrait jamais sortir en définitive du chaos afghan. Aussi, en 1996, lorsque les intégristes accèdent au pouvoir à Kaboul, l'accueil des Américains n'est pas si mauvais, loin de là. Les Républicains ont beau blâmer l'administration Clinton de n'avoir point su régler leur compte aux talibans[1], la réalité est un peu plus complexe et il semble bien que les maîtres du jeu furent en l'occurrence les diplomates et les agents secrets, la Maison-Blanche de l'époque pouvant surtout être réprimandée pour sa coupable indifférence. L'expérience aurait pourtant dû les avoir avertis que la prise de pouvoir d'islamistes fanatisés et rétrogrades ne prélude jamais rien de bon, comme l'avaient déjà amplement démontré les événements en Iran et au Soudan.

À part l'opium et les émeraudes, l'Afghanistan ne produit rien de bien rentable. Depuis le départ des Soviétiques en 1992, les deux principales factions se disputaient la direction du pays : d'un côté Burhanuddin Rabbani et Ahmed Shah Massoud, que la France avait soutenus jusqu'au départ des Soviétiques ; de l'autre, Gulbuddin Hekmatyar, demeuré l'homme des Américains, des Pakistanais et des Saoudiens jusqu'à la même époque. La guerre civile entre ces deux factions entraîna la destruction de Kaboul, et c'est en partie pour mettre fin au désordre et ramener un semblant de calme dans la zone que les services

1. Cette thèse est notamment développée à la fin de l'année 2000 par le futur conseiller pour l'Afghanistan au NSC, ancien conseiller de la firme UNOCAL pour le gazoduc afghan, Zalmay Khalilzad. Lire Zalmay Khalilzad et Daniel Byman, « Afghanistan : the Consolidation of a Rogue State », *The Washington Quarterly*, hiver 2000.

secrets pakistanais, l'ISI, poussèrent les talibans – étudiants dans les *madrassa* pakistanaises – à s'emparer du pouvoir à partir de 1994. En deux ans, ce fut chose faite et Kaboul fut conquise en septembre 1996. À Washington, on ne dit pas grand-chose, mais les nouveaux maîtres de l'Afghanistan rencontrèrent vite des hauts fonctionnaires du département d'État, lequel admettra avoir eu des contacts dès le début avec les étudiants des écoles coraniques.

C'est également ce qui se produisit lorsque les diplomates américains – préparés à cet effet par Leïla Helms, belle-fille d'origine afghane de l'ancien directeur de la CIA, Richard Helms – entamèrent en 2000 de nouvelles discussions secrètes avec les talibans. Objectif ? Débarrasser le terrain afghan de l'infâme Ben Laden en obtenant du mollah Mohammed Omar, leader des talibans, qu'ils le livrent aux États-Unis afin de ramener la paix dans la région et de parler enfin des choses sérieuses : l'acheminement du pétrole. L'administration de Washington est on ne peut plus sensible à ce type d'argument, en premier lieu le Président lui-même, nourri au biberon de pétrole. Mais son vice-président, Dick Cheney, a été directeur de Halliburton, la plus importante société mondiale de services et d'équipements pétroliers. Membre du conseil d'administration de Chevron, la conseillère pour les affaires de Sécurité nationale, Condoleeza Rice, a vu un supertanker baptisé à son nom ! Bref, du haut en bas de l'administration Bush, les pétroliers touillent les sauces…

En février 2001, une nouvelle négociation discrète s'engage entre les États-Unis et les talibans, sous l'égide de l'ONU. Elle est conduite du côté américain par Christina Rocca, sous-secrétaire d'État pour l'Asie du Sud, qui a supervisé cette même région à la CIA à partir de 1985. Les protagonistes de ces discussions qui vont désormais se dérouler à Berlin appartiennent à un groupe dit le « 6 + 2 » (les « 6 » sont la Chine, l'Iran, l'Ouzbékistan, le Pakistan, le Tadjikistan et le Turkménistan ; les « 2 » sont les États-Unis et la Russie) qui cherche à rétablir le dialogue entre les talibans et l'Alliance du Nord. En mai 2001, un sous-groupe dit « de niveau 2 », composé d'experts de l'Afghanistan, entame ses réunions auxquelles participe Tom Simons, ancien ambassadeur des États-Unis au Pakistan, lequel intervient « à titre personnel » mais rapporte en réalité au département d'État. L'affaire est si brûlante que ledit département d'État serait réputé être intervenu pour bloquer l'enquête du FBI sur l'*USS Cole* afin de ne pas déplaire à ses interlocuteurs ! Pour cette raison, et parce que l'enquête sur le terrain se déroulait dans des conditions impossibles, le patron de la lutte antiterroriste au sein du FBI, John O'Neill, démissionna en août 2001 pour assumer de nouvelles fonctions de chef de la sécurité au World Trade Center… où il mourut, le 11 septembre suivant.

C'est au cours d'une de ces réunions du « groupe de second niveau », le 21 juillet 2001, à laquelle participait le ministre des Affaires étrangères afghan, Wakil Ahmad Mutawakil, que Tom Simons aurait évoqué une « option militaire » contre les talibans s'ils ne remettaient pas Ben Laden[1] ; cette version, démentie par l'intéressé, a fait gamberger quelques esprits féconds : et si les attaques du 11 septembre avaient été le résultat d'une trop forte pression exercée sur les talibans ?

1. Sur ces négociations complexes, voir *Ben Laden, la vérité interdite*, *op. cit.*, p. 69 *sq*. Et aussi Pierre Abramovici : « L'histoire secrète des négociations entre Washington et les talibans », *Le Monde diplomatique*, janvier 2002.

DGSE, DST, juges antiterroristes

« Ces hommes étaient complètement désemparés, ne comprenaient rien à ce qui s'était passé, n'avaient aucune information fiable sur le réseau Al-Qaida. Ils nous ont chaleureusement remercié des aides que nous leur avons apportées dans la minute, à partir de ce que nous connaissions. » C'est un cadre des services secrets français qui parle. Les relations entre ces derniers et leurs homologues américains ne sont certes pas mauvaises, mais elles pourraient être meilleures. L'Histoire, encore… Dans les années 80, l'implantation d'officiers de la DGSE dans de grandes entreprises américaines de haute technologie avait été découverte par la CIA, et ces « taupes » n'avaient pas peu contribué à faire entrer la France et ses espions dans la catégorie honteuse de ces pays qui espionnent l'Amérique pour lui soutirer ses secrets. Dans ce cas précis, c'était exact, mais les entreprises françaises censées bénéficier des bienfaits résultant de l'espionnage économique et scientifique n'en avaient pas tiré le moindre profit. Reste que ces attitudes ont contribué à forger, aux yeux des Américains, l'image d'espions français aussi horripilants que nos politiciens nationaux. Pour les agents de la CIA, les espions de la DGSE ne sont pourtant pas mauvais dès lors qu'ils exercent leurs talents dans leurs traditionnelles zones de prédilection : Afrique noire, Maghreb et un peu le Liban. Pour le reste, l'idée qu'ils s'en font ressemble assez à celle présentée par le réalisateur Roland Emmerich dans le film *Godzilla*[1], dans lequel Jean Reno dirige une équipe folklorique – mais efficace – du service Action.

1. Sorti en 1998.

Les choses ne se sont certes pas détendues après l'expulsion, en 1995, de plusieurs agents de la CIA en poste à Paris, accusés d'avoir entrepris de recruter des hauts fonctionnaires français. Pourquoi ? Personne n'a jamais vraiment compris pourquoi le ministre de l'Intérieur de l'époque, Charles Pasqua, avait choisi de mettre les pieds dans le plat en traitant l'affaire publiquement, contrairement à tous les usages en vigueur dans les relations entre « services » de pays amis[1]. Six ans plus tard, les relations étaient complètement apaisées et les cadres de la DGSE, boulevard Mortier, à Paris, ne se sont pas formalisés, au contraire, de voir leurs collègues de la CIA appartenant à la *station* installée à l'ambassade des États-Unis se précipiter dans leurs bureaux, quelques heures après les attentats, pour tenter d'y trouver les informations qui leur faisaient défaut sur Oussama Ben Laden, le réseau Al-Qaida et toutes les mouvances islamistes radicales. Il faut dire que les enquêteurs américains avaient des raisons de considérer – pour quelques heures seulement ! – que les Français avaient été bien meilleurs qu'eux et que, s'ils les avaient écoutés, le sort du monde eût pu en être changé...

Le 13 août 2001, lorsque le Franco-Marocain Zacharias Moussaoui se présente dans une école de pilotage du Minnesota, ses instructeurs s'étonnent grandement qu'il ne veuille ni apprendre à faire décoller des Boeing, ni à les faire atterrir. Alors que sa nullité technique apparaît d'emblée, il prétend souhaiter seulement apprendre à diriger un avion en

1. Edwy Plenel : « Paris dénonce l'espionnage de la CIA en France », *Le Monde*, 23 février 1995.

plein ciel. Au vu du tarif des heures en simulateur de vol, l'exigence paraît vraiment saugrenue, et l'école prévient les services de l'Immigration. Il est arrêté le 17 août, mais personne ne prend l'affaire au sérieux, surtout pas le FBI qui demande malgré tout à la Justice, mais sans succès, le droit de fouiller son ordinateur personnel. Les « Feds » de Minneapolis n'insistent pas… Pourtant, les Français les avaient prévenus *dès le 1er septembre* que l'homme qu'ils avaient arrêté était un gros poisson, qu'ils le considéraient pour leur part comme un proche du réseau Al-Qaida, ayant déjà effectué des séjours en Afghanistan. Mais le FBI jugea les avertissements des Français si peu pertinents qu'ils envisageaient même de leur envoyer le suspect par le premier avion ! Un exemple entre mille de l'état de déliquescence auquel était parvenu l'appareil américain de renseignement à la veille des attentats du 11 septembre.

D'aucuns avaient jadis compris qu'on ne doit jamais mépriser l'adversaire. Aux échauguettes de la citadelle Amérique, les guetteurs avaient oublié les leçons du vieil Homère : « Nous ne sommes pas des Troyens. Nous sommes beaucoup plus puissants. Nous régnons sur les cieux et les mers, et possédons le pouvoir de régner sur la terre quand nous sommes suffisamment motivés. Mais nous n'avons pas appris à comprendre, et encore moins à diriger, les esprits, les cœurs et les âmes. La seule morale que nous devons puiser dans l'*Illiade*, c'est qu'il est idiot de sous-estimer la ruse et la détermination des tueurs venus de l'autre rive[1]. »

1. Ralph Peters, « Our New Old Enemies », in : *Challenging the United States Symmetrically And Asymmetrically*, US Army War College, Carlisle Barracks, 1998, p. 238.

1

La mauvaise réputation

Nous sommes en 1974. Le 9 août, le président Richard Nixon a démissionné pour éviter que la Chambre des représentants lui interdise d'exercer ses fonctions à la suite de l'affaire du Watergate. Les pratiques délictueuses mises au jour pour la première fois en août 1972 par deux journalistes du grand quotidien de la capitale, le *Washington Post*, Bob Woodward et Carl Bernstein, ont mis l'Amérique en état de choc. Dans un invraisemblable Niagara de révélations toutes plus ahurissantes les unes que les autres, et qui avait duré plusieurs mois, les citoyens abasourdis avaient appris que des cambrioleurs commandités par l'équipe de Nixon s'étaient rendus, durant la campagne, dans le bâtiment abritant les locaux électoraux du candidat démocrate, l'immeuble du Watergate. Le départ du Président déshonoré n'eut pourtant pas les effets calmants escomptés par la classe politique, mais déclencha tout au contraire un accès de vertu publique sans précédent, assorti d'une campagne de nettoyage qui allait viser des pans entiers de l'administration américaine, mais surtout sa communauté du renseignement.

On ne peut comprendre la vague de critiques qui s'est abattue sur elle dès le 11 septembre 2001 si l'on ne se souvient pas de ces épisodes, vieux d'un quart de siècle, qui avaient successivement révélé des abus scandaleux, puis conduit les parlementaires à prendre des mesures drastiques pour les faire cesser et éviter qu'ils ne se reproduisent. Avec un succès pour le moins problématique, car les difficultés n'allaient pas être réglées pour autant.

Opérations indignes

Encore sonnée par le départ de Richard Nixon, en plein été 1974, l'Amérique ne se doutait pas qu'elle n'avait pas encore tout vu et que l'hiver allait amener sa moisson de révélations vénéneuses. Lorsque le *New York Times* paraît le 22 décembre, sa première page est barrée d'une information incroyable[1] : bien que la loi le lui interdise formellement, la CIA a espionné sur le sol américain et mené force enquêtes douteuses sur des citoyens – jeunes, le plus souvent – qui se sentaient le droit de manifester et de protester dans un pays qui a fait de la liberté d'expression – le fameux *freedom of speech* illustré par un non moins fameux tableau de Norman Rockwell durant la Seconde Guerre mondiale – le principe fondateur de sa Constitution. L'information sur ces opérations intérieures interdites à la CIA par la loi vient d'auditions, devant la commission des

---

1. Seymour Hersh: « Huge CIA Operation Reported in US Against Anti-War Forces, Other Dissidents in Nixon Years », *The New York Times*, 22 décembre 1974.

Affaires gouvernementales du Sénat, de membres de l'Agence auxquels le secret sur leurs témoignages avait été garanti, et repose sur une enquête interne de la CIA ordonnée quelques années plus tôt par le directeur de l'époque, James Schlesinger.

Sur tous les « sales coups », les secrets ainsi récoltés à l'intérieur de la CIA, et dont les agents demeuraient les dépositaires, avaient été surnommés les « bijoux de famille ». L'auteur de l'article du *New York Times*, Seymour Hersh, n'est pas un inconnu ; en 1969, alors âgé de 32 ans et journaliste indépendant, il avait déjà « sorti » un scoop exceptionnel : le récit du massacre par une compagnie de l'US Army, l'année précédente, de plusieurs centaines de civils innocents et désarmés, dont des femmes, des vieillards et des enfants, dans le village vietnamien de My Lai. Cette enquête lui avait valu la plus prestigieuse récompense qu'un journaliste puisse obtenir, le prix Pulitzer, et avait lancé une carrière qui s'est poursuivie depuis lors avec son cortège d'exclusivités, de livres et de polémiques : les turpitudes de la CIA sous tous les cieux, les bassesses de Henry Kissinger[1], la bombe atomique israélienne[2], la vie privée de John F. Kennedy dans un ouvrage[3] qui a fait haïr son auteur par une large fraction de la presse libérale américaine, etc.

---

1. Seymour Hersh, *The Price of Power, Kissinger in the Nixon White House*, Summit Books, New York, 1983.
2. ID., *The Samson Option : Israel's Nuclear Arsenal and American Foreign Policy*, Random House, New York, NY, 1991.
3. ID., *The Dark Side of Camelot*, Little, Brown & Company, New York, NY, 1997.

Pour l'heure, nous sommes en décembre 1974, et c'est peu dire que les révélations de Seymour Hersh font du bruit. Elles provoquent un nouveau scandale, si énorme que le président Gerald Ford, qui a succédé quatre mois plus tôt à Richard Nixon, se voit contraint de réagir dans l'urgence. Le 5 janvier 1975, il nomme une commission d'enquête de huit experts dirigée par Nelson A. Rockefeller, son tout nouveau vice-président, et dont fait partie celui qui sera élu président cinq ans plus tard, Ronald Reagan. Ces experts rendront leur rapport[1] un semestre plus tard, sans que ce document fasse trop d'étincelles : ces hommes respectables, accoutumés au maniement des secrets d'État, ont assuré un service minimum, révélant tout de même que la CIA avait illégalement ouvert durant plus de vingt ans, jusqu'en 1973, le courrier de citoyens américains : « Trois directeurs du service postal et un ministre de la Justice furent informés de ce programme, à des degrés divers. La CIA savait que la loi proscrit l'ouverture du courrier, mais considérait apparemment la valeur des informations ainsi recueillies comme d'une importance capitale[2] .»

Opération CHAOS

Surtout, le rapport publie les premiers éléments officiels sur l'opération CHAOS, celle-là même qu'avait révélée le *New York Times*, et précise que la CIA a ouvert 13 000 dossiers dans le cadre de cette enquête, dont 7 200 sur des citoyens américains. Les présidents Lyndon Johnson et Richard Nixon avaient, pour le premier, entamé

1. *Report to the President by the Commission on CIA Activities within the United States* (Rapport Rockefeller), USGPO, Washington, juin 1975.
2. *Ibid.*, p. 101.

l'opération organisée par une cellule secrète de la CIA, et, pour le second, décidé son déploiement sur grande échelle afin de surveiller des dizaines de groupes proliférant sur autant de campus universitaires. Commencée fin 1967, CHAOS visait à surveiller les milieux étudiants contestataires protestant contre la guerre du Vietnam, et le prétexte permettant l'implication de la CIA reposait sur la prétendue nécessité de déterminer si les manifestations pacifistes qui envahissaient tous les campus du pays n'étaient pas dirigées de l'étranger ! CHAOS n'avait été opportunément interrompue qu'en mars 1974, et la commission Rockefeller émit deux recommandations principales : « a) Les présidents devraient s'abstenir de demander à la CIA d'accomplir des tâches de sécurité intérieure ; b) La CIA devrait résister à toutes les pressions, d'où qu'elles viennent, visant à l'engager dans des activités aussi inacceptables[1]. » On a lu plus sévère…

L'indignation qui avait saisi l'ensemble de la classe politique en décembre 1974 n'avait pas amené le seul président Ford à agir. Les parlementaires, ne voulant pas être en reste, décidèrent eux aussi de fouiller dans le passé tumultueux et secret des services de renseignement ; dès le début de 1975, ils mirent sur pied deux commissions d'enquête aux ambitions beaucoup plus larges que celles de la commission Rockefeller. Celle du Sénat était dirigée par Frank Church, celle de la Chambre des représentants par Otis Pike. Et durant des mois, au gré des révélations surgissant des travaux de ces commissions, l'Amérique va découvrir quelles ont été les turpitudes commises en son nom.

1. Rapport Rockefeller, *op. cit.*, p. 150.

Le premier axe d'enquête de la commission Church concerne les opérations illégales menées sur le territoire américain. Mais son ardeur est nettement plus vive que celle de la commission Rockefeller. Normal : cette dernière n'était qu'une émanation de la Maison-Blanche qui avait jusqu'alors exercé seule une tutelle approximative sur les services de renseignement. Toute révélation, toute mise au jour des pratiques douteuses de la CIA ne manqueraient pas de retomber sur les présidents successifs et de mettre en cause la fonction elle-même, avec tous les risques afférents pour la prochaine élection présidentielle, à laquelle le républicain Gerald Ford compte bien se présenter.

Le démocrate Frank Church ignore ces pudeurs. Sénateur, il doit des comptes directs à ses électeurs, tout comme les autres membres de sa commission. Tous savent les terribles effets des premières révélations, pourtant bien sommaires à côté de celles qui vont suivre, et mesurent l'importance, pour les parlementaires, de s'en dissocier sans équivoque. Il va donc enquêter avec vigueur, grâce au concours des autres sénateurs composant la commission, mais aussi celui de jeunes et ardents *staffers*, des enquêteurs souvent néophytes en matière de renseignement qui vont bousculer l'ordre établi des services, rompant avec les classiques méthodes des pseudo-investigations parlementaires. Celles-ci ne remettaient pas en cause la connivence traditionnelle avec des services secrets qui avaient beau jeu de prétendre systématiquement n'agir que pour le plus grand bien du pays. Cette fois, il en va différemment et trois services vont faire, à des degrés divers, l'objet de la sollicitude des enquêteurs :

La très emblématique CIA, qui a le plus à cacher, va perdre très gros dans l'affaire : la plupart de ses énormes secrets, des « cadavres » qui remplissent ses placards, vont être exposés au grand jour, et le mythe de l'agence « professionnelle », sérieuse, respectueuse de la loi et de l'ordre, va sortir terriblement affaibli de ces mois d'investigations farouches. Outre son programme CHAOS de surveillance des campus, ses tentatives d'assassinat de dirigeants étrangers vont resurgir des tréfonds de l'histoire, de même que son soutien aux dictateurs les plus sanguinaires, voire ses essais de drogues hallucinogènes, dignes de savants fous, qui auront mené ses cobayes involontaires à la folie ou à la mort.

Le plus secret des services secrets américains, la NSA, n'est pas en reste. Elle aussi, secrètement, massivement, sans contrôle ni le moindre garde-fou, s'est affranchie durant des années des règles proscrivant qu'elle s'intéresse aux citoyens américains. Elle a en outre monté dans le plus grand secret deux opérations parallèles, SHAMROCK et MINARET, toutes deux bien cachées des autorités politiques, invisibles aux parlementaires, inconnues des citoyens.

La commission Church va également fouiller dans le passé du FBI qui, sur ce plan, n'est vraiment pas à la remorque de la CIA. À la différence de cette dernière qui n'a pas encore fêté en 1975 ses trente ans d'existence, le FBI est un service policier quasi septuagénaire, créé en 1908 par l'attorney général Charles Bonaparte, petit-fils de Jérôme Bonaparte, frère de l'empereur[1]. Contrairement à la CIA, le FBI est un

1. Officier de marine, le frère cadet de Napoléon avait rejoint les États-Unis en 1803 pour éviter sa capture par la Royal Navy après un combat naval dans les Caraïbes. Arrivant à Baltimore, il y épousa une jeune fille du cru. De cette union naquit un fils, père du créateur du FBI.

service accoutumé aux scandales, l'un des plus fameux de son histoire demeurant celui des Palmer Raids, quand, entre 1918 et 1921, des dizaines de milliers d'étrangers soupçonnés de sympathies pour la révolution bolchevique furent arrêtés sans mandat dans trente-trois villes américaines. En 1924, pour redresser la maison vacillante, un jeune homme prometteur, J. Edgar Hoover, fut choisi, toujours en poste en 1972, année de sa mort ! Les deux dernières décennies de son règne furent marquées par une campagne illégale menée contre des milliers de citoyens américains, mais le véritable scandale ne survint qu'après son décès, faisant alors entrer le prestigieux FBI dans les pires années de son histoire.

Opération COINTELPRO

Ce sont d'abord les auditions publiques, puis la publication du rapport Church qui ont permis de détailler l'opération COINTELPRO (*Counter Intelligence Program*), laquelle s'étala de 1956 à 1971 ; en fait de contre-espionnage ou de maintien de l'ordre contre des menées criminelles menaçant les États-Unis, plus de cinquante mille documents rendus publics par la commission d'enquête ont démontré que COINTELPRO fut surtout une invraisemblable accumulation d'attaques clandestines fomentées avec les moyens les plus puissants de l'État fédéral, aux mains du FBI, contre cinq groupes politiques « perçus comme pouvant menacer l'ordre politique et social établi[1] ». Ces groupes furent le Communist Party, le Socialist Workers Party, le Ku Klux Klan et le Black

1. Commission Church, Book III, *COINTELPRO : The FBI's Covert Action Programs Against American Citizens*, 23 avril 1976, p. 2.

Nationalist Hate Group (en fait, les Black Panthers), de même que la New Left, contre lesquels des méthodes complètement illégales furent mises en œuvre : certaines anodines, comme l'envoi de coupures de journaux à des enseignants ; d'autres très douteuses, comme l'expédition de lettres anonymes dénonçant à une épouse les prétendues infidélités d'un mari, membre d'un groupe visé par le FBI, lequel n'hésita pas, par ailleurs, à exiger d'entreprises le licenciement de telle ou telle personne. Des millions de dollars furent dépensés, des milliers de tracts et de lettres calomniatrices rédigés, des centaines d'informateurs et de taupes recrutés, des dizaines d'atteintes à la vie privée et d'agressions publiques organisées contre des enseignants, des étudiants, des écrivains, des journaux de gauche ; le FBI diffusa ainsi dans les écoles maternelles des livres de coloriage présentés comme édités par les Black Panthers, représentant des policiers en porcs aux mâchoires hérissées de sabres… Le FBI envisagea même de faire diffuser des gaz inoffensifs, mais pestilentiels, dans les circuits de climatisation d'une salle où se déroulaient les travaux du parti communiste américain. Tout fut fait pour discréditer les groupes visés et leurs animateurs, généralement au prix de viols manifestes et répétés, par la puissance publique, du fondement de la démocratie américaine, le premier amendement de la Constitution, garantie des libertés individuelles et collectives et du droit d'expression : « Les cas relevés comprennent des tentatives (parfois réussies) pour faire renvoyer des professeurs d'université et de lycée ; pour empêcher des “cibles” de s'exprimer sur un campus ; pour enrayer la mise sur pied de cellules des groupes ciblés par leurs animateurs ; pour prévenir la distribution de journaux ou de livres, perturber des conférences de presse ou des manifestations pacifiques, dont la plupart des grandes marches contre la guerre du Vietnam ; pour interdire l'accès à des salles pour des meetings ou des conférences[1]. »

Durant les opérations COINTELPRO, le FBI, agissant au vu et au su des gouvernements successifs, a détenu jusqu'à un demi-million de fiches sur des citoyens américains, et la commission Church s'est indignée : « Nous avons vu des membres de notre administration, dans leurs attitudes et leur action, adopter des positions indignes d'une démocratie, rappelant occasionnellement celles des régimes totalitaires. Nous avons vu un cadre de programmes limités à la prévention de la violence criminelle et à l'identification d'espions étrangers, étendu à ce que des témoins ont qualifié d'"aspirateurs", ramassant des informations sur les activités légales de citoyens américains[2]. » Commencées sous J. Edgar Hoover, les opérations COINTELPRO se poursuivirent encore plus de dix ans après leur extinction, mais devant les tribunaux cette fois : en octobre 1986, un tribunal de Washington ordonnait à d'anciens cadres et agents du FBI, qui avaient participé à l'organisation d'une conspiration contre des mouvements pacifistes, de payer personnellement plus de 50 000 dollars à sept de leurs victimes de l'époque, devenues entre-temps de respectables citoyens engagés dans de nombreuses activités sociales.

1. Commission Church, Book III, *COINTELPRO*, *op. cit.*, p. 19.
2. ID., Book II, *Introduction and Summary*, p. 2.

La traque de Martin Luther King

4 avril 1968 : dans un motel de Memphis (Tennessee), un coup de feu claque. L'homme qui s'effondre, assassiné, est un pasteur baptiste noir de 39 ans, à la fine moustache et au verbe haut, qui se bat depuis plus de dix ans déjà pour les droits civiques des Noirs, citoyens de troisième zone interdits de droit de vote, victimes de ségrégation raciale dans les bus, les écoles, les commerces – tous les lieux publics, en fait. En 1957, il a été élu président de la toute nouvelle Southern Christian Leadership Conference, puis s'est passionné, lors d'un voyage en Inde, pour les théories non violentes du mahatma Gandhi. Il va s'employer à les appliquer dans la lutte pour les droits civiques, et son audience s'accroît au fil de ses succès. Le 28 août 1963, lors d'une marche pacifique rassemblant 250 000 défenseurs des droits civiques à Washington, il prononce son fameux discours *I have a dream*[1] et reçoit l'année suivante le prix Nobel de la paix. En 1986, en instituant un jour férié et chômé portant son nom, en janvier, les États-Unis ont reconnu le rôle fondamental de Martin Luther King dans la construction d'un État libre et moderne, honorant son action contre la discrimination dont les « Africains américains » étaient victimes du simple fait de la couleur de leur peau. La mise en perspective de cette reconnaissance posthume avec le véritable martyre dont Martin Luther King fut victime de la part du FBI durant les cinq dernières années de sa vie démontre davantage que tout

1. Le texte et le fichier sonore de ce discours sont disponibles sur le site : http://www.stanford.edu/group/King/.

autre exemple les invraisemblables déviances dans lesquelles avait pu s'égarer l'appareil de sécurité américain.

En réalité, lorsque la commission Church découvrit l'ampleur des efforts qui avaient été déployés pour « neutraliser » Martin Luther King, elle n'eut aucune peine à croire, comme le lui affirma l'un des agents du FBI auditionnés, que son service avait déclenché une véritable « guerre » contre le leader noir. Toutes les méthodes ayant recours à l'intimidation, au viol de la vie privée, aux menaces indirectes, au chantage, au recrutement d'informateurs dans son entourage, furent employées. Alors que le discours *I have a dream* avait été considéré en Amérique, mais également dans le reste du monde, comme un événement politique et social majeur, la Domestic Intelligence Division du FBI n'y perçut pour sa part qu'un texte « démagogique » prononcé par « le plus dangereux et véritable leader nègre du pays[1] ». Curieusement, les enquêtes du FBI sur « l'influence communiste dans la situation raciale », engagées dès 1963, furent approuvées par celui qui fut assassiné la même année que Martin Luther King et demeure dans la mémoire collective comme un grand défenseur des Noirs américains et des droits civiques : le ministre de la Justice Robert Kennedy. Mais le passage des simples écoutes téléphoniques à l'opération de déstabilisation de grande ampleur destinée à faire perdre à King la présidence de la Southern Christian Leadership Conference fut de l'initiative du seul FBI. Rien ne fut pour cela négligé : les meilleurs agents du bureau mis

1. Commission Church, Book III, *Supplementary Detailed Staff Reports on Intelligence Activities, and the Right of Americans. Dr Martin Luther King Jr, Case Study,* 1976.

sur le coup, une surveillance photographique totale mise en place, et même un leader de remplacement recherché !

L'incessant harcèlement policier dont Martin Luther King fut victime durant la dernière partie de sa vie ne fut officiellement dévoilé que le 1er novembre 1975, lors de la déposition d'un cadre du FBI, William C. Sullivan, devant la commission Church. On demeure aujourd'hui confondu devant l'ampleur de la campagne engagée à cet effet par le service de J. Edgar Hoover, lequel vouait une haine personnelle et démesurée au pasteur noir ; ces éléments, mis bout à bout, laissent perplexe et ouvrent un large champ aux théories selon lesquelles King n'aurait pas été victime d'un raciste isolé, James Earl Ray, mort en prison en 1998 sans jamais avoir été jugé – car il avait reconnu sa culpabilité pour éviter la peine de mort –, mais bien d'un vaste complot impliquant le gouvernement américain. Bien que cette thèse ne soit pas admise par les journalistes, historiens et commissions d'enquête ayant travaillé sur la mort de King, elle est considérée comme une évidence par la famille du pasteur, notamment par son fils Dexter Scott King. Elle a d'ailleurs été admise en janvier 2000 par un jury de Memphis qui a estimé que ce complot avait été dirigé par un tenancier de bar, Lloyd Jowers, soutenu par des services et des agences gouvernementaux.

Le FBI persiste naturellement à rejeter ces accusations et s'en tient à ce sujet au rapport d'une commission d'enquête du ministère de la Justice[1]. Ce document le dégage de toute

1. *Report of the Department of Justice Task Force to Review the FBI Martin Luther King Jr, Security and Assassination Investigations*, 21 janvier 1977 ; http://foia.fbi.gov/mlkjrrep.html.

responsabilité directe dans la mort de Martin Luther King, même si l'on peut arguer que les calembredaines délirantes que le Bureau fit courir sur le charismatique leader noir, tout comme les coups tordus qu'il organisa contre lui, ne contribuèrent pas peu à exacerber la haine que les racistes lui vouaient. Le rapport du ministère de la Justice, terminé en janvier 1977, ne fut porté à la connaissance du public américain que le 30 novembre 1999, sur le site web du FBI, soit vingt-deux ans après sa rédaction, mais quelques semaines avant le verdict du jury populaire de Memphis accréditant – vraisemblablement à tort – la thèse du complot criminel.

Opération SHAMROCK

Alors que la CIA monte l'opération CHAOS et que le FBI développe l'opération COINTELPRO, la National Security Agency ne se laisse pas abattre et y va elle aussi de ses opérations clandestines proscrites par la loi, tout juste couvertes par quelques politiciens affairés qui oublieront leurs ordres sitôt le pouvoir quitté. Lorsque la commission Church entame ses travaux, c'est à peine si les spécialistes du renseignement connaissent la NSA. C'est alors la plus récente des agences américaines (elle a été créée en 1952), elle n'a jamais fait parler d'elle ; pour employer plusieurs dizaines de milliers de personnes et coûter fort cher, elle n'apparaît que dans quelques rares lignes budgétaires, c'est tout. La presse, pourtant fouineuse, ne s'y est jamais intéressée, à tel point que dans les milieux informés, on s'amuse à développer son sigle en *No Such Agency*, ou encore *Never Say Anything*. Quant à sa devise, de beaux esprits l'imaginent calquée sur le slogan frappé sur les pièces de monnaie. Pour la NSA, cela donne : « *In God we trust, the others we monitor*[1] ».

Pendant que le FBI faisait ses petites affaires avec Martin Luther King et que la CIA cherchait, sans le moindre succès, à faire du microscopique parti communiste américain un adversaire digne de ce nom, la NSA dirigeait ses grandes oreilles vers de dangereux ennemis intérieurs : l'actrice Jane Fonda, le pédiatre Benjamin Spock, la chanteuse Joan Baez, l'activiste musulman Malcom X... En tout, 1690 organisations et citoyens américains, tous activement engagés dans la lutte contre la guerre du Vietnam. Pour la NSA, cette opération SIGINT[2], menée sans aucun mandat judiciaire, portait un autre nom : MINARET. Si elle fut considérée comme extraordinairement secrète, ce ne fut « pas en raison de l'importance des renseignements recueillis. De bien moindres mesures de sécurité entouraient des interceptions soviétiques beaucoup plus importantes. MINARET n'est devenue ultrasensible qu'en raison de sa quasi-illégalité, donc de la nécessité de masquer le rôle de l'agence[3] ». Dans la partie non censurée du document de mise en place du programme, daté du 1er juillet 1969, que la NSA transmet à la commission Church six ans plus tard, il est précisé que « MINARET inclut spécifiquement les communications concernant les individus ou organisations impliqués dans les désordres civils, les mouvements et manifestations contre la guerre, les déserteurs impliqués

1. « Nous avons confiance en Dieu. Les autres, on les écoute. »
2. Pour *Signal Intelligence*, espionnage des émissions radio-électriques.
3. James Bamford, *The Puzzle Palace, inside the NSA. America's Most Secret Intelligence Organization*, Penguin Books, 1988, p. 324.

dans ces manifestations contre la guerre ». Ces interceptions effectuées dans le cadre de l'opération MINARET cesseront en 1973 après que la Cour suprême aura précisé à la NSA, mais aussi aux autres agences de renseignement, que le gouvernement fédéral ne saurait faire procéder à des interceptions téléphoniques sans qu'un juge lui en ait donné l'autorisation sous forme de mandat explicite.

En fait, lorsque les premiers *staffers* de la commission Church entament leur enquête, ils n'ont pas la moindre idée de ce qu'ils doivent chercher. Aucune fuite, au début 1975, n'avait encore dévoilé quoi que ce soit sur la NSA, et les premiers entretiens avec d'anciens employés de ce haut lieu du secret débouchent sur la révélation d'abus intolérables, certes, mais classiques dans une démocratie qui ne saurait atteindre à la perfection : notamment des passe-droits pour l'attribution des meilleures places de parking, pas trop loin de la sortie, et des tricheries sur les horaires de travail[1]. Ce n'est qu'en mai 1975 que la commission Rockefeller rend publiques 800 pages de témoignages d'employés de la CIA – les fameux « bijoux de famille » – qui laissent apparaître que la NSA a procédé à des écoutes de citoyens américains pour le compte de l'agence de Langley. Il suffit alors de tirer sur le fil... Au bout de quelques mois, une fuite au *New York Times* révèle que la NSA intercepte en réalité la quasi-totalité des communications arrivant aux États-Unis et en partant. L'opération SHAMROCK apparaît au grand jour !

1. L. Britt Snider : « Unlucky Shamrock. Recollections from the Church Committee's Investigation of NSA », *Studies in Intelligence*, Hiver 1999-2000. Après ses jeunes années de *staffer* à la commission Church, racontées dans cet article, l'auteur a fait carrière dans le Renseignement et a été nommé inspecteur général de la CIA en 1998.

On a peine à imaginer l'énormité de ce programme d'interception lancé sans mandat ni autorisation légale. C'est dès la fin de la Seconde Guerre mondiale que les spécialistes des interceptions de l'US Army – l'ASA (Army Security Agency), la NSA n'existant pas encore – se sont tout bonnement rendus chez les plus importants opérateurs de télécommunications pour leur demander copies de tous les échanges télégraphiques. RCA, ITT et Western Union, assurant pratiquement l'intégralité des communications internationales américaines, acceptèrent sans le moindre problème le « service » qui leur était demandé au nom de la sécurité nationale. Il s'agissait de poursuivre en temps de paix des opérations jugées pertinentes et légales en temps de guerre. Selon les investigations de la commission Church, la NSA recueillait ainsi 150 000 messages par mois. Lors de l'audition publique du directeur de la NSA, le général Lew Allen, le 29 octobre 1975, le sénateur Frank Church, président de la commission d'enquête, expliqua que cette déposition inédite était rendue indispensable du fait que le service « pouvait être détourné vers l'intérieur et utilisé contre notre propre peuple. Dans les dédales de la classification et de la protection de la sécurité nationale, il s'est révélé difficile de trouver une autre voie pour informer le public américain des déficiences de leurs services de renseignement ».

Assassinats

Mais ces turpitudes sur le sol américain s'accompagnèrent d'autres opérations douteuses ou de coups tordus (*dirty tricks*) perpétrés cette fois à l'étranger. Là, la CIA n'hésitait pas à manier le revolver ou à le faire manier par d'autres gens à sa solde. En fait, il semble bien que l'assassinat de dirigeants étrangers, souvent tenté mais rarement réussi, ait constitué un mode d'action très acceptable aux yeux du gouvernement américain. Le premier complot de la CIA relevé par la commission Church avait visé le premier Premier ministre de l'ex-Congo belge devenu indépendant le 30 juin 1960, Patrice Lumumba. Dès le 18 août, une réunion du Conseil national de sécurité, autour du directeur de la CIA, Allen Dulles, prend, avec l'accord probable du président Dwight Eisenhower, la décision de supprimer le charismatique leader congolais[1]. Son crime ? Il est soupçonné de vouloir introduire les Soviétiques au Congo dont le sous-sol constitue un formidable réservoir de diamants et de métaux précieux. La CIA charge aussitôt le chef de la station de Leopoldville, Lawrence Devlin, de l'opération, et lui fait porter du poison caché dans un tube dentifrice qui finira au fond du fleuve Congo : Devlin n'apprécie pas la méthode. Mais la CIA avait pris soin de mettre simultanément un autre fer au feu en la personne de son jeune protégé, le colonel Joseph-Désiré Mobutu : fin septembre, avec l'appui de l'agence américaine, ce dernier organise un coup d'État, prend le pouvoir et arrête Patrice Lumumba qu'il fait atrocement torturer par ses sbires ; celui-ci sera finalement assassiné l'année suivante sans que l'on ait

1. « An Interim Report of the Select Committee to Study Governmental Operations With Respect to Intelligence Activities » (Commission Church), *Alleged Assassination Plots Involving Foreign Leaders,* US Government Printing Office, Washington, 20 novembre 1975, p. 13.

jamais bien su si le zèle de Mobutu a suffit à obtenir ce résultat ou si la CIA s'en mêla directement[1].

Toujours est-il qu'en ces années de braise la CIA mit les bouchées doubles. La commission Church révèle encore l'aide complaisante de l'Agence dans la préparation de l'assassinat du dictateur dominicain Rafael Trujillo, tué le 31 mai 1961. Met au jour les premiers indices de la participation de la CIA à la préparation du coup d'État du général Augusto Pinochet au Chili, en 1973, qui se conclura par la mort du président Salvador Allende et celle de milliers d'opposants de gauche. Mais les plus extraordinaires révélations de cette enquête, celles qui ont démontré réellement la politique des « coups tordus » de la CIA, concernent les grand-guignolesques tentatives d'assassinat visant Fidel Castro. La CIA n'en a pas organisé moins de huit, dans une débauche de vains efforts qui avaient commencé par des opérations de déstabilisation aussi fumantes que ratées. Après avoir étudié cette possibilité, la CIA renonça finalement à vaporiser dans un studio de radio un produit aux effets semblables à ceux du LSD : elle espérait que Fidel Castro se mettrait à divaguer au micro... Le service technique de la CIA n'en fabriqua pas moins une substance chimique dont elle imprégna des cigares offerts au leader cubain, laquelle substance était destinée à le désorienter afin qu'il entame un discours public en titubant et bafouillant. Mais on ne trouva pas le moyen idoine pour lui faire passer

1. Les révélations contenues dans un livre récent (Ludo Dewitte, *De moord op Lumumba*, Van Halewijck, 1999) ont conduit le Parlement belge à mettre sur pied une commission d'enquête sur la mort de Patrice Lumumba, dont le rapport a été rendu public en novembre 2001. Il fait porter la responsabilité de cet assassinat sur les autorités locales.

les *puros*. Alors on chercha à inonder ses chaussures de sels de thallium, puissant dépilatoire censé lui faire perdre sa barbe afin de le ridiculiser en lui interdisant toute apparition publique. Là encore, l'échec fut patent. On passa donc aux choses plus sérieuses : l'accident provoqué par un agent ; les cigares mortels empoisonnés avec la toxine du botulisme ; on imagina d'employer un *pistolero* prêté par des gangsters de sinistre réputation, pour en revenir en fin de compte à la pilule de poison, sans davantage de succès malgré le recours à des mafieux infiltrés à Cuba. En 1963, dans le cadre d'un plan global destiné à déstabiliser l'île et baptisé opération MONGOOSE (mangouste), on examine une idée farfelue : la mise en place de coquillages factices bourrés d'explosifs dans la zone où Castro aime à plonger. Puis la CIA envisage de lui faire parvenir un costume de plongée contaminé par des champignons attaquant la peau ; ce cadeau lui sera remis par l'homme qui négocie alors en secret la libération de prisonniers capturés par les Cubains lors de la désastreuse opération de la BAIE DES COCHONS[1]. On n'omet pas d'étudier en outre la remise de bouteilles de plongée dopées au bacille de Koch ! *Caramba !* encore raté ! Le jour même de l'assassinat du président John F. Kennedy à Dallas, le 22 novembre 1963, un officier traitant de la CIA confie à un opposant cubain un stylo truqué capable d'envoyer un puissant poison grâce à une seringue minuscule. Les tentatives d'assassinat du leader cubain ne cesseront qu'en 1965[2]. Depuis le début de cette opération, plus de quarante années se sont écoulées. Dix présidents américains se sont

1. le 17 avril 1961.
2. *Alleged Assassination Plots...*, *op. cit.*, p. 90.

succédé à la Maison-Blanche, et Fidel Castro paraît toujours avoir bon pied, bon œil…

Mais qui donc inventa ces gadgets, ces substances, ces procédés dignes du « Q », le bricoleur des films de James Bond ? Un homme, Sidney Gottlieb, qui trayait ses chèvres avant de partir au travail et fabriquait son propre fromage[1]. Son nom demeurera intimement lié à certaines « expérimentations » scientifiques sauvages sur des cobayes involontaires, concernant notamment des drogues telles que le LSD[2], et aux plus tordus des coups tordus de la CIA. Dont le projet MKULTRA.

Dr Death

Il est 2 heures du matin, le 28 novembre 1953. Sur le trottoir de la Septième Avenue gît le corps brisé d'un homme en sous-vêtements. Il est tombé du dixième étage. C'est son supérieur du laboratoire de l'US Army de Fort Detrick – où la victime travaillait comme chimiste civil dans l'antre des apprentis sorciers manipulateurs de virus, bactéries et autres cocktails mortels –, qui vient prévenir sa femme et ses enfants. Il leur dit qu'il a eu un accident, sous-entend qu'un suicide, peut-être… puis laisse la famille à son malheur. Frank Olson travaillait en réalité pour la CIA. Il ne s'est pas suicidé, n'a pas été victime d'une dépression,

1. Jeffrey T. Richelson, *The Wizards of Langley. Inside the CIA's Directorate of Science and Technology*, Westview Press, Cambridge, MA, 2001, p. 9.

2. « Il a clairement violé les règles, comme les médecins nazis que nous avons exécutés après la Seconde Guerre mondiale pour crimes contre l'humanité », dira un témoin après sa mort. In Tim Weiner : « Sidney Gottlieb, Took LSD to CIA, Dies at 80 », *The New York Times*, 10 mars 1999.

plutôt d'une expérience « scientifique » de ses employeurs, laquelle a mal tourné. Le premier élément de vérité, ô combien partiel, ne sera connu de la famille que du jour où un article du *Washington Post*, en juin 1975, révélera que la commission Rockefeller a découvert qu'un employé civil « a pris du LSD sans le savoir, dans le cadre d'une expérience de la CIA », et a « développé de sérieux effets secondaires ». Quelques semaines plus tard, le président Gerald Ford recevra la famille Olson à la Maison-Blanche pour lui présenter les excuses du gouvernement.

Mais ce n'est que quelques jours plus tard, lorsque, reçus par le directeur de la CIA, William Colby, celui-ci leur remet de maigres documents tirés des archives, que les Olson apprennent ce qui s'est réellement passé : quelques jours avant sa mort, Frank Olson participe à une réunion dans le Maryland avec d'autres fonctionnaires de la CIA. Sidney Gottlieb verse subrepticement une dose de LSD dans son verre de Cointreau. La descente aux enfers, à laquelle la CIA ne s'intéressera que fort peu, commence alors pour Frank Olson. Neuf jours plus tard, emmené par l'Agence à New York pour consulter un « psychiatre » engagé dans des recherches sur le LSD, puis un « mage » qui tentera de l'hypnotiser, laissé dans sa chambre d'hôtel sous la surveillance d'un collègue qui s'endort, il sautera par la fenêtre. Gottlieb déclarera à la commission d'enquête interne à la CIA qu'Olson a été victime « de l'un de ces risques inhérents à toutes les expériences scientifiques[1] », et poursuivra ses recherches à la CIA durant plus de vingt ans, y compris sur le LSD.

1. Michael Ignatieff : « What Did the CIA Do to Eric Olson's Father ? », *The New York Times*, 1er avril 2001.

Pour l'Agence et le sinistre « Dr Death » – surnom de Sidney Gottlieb –, ces expériences sur le LSD visaient à s'assurer le contrôle mental de sujets soumis par exemple à interrogatoires. C'est pour mener à bien ces expériences que des dizaines d'universités furent mises à contribution dans le cadre d'un très vaste programme de tests auprès de cobayes, volontaires ou pas, dont toutes les traces ont été détruites en 1973 sur ordre du directeur de la CIA de l'époque, Richard Helms. Il fallut donc encore une commission d'enquête aux pouvoirs étendus pour faire la lumière sur ce qui avait pu se passer pour déboucher, entre autres déboires inavouables, sur la mort de Frank Olson. Comme en est venu à le déclarer le sénateur Edward Kennedy lors de l'ouverture des travaux de cette commission, « la CIA a drogué des citoyens américains sans leur consentement. Elle s'est servie d'installations universitaires et de leurs personnels sans qu'ils le sachent. Elle a financé des chercheurs, souvent sans qu'ils le sachent. Ces institutions, ces individus ont le droit de savoir qui s'est servi d'eux, comment et quand on s'est servi d'eux[1]. »

On ne prête qu'aux riches. Les états de service de la CIA sont tels, la mémoire de ses turpitudes est si profondément ancrée dans l'imaginaire collectif qu'un quart de siècle après ces vénéneuses révélations sur son trouble passé sa parole a perdu toute crédibilité. Et tout comme certains membres de la famille de Martin Luther King affichent

1. *Project* MKULTRA, *the CIA's Program of Research in Behavioral Modification*, auditions communes devant le Select Committee on Intelligence et le Committee on Human Resources, US Senate, 3 août 1977, p. 3.

aujourd'hui leur conviction que ce dernier a été assassiné par le FBI, les enfants de Frank Olson estiment que la CIA, qui avait caché pendant vingt ans l'appartenance de leur père à cette agence, n'a pas encore tout dit. Et qu'il ne serait pas impossible, après tout, que des réticences manifestées par leur père face à l'ampleur du programme de recherches sur le LSD aient pu conduire la CIA à le supprimer[1]... Eric Olson, son fils, évoque ouvertement, quant à lui, un « assassinat[2] ». Vieille histoire ? Aigre délire de la Guerre froide, rabâché un demi-siècle plus tard par des victimes vindicatives ? Certes pas. Si ces vieux cadavres se sont remis à s'agiter dans les placards, si les journaux ont choisi d'y consacrer à nouveau articles et enquêtes, c'est qu'après les attentats du 11 septembre les questions relatives aux pratiques de la CIA ont resurgi du passé, avec la crainte que les anciens démons ne reprennent du poil de la bête.

Les actions clandestines (*covert actions*) de la CIA, autrement dit les coups tordus en tout genre auxquels elle en vient à participer ou qu'elle organise, ont fait l'objet de définitions précises et successives. En 1976, la loi a stipulé que ce terme recouvre n'importe quelle activité menée par la CIA à l'étranger dès lors que son objectif premier ne consiste pas à recueillir du renseignement. Quinze ans plus tard, en 1991, une nouvelle définition a été apportée ; elle considère les actions clandestines du gouvernement américain comme des moyens « d'influer sur les conditions

1. Ted Gup : « The Coldest Warrior », *The Washington Post*, 16 décembre 2001. Voir aussi le site du Frank Olson Legacy Project, monté par son fils Eric : http://www.frankolsonproject.org/.

2. Correspondance d'Eric Olson avec l'auteur, 2002.

politiques, économiques ou militaires à l'étranger sans permettre que le rôle du gouvernement américain soit reconnu ou apparent ». Avant que ces définitions aient été données, la réalité était similaire, mais le secret nettement mieux protégé. Ces actions clandestines n'ont en effet commencé à être vraiment connues qu'après avoir été largement investiguées par les commissions Pike et Church. Mais bien que les éléments découverts par celles-ci aient été fort nombreux – résultats de ce que la CIA a souvent présenté comme l'effet de ses propres « ouvertures » –, on sait aujourd'hui que les efforts déployés pour dissimuler la vérité ont été bien plus vigoureux que ceux mis au service de la transparence. Un seul exemple ? Dans le cadre des enquêtes des commissions Church et Pike, le rôle de la CIA en Iran lors du coup d'État qui parvint à renverser le Premier ministre Mossadegh ne fut pas abordé. Il faudra attendre un quart de siècle pour que la lumière se fasse sur cet épisode.

Iran 1953

Ce n'est en effet que le 17 mars 2000 que la secrétaire d'État Madeleine Albright a admis pour la première fois qu'« en 1953, les États-Unis jouèrent un rôle significatif en orchestrant le renversement du populaire Premier ministre iranien, Mohammed Mossadegh ». Assez opportunément, le *New York Times* bénéficia dans la foulée d'une « fuite », sous la forme d'un rapport complet de la CIA[1] sur son

1. James Risen : « Secrets of History : The CIA in Iran ; How a Plot Convulsed Iran in '53 (and in '79) », *New York Times*, 16 avril 2000.

action dans ce pays, faisant clairement apparaître le chah Reza Pahlavi comme l'instrument docile et malléable de la politique de Washington dans la région. Tout comme les services secrets britanniques qui travaillèrent de conserve avec elle sur cette opération, la CIA entendait depuis longtemps déjà réagir à la nationalisation de l'industrie pétrolière iranienne décidée en 1951 par le Parlement et entérinée par le chah après la nomination de Mossadegh à la tête du gouvernement, leader du Front national, partisan d'une démocratisation du régime. Cette nationalisation avait heurté de front les intérêts britanniques représentés par l'Anglo-Iranian Oil Company, ancêtre de la British Petroleum, tandis que la CIA, tout comme le président Harry Truman et son successeur Dwight Eisenhower craignaient de voir l'évolution en cours déboucher sur un basculement stratégique de l'Iran, travaillé par le puissant parti communiste Toudeh, dans le giron de l'Union soviétique toute proche[1].

Les documents révélés et mis en ligne en juin 2000 par le *New York Times*[2] démontrent une volonté anglo-américaine explicite d'imposer des solutions politiques contraires aux choix démocratiques du peuple iranien en usant des procédés classiques en la matière : corruption, chantage, manipulations, menaces, provocations, et, pour finir, coup d'État militaire organisé, financé et commandé par Washington sur ordre direct du nouveau président, Dwight

1. Francis J. Gavin : « Politics, Power and US Policy in Iran, 1950-1953 », *Journal of Cold War Studies*, vol. 1, n° 1, 1999, pp. 56-89.
2. Site Internet : http://www.nytimes.com/library/world/mideast/041600iran-cia-index.html.

Eisenhower. Le 19 août 1953, dans le cadre de l'opération TP-AJAX, le Premier ministre iranien Mohammed Mossadegh se trouva éjecté manu militari par la CIA. Ce faisant, celle-ci consolidait le pouvoir du chah Reza Pahlavi sur lequel une pression maximale allait être exercée par le général H. Norman Schwarzkopf, père éponyme de « Stormin Morman », le général qui commandait les forces alliées durant la Guerre du Golfe, trente-sept ans plus tard. Suite à ce coup d'État qui mit au pouvoir une autre créature des Américains, le général Fazlollah Zahedi, le chah allait encore demeurer vingt-six ans aux commandes du pays, appuyé sur la sinistre police secrète, la Savak, au mieux avec l'agence de Langley, jusqu'à son éviction par la rue et les ayatollahs en 1979. Victoire de l'intégrisme islamique que la CIA, pourtant omniprésente dans le pays, n'avait pas vu venir… Mais la tradition d'interventions dans les affaires intérieures de pays considérés comme importants, l'appui consenti aux forces les plus réactionnaires et les moins démocratiques qui soient, n'allaient pas cesser pour autant d'être la marque de fabrique de la CIA. Singulièrement dans son pré carré, l'Amérique latine, où deux décennies d'opérations secrètes culminèrent au Chili.

Chili 1973

Dès le mois d'octobre 1973, soit quelques semaines seulement après le coup d'État du général Augusto Pinochet au Chili – un 11 septembre ! – qui entraîna la mort du président socialiste élu, Salvador Allende, et des milliers d'autres victimes de la répression qui s'ensuivit, les parlementaires américains s'inquiétèrent de connaître le rôle de la CIA dans cette opération. Il faut admettre que l'agence de Langley n'y était pas allée de main morte ! Dès décembre 1975, il apparut qu'elle avait dépensé secrètement 8 millions de dollars au Chili entre 1970 et le coup d'État de septembre 1973[1]. Son intervention en faveur des opposants à Salvador Allende avait été « massive », d'après la commission Church, durant toute la décennie 1963-1973, au point que la moitié des campagnes électorales des candidats de la démocratie chrétienne avaient alors été payées par ses soins. L'ensemble des opérations secrètes américaines était supervisé par un groupe spécial, la « commission 40 », à laquelle participaient les plus hautes autorités du pays, dont le secrétaire d'État Henry Kissinger. Mais ce n'est pas tout ! Les efforts de la CIA se trouvèrent associés dans la pratique avec ceux de la firme américaine de télécommunications ITT, très impliquée au Chili. Alors qu'Augusto Pinochet mettait la dernière main au projet de renversement d'un président de gauche élu démocratiquement, « il est clair que la CIA reçut tout au long des mois de juillet, août et septembre, des rapports sur l'organisation du putsch par le groupe qui l'a fomenté[2] ». L'amendement Hughes-Ryan fut alors adopté à la suite de ces premières révélations : il obligeait la CIA à obtenir l'accord du Président avant toute opération clandestine, et lui imposait d'en référer aux commissions spécialisées du Congrès.

En ce qui concerne le coup d'État lui-même, les choses n'étaient toujours pas élucidées dans les dernières années du

1. *Covert Action in Chile 1963-1973*, Staff Report of the Select Committee to Study Governmental Operations with Respect to Intelligence Activities (Commission Church), GPO, 18 décembre 1975.

2. *Ibid.*

XXe siècle. En réponse à une requête parlementaire formulée par le représentant Maurice Hinchey, un nouveau rapport fut produit par le NIC (National Intelligence Council). Cette structure de réflexion et d'analyse chargée de rapporter au directeur de la CIA a réexaminé les événements qui s'étaient produits vingt-six ans plus tôt et a conclu que l'Agence n'était pour rien dans la mort de Salvador Allende : « Rien ne permettait à qui que ce soit, y compris à la CIA, de savoir qu'Allende refuserait la proposition des putschistes de quitter le pays sain et sauf et qu'il se suiciderait dans le palais de La Moneda en flammes, soumis au feu des chars et des avions[1]. » Tout en demeurant aussi peu explicite que possible, le rapport Hinchey ne dissimule pas que la CIA fut parfaitement au courant de la sinistre perpétuation de meurtres d'opposants organisée, dans les mois qui suivirent le coup d'État au Chili, par ce pays mais aussi en Argentine, au Paraguay et en Uruguay, et qui allait déboucher en 1975 sur la mise sur pied d'un système d'assassinats à grande échelle connu sous le nom d'opération CONDOR[2] ; ses victimes les plus connues demeurent le sénateur démocrate-chrétien chilien Bernardo Leighton et l'ancien ambassadeur chilien aux États-Unis Orlando Letellier, assassiné à Washington en septembre 1976. La justice de plusieurs pays cherche à déterminer si l'opération CONDOR ne fut pas dirigée en sous-main par Henry Kissinger lui-même. En France, le juge d'instruction

1. Inchey Report, CIA activities in Chile, 18 septembre 2000 ; (http://foia.state.gov/HincheyReport.htm)

2. Pierre Abramovici : « "Opération CONDOR", cauchemar de l'Amérique latine », *Le Monde diplomatique*, mai 2001.

Roger Le Loire a lancé une vingtaine de mandats d'arrêt contre des militaires chiliens, dont le général Manuel Conteras, principal agent de la CIA au Chili. Il a également demandé que le « cher Henry » soit entendu aux États-Unis dans le cadre d'une commission rogatoire internationale.

Pendant plus de vingt-cinq ans, le rôle de la CIA au Chili a fait l'objet de multiples révélations qui se sont succédé jusqu'à une date récente, notamment pour ce qui est du rôle crucial et trouble, à tout le moins, du diplomate le plus célèbre au monde, Henry Kissinger, secrétaire d'État du président Richard Nixon et, à l'époque, grand superviseur de la politique américaine en Amérique latine[1]. Ses propres déclarations à la fin des années 90[2], de même que la dernière partie de ses mémoires[3] ont soulevé moins de tempêtes que ne le fait un livre iconoclaste et dépourvu de la moindre complaisance[4] après que le rôle de l'ancien secrétaire d'État eut été révélé en détail par une avalanche de centaines de documents déclassifiés à la demande du président Bill Clinton et édités par le Chile Documentation Project que dirige Peter Kornbluh aux National Security Archives[5]. À leur lecture, on reste confondu par le nombre de crimes commis, approuvés ou supervisés par la CIA durant cette

1. Ibrahim Warde : « Les crimes de guerre de M. Henry Kissinger », *Le Monde diplomatique*, octobre 2001.

2. « Las mentiras de Kissinger », *Que Pasa,* n° 1458, 22 mars 1999.

3. Henry Kissinger, *Does America Need a Foreign Policy ? Toward a Diplomacy for the 21st Century*, Simon & Schuster, New York, 2001. On lira également avec intérêt les Mémoires du même auteur : *Les Années orageuses* (1982), *Diplomatie* (1996), *Les Années de renouveau*, Fayard, Paris, 2000.

4. Christopher Hitchens, *Les Crimes de monsieur Kissinger*, éditions Saint-Simon, Paris, 2001.

5. Site Internet : http://www.gwu.edu/~nsarchiv/latin_america/chile.html.

période noire dont l'histoire n'est pas encore complètement écrite. Mais qu'ont fait les États-Unis pour remédier au problème ?

Difficile contrôle parlementaire

Dans une de ses principales recommandations, le rapport Church proposait la création d'une commission spécialisée du Sénat destinée à la fois à établir une relation entre les parlementaires et les services de renseignement et à exercer une forme de contrôle sur leurs activités. La création du Senate Select Committee on Intelligence (SSCI) devint effective dès mai 1976, et la Chambre des représentants suivit avec la création du House Permanent Select Committee on Intelligence en juillet 1977. La naissance de ces nouvelles instances avait été précédée par des négociations serrées entre le Congrès et la CIA concernant le mode de relations à établir, la nature des informations transmises – notamment un briefing quotidien de la CIA pour les présidents des Assemblées – et le niveau d'accès aux informations classifiées accordé aux parlementaires et à leurs collaborateurs, les *staffers*. Cette concertation inédite, introduite à la fin des années 1970, s'est poursuivie et les parlementaires ont depuis lors connaissance des publications quotidiennes de la Communauté du renseignement, notamment le *National Intelligence Daily* de la CIA et le *Military Intelligence Digest* de la DIA (Defense Intelligence Agency). Mais la plus secrète des publications de l'administration américaine, le *President's Daily Brief* (ou *pidibi*), qui paraît tous les jours sauf le dimanche, n'est pas proposée aux membres du Congrès. Seuls le président, le vice-président et quelques-uns de leurs collaborateurs triés sur le volet y ont accès.

Pour avoir été contrainte et forcée, cette ouverture de la communauté américaine du renseignement aux parlementaires – une exclusivité mondiale – n'en demeure pas moins bien réelle. Le système fonctionne avec des procédures différentes selon les personnes concernées, les organes auxquels elles appartiennent, et leurs statuts. Les parlementaires eux-mêmes ne sont individuellement soumis à aucun contrôle pour accéder aux documents classifiés, leur position d'élus du peuple interdisant qu'on leur oppose une quelconque restriction. Tel n'est pas le cas pour leurs collaborateurs qui doivent se soumettre à une enquête de sécurité du FBI avant d'obtenir – ou pas – leur accréditation. Les documents dits confidentiels ne sont accessibles qu'aux présidents et aux leaders de l'opposition de la Chambre des représentants et du Sénat, ainsi qu'aux membres des deux assemblées appartenant aux huit commissions traitant les affaires de sécurité nationale[1]. Par ailleurs, la CIA s'est considérablement ouverte, au fil des années, aux exigences des *staffers* qui se voient accorder, à leur demande, des entretiens sur tel ou tel point intéressant leur patron. Ces pratiques, qui paraissent désormais relativement dépassionnées, ne concernent cependant que les informations produites par les services de renseignement sur des pays étrangers, des situations particulières et certaines évolutions straté-

1. Sénat : Appropriations Committee, Foreign Relations Committee, Armed Services Committee, Select Committee on Intelligence. Chambre des représentants : Appropriations Committee, International Relations Committee, National Security Committee, Permanent Select Committee on Intelligence.

giques. Il n'en va évidemment pas de même pour tout ce qui a trait aux activités des espions américains en tant que tels. Seuls les élus responsables des commissions spécialisées et les leaders des deux assemblées sont mis dans le secret des dieux[1].

Si l'on en croit des critiques souvent entendues dans le monde du renseignement, aux États-Unis mais aussi en Europe et singulièrement en France où la représentation nationale est tenue dans une ignorance absolue des activités des services secrets, la pratique américaine introduite il y a une trentaine d'années serait singulièrement dangereuse. D'après ces critiques, les espions américains ne sauraient agir sans avoir obtenu l'accord préalable des parlementaires qui s'empresseraient d'aller raconter ces secrets à la presse. Qu'en est-il exactement ? En fait, les actions clandestines sur le terrain ne font l'objet d'une communication au Congrès que depuis l'introduction d'un texte bien précis, l'amendement Hughes-Ryan (*Public Law 93-559*) voté en 1974, c'est-à-dire dans la foulée des révélations sur les turpitudes de services laissés la bride sur le cou. Or ce texte n'empiète en rien sur les prérogatives du pouvoir exécutif, en l'espèce le président des États-Unis, en se contentant de réclamer que ce dernier produise un *finding* garantissant au Congrès que l'opération clandestine est essentielle pour la sécurité nationale. Le Président doit en outre remettre « à temps » (*in a timely fashion*) une description de l'opération aux huit commissions parlementaires concernées, ce qui fait beaucoup, de quelque manière que l'on examine la

1. Britt Snider : *Sharing Secrets With Lawmakers : Congress as a User of Intelligence*, Center for studies of intelligence, février 1997.

question. Le terme « à temps » est quant à lui suffisamment flou pour permettre au Président et à la CIA de considérer qu'ils peuvent mettre les parlementaires au courant après que l'opération a eu lieu… Dans les faits, cependant, l'amendement Hughes-Ryan contraint le pouvoir exécutif à une excessive prudence : « À partir de ce moment, même si une action clandestine est considérée comme utile à tous les niveaux de la communauté du renseignement et par le président lui-même, l'exécutif y renonce souvent. Il ne se bat pas pour engager une opération clandestine si elle présente un risque d'échec dont il serait tenu pour responsable[1]. » En 1975, pour la première fois, des opérations clandestines envisagées par la CIA furent bloquées par le Congrès qui interdit le versement de fonds et tout soutien apporté à l'UNITA de Jonas Sawimbi en Angola. Mais la suspension de cette aide fut toute provisoire, l'accès des Américains aux ressources pétrolières et diamantaires angolaises expliquant aisément que la CIA ne se soit jamais désintéressée de ce pays[2].

Les choses se précisèrent quelques années plus tard, en 1980, lors du vote de l'Intelligence Oversight Act : les huit commissions consacrées ne furent plus que deux, spécialisées dans les affaires de renseignement, et il devint plus facile de les informer sans de trop gros risques de fuites à destination de la presse. Mais les précisions dont la communication aux parlementaires était rendue obligatoire

1. Roy Godson, *Dirty Tricks or Trump Cards ; US Covert Action and Counterintelligence*, Transaction Publishers, New Brunswick, NJ, 2001, p. 54.

2. Sawimbi ayant été tué à la fin février 2002, qu'en sera-t-il demain ?

se trouvaient accrues, ces derniers devant être informés à l'avance de toutes les activités de renseignement, y compris les actions clandestines. Dans l'hypothèse où il estimerait que la transmission de ces informations aux commissions poserait de trop sérieux problèmes de sécurité, le Président devrait néanmoins avertir le « gang des huit », à savoir les présidents des deux assemblées et des deux commissions spécialisées, de même que leurs homologues de l'opposition.

Nicaragua

« C'est peut-être un fils de pute, mais c'est *notre* fils de pute ! » C'est ainsi que le président des États-Unis, Franklin D. Roosevelt, parlait en 1938, au moins selon sa légende, d'Anastasio Somoza, dictateur du Nicaragua, créature pur-jus des Américains. Lorsqu'il meurt en 1956 ses fils lui succèdent. En 1977, un demi-siècle après la prise de pouvoir de la dynastie, la tension a tant monté contre Anastasio Somoza Bayle que des forces marxistes vont pouvoir mettre sur pied un groupe armé sans grande influence au départ, le Front sandiniste de Libération nationale, du nom d'Augusto César Sandino, assassiné en 1934 par le vieux Somoza. Sandino avait été le principal opposant à la présence dans le pays des marines débarqués en 1909 pour en expulser un chef d'État qui ne convenait pas à Washington ; les États-Unis y avaient installé des bases permanentes à partir de 1912. L'histoire du pays bascule en janvier 1978 quand un opposant notoire au régime Somoza, Pedro Joaquin Chamoro, patron du quotidien *La Prensa*, est assassiné par un homme du Président, patron d'une clinique sordide surnommée la

« Maison des vampires » : sa spécialité consiste à prélever du sang contre maigre rétribution aux habitants du pays pour l'exporter en Europe et aux États-Unis. Cet assassinat met le feu aux poudres, déclenchant une grève générale et rapprochant les sandinistes marxistes de composantes politiques modérées. En 1979, une offensive militaire de la rébellion contraint Somoza à l'exil au Paraguay où il est assassiné l'année suivante.

D'emblée, les sandinistes et leur chef Daniel Ortega ont le don d'exaspérer Washington, et, avant même le départ du président Carter, la CIA commence à soutenir – quoique sur un mode mineur – l'opposition naissante. Une fois aux affaires, soit à partir de janvier 1981, Ronald Reagan ne cesse de chercher à l'extirper par tous les moyens, y compris en jetant dans la bataille toutes les forces d'une CIA volontariste dont la direction opérationnelle se montre ravie de rompre ainsi avec la période de conduite presque vertueuse induite par les retombées du rapport Church et par les nominations successives de George H. Bush (le père), puis de l'amiral Stansfield Turner à la tête de l'Agence. En 1983, ce sont les journaux qui apprennent au Congrès que la CIA a repris ses activités clandestines sur grande échelle, qu'elle équipe la guérilla déclenchée par des membres de la garde nationale, les *contras*, et mène des actions secrètes au Nicaragua.

Stansfield Turner, l'ancien directeur de l'Agence, qui a quitté son poste deux ans plus tôt, manifeste alors publiquement son opposition aux opérations en cours : « Je pense qu'il y a des circonstances dans lesquelles les actions clandestines se justifient et ne susciteraient éventuellement que de légères controverses. En revanche, l'opération au Nicaragua n'entre pas dans cette catégorie. Elle risque de causer de substantiels préjudices à la fois à notre intérêt national et à la CIA (...). L'un des risques inhérents aux actions clandestines, c'est qu'elles ne soient plus contrôlées. L'une des raisons en est que les gens recrutés par la CIA pour exécuter le travail clandestin n'auront pas toujours les mêmes objectifs que les États-Unis. En règle générale, ils espèrent obtenir le pouvoir politique pour eux-mêmes, le plus tôt possible. En échange du soutien que nous leur offrons, ils peuvent accepter que des objectifs différents soient fixés et qu'un autre calendrier que le leur soit établi. Mais quand l'action clandestine a marqué des points, ils risquent fort de se mettre à travailler pour leurs propres objectifs, et non les nôtres[1]. »

Quand l'amiral Turner formule ces propos, il n'exprime pas une opposition de principe à l'action clandestine, même si les années Carter ont marqué, de ce point de vue, une pause au cours de laquelle l'accent a été mis sur l'effort à fournir en matière de renseignement technique. Mais il entend surtout que l'on en revienne aux principes arrêtés une dizaine d'années plus tôt, à savoir que le Congrès agisse comme un garde-fou pour peu que l'Administration se donne la peine de respecter la loi et de l'aviser des opérations qu'elle prépare. Mais Ronald Reagan ne veut alors rien savoir : à ses yeux, transmettre des informations secrètes au Congrès revient à accepter de les voir publier dans la presse dès le lendemain. Ce qui, objectivement, n'est pas complètement faux... Près de vingt ans après cette polémique, alors que George W. Bush a cherché à revenir

1. Stansfield Turner: « Stop the "Covert" Operation in Nicaragua », *The Washington Post*, 24 avril 1983.

sur la communication des informations sensibles aux parlementaires – avant d'y renoncer –, l'amiral Turner, à présent âgé de 78 ans mais toujours actif, persiste et signe : « Je pense vraiment que le Congrès a un rôle nécessaire et qu'il n'y a pas eu autant de fuites que cela. Le prix à payer, toutefois, c'est que les gens de la CIA peuvent se sentir inhibés et renoncer, de ce fait, à proposer des opérations clandestines sujettes à controverses, de peur des fuites. Mais je défends le contrôle parlementaire, même à ce prix-là. Et je le soutiens aujourd'hui encore davantage qu'en 1983, car durant la période 1983-1986, nous avons pu voir les excès de l'action clandestine à laquelle le régime Casey a recouru[1] ».

William Casey, mentionné par Stansfield Turner, n'est autre que le directeur de la CIA nommé en 1981 par Ronald Reagan. Qui fut le mauvais génie de l'autre ? Difficile à dire. Toujours est-il que le méchant acteur qui aura trouvé son plus beau rôle à la Maison-Blanche s'entend comme larron en foire avec Casey. Le principal objectif des deux hommes est à cette époque que les sandinistes dégagent le terrain, et le plus vite sera le mieux. Leurs « coups tordus » composent une longue litanie, les opérations sérieuses ayant commencé dès avant l'élection présidentielle de novembre 1980 pour se poursuivre ensuite à un rythme de plus en plus soutenu.

Au départ de cette incroyable histoire, l'Iran. William Casey, qui n'était encore que le directeur de campagne de Ronald Reagan, prend langue dès le début de 1980 avec des émissaires iraniens venus lui proposer un invraisemblable accord : le régime des ayatollahs accepterait de garder en détention les 52 otages américains qu'il détient depuis

1. Correspondance de Stansfield Turner avec l'auteur, 2002.

l'année précédente et de ne les libérer qu'après l'élection présidentielle de novembre. La manœuvre permettrait d'affaiblir les chances de victoire du président sortant Jimmy Carter tout en ouvrant la porte à une attitude bienveillante de la future Administration concernant la livraison d'armes dont l'Iran a désespérément besoin. Le plus étonnant dans cette affaire, c'est que le plan – connu depuis lors sous le nom de « surprise d'octobre » – se déroulera exactement de cette manière : après que l'accord aura été scellé entre des représentants iraniens, des marchands d'armes, William Casey et George H. Bush (l'ancien patron de la CIA, qui deviendra le vice-président de Reagan), les otages seront libérés dans les minutes suivant l'investiture officielle de Ronald Reagan, le 20 janvier 1981. Les Iraniens recevront ensuite, comme prévu, des dizaines de millions de dollars d'armes américaines transitant par Israël avec, notamment, des financements saoudiens. Mais de tout ceci on ne saura que très peu de chose avant qu'un premier article ne dévoile le pot aux roses, en 1988[1], le scandale de la « surprise d'octobre » ne prenant toute son ampleur que plus de dix ans après l'opération, à la suite d'une émission télévisée retentissante associée à la parution d'un article dans le *New York Times*[2].

Entre-temps, le 5 octobre 1986, un petit avion ravitaillant en armes les contras avait été abattu par les sandinistes. À bord de l'épave, un survivant, Eugen Hasenfus, dont ses geôliers finirent par apprendre qu'il appartenait à la CIA. À partir de cet

1. Abbie Hoffman et Jonathan Silvers : « An Election Held Hostage », *Playboy*, octobre 1988.
2. Gary Sick : « The Election Story of the Decade », *The New York Times*, 15 avril 1991.

incident, l'Amérique sidérée découvrira que, loin d'avoir renoncé à ses coups tordus, l'agence de Langley a armé les contras alors même que le Congrès avait formellement interdit ce genre de pratique. En 1985 et 1986, de nouvelles livraisons d'armes à l'Iran avaient eu lieu, en principe secrètement pour permettre la libération de plusieurs nouveaux otages américains détenus au Liban. Toujours avec le concours d'Israël et de l'Arabie saoudite, ces armes étaient vendues et l'argent obtenu utilisé pour financer et armer les contras du Nicaragua. Casey gérait tout cela de main de maître, en vieux renard qui avait connu les opérations de l'OSS (Office of Strategic Services), ancêtre de la CIA, durant la Seconde Guerre mondiale. Le problème, avec ces opérations, c'est qu'elles se déroulaient dans la plus parfaite illégalité, d'autant plus criante que le Congrès avait voté le 8 décembre 1982 un texte on ne peut plus explicite, l'amendement Boland, interdisant à toutes les agences gouvernementales de fournir équipement, entraînement ou soutien à quiconque « aurait pour but de renverser le gouvernement du Nicaragua. » Il faut dire que des groupes de mercenaires sud-américains avaient été recrutés par la CIA pour saboter des ponts, attaquer des troupes gouvernementales, détruire des plantations.

Afin de contourner l'obstacle de l'amendement Boland, le soutien aux contras cessa alors donc d'être piloté par la CIA, mais fut directement pris en main par le National Security Council (NSC) de la Maison-Blanche, avec le concours d'officiers de la CIA. Commencèrent alors des opérations navales clandestines consistant à miner les ports du Nicaragua avec des matériels fabriqués dans les ateliers secrets de la CIA, à attaquer des installations pétrolières à l'aide de vedettes rapides, entre autres retentissantes facéties[1]. Ces affaires et l'implication directe et illégale des services américains ne seront connues que tardivement, mais déboucheront sur un énorme scandale aux tiroirs multiples et imbriqués, exposant au grand jour les opérations secrètes de la CIA. Le patron du NSC, l'amiral John Pointdexter, démissionna dès que l'affaire tourna au vinaigre, et son adjoint, le colonel Oliver North, fut renvoyé. Ces pratiques allaient faire l'objet d'une enquête de la part d'un procureur indépendant[2] ; ses résultats ne seront cependant publiés qu'en 1993. Sans jamais en avertir le Congrès, le président Ronald Reagan signa le 17 janvier 1986 un *finding*[3] entérinant rétroactivement ces opérations pourtant interdites par la loi.

En 1989, l'une des recommandations des premières commissions d'enquête à avoir investigué sur l'Iran-Contra Affair fut suivie d'effet avec la création d'un poste d'inspecteur général de la CIA confié à Frederick Hitz, dont le rôle allait consister à garantir la présentation au Congrès de rapports semestriels sur les activités de la CIA. Il s'agissait en quelque sorte de clore définitivement l'ère Casey, mort en 1987 alors qu'il était encore en fonction à 74 ans[4], mais dont les méthodes et le goût du secret convenaient en

1. *The Wizards of Langley*, *op. cit.*, pp. 226-228.

2. Lawrence E. Walsh : Final Report of The Independent Counsel for Iran/Contra Matter, vol. 1 : Investigations and Prosecutions, *United States Court of Appeals for the District of Columbia Circuit*, 4 août 1993.

3. Il s'agit d'un document officiel, pouvant rester secret, faisant part à qui de droit d'une décision présidentielle.

4. Sur le drame de ses dernières semaines à la tête de la CIA dans la tourmente de l'affaire Iran-Contra, lire le récit d'un cadre de la direction des opérations : James Mc Cullough : « Coping with Iran-Contra ; Personal Reflections on Bill Casey's Last Month at CIA », *Studies in Intelligence*, vol. 39, n° 5, 1996.

définitive assez bien aux personnels d'une agence luttant alors avec une énergie farouche contre le communisme soviétique et tout ce qui pouvait sembler de près ou de loin œuvrer en son sens, qu'il s'agisse des sandinistes abhorrés ou des membres des assemblées, qui ne l'étaient pas vraiment moins. La détestation du contrôle parlementaire atteignit sous Casey des sommets inégalés à ce jour, à tel point qu'un membre démocrate de la Chambre des représentants, Norman Y. Mineta, put prétendre à propos de Casey : « J'ai souvent dit que si vous étiez en train de lui parler et que votre manteau prenait feu, il ne vous en avertirait pas tant que vous ne le lui auriez pas demandé[1]. »

En 1991, en guise de conclusion à cette affaire, mais après des mois de bras de fer entre le Congrès et le président George H. Bush, une nouvelle loi permit d'apporter des amendements imposant que les *findings* présidentiels soient obligatoirement formulés par écrit et que toutes les agences gouvernementales – et non plus seulement la CIA – et autres « entités » (tel le NSC) soient soumises aux mêmes règles de notification au Congrès de leurs actions clandestines. Il est clair qu'en ce qui concerne le contrôle parlementaire exercé sur les « services » la situation américaine est spécifique, aucun autre pays au monde n'atteignant un tel degré de proximité entre ces « services » l'exécutif qui les dirige et les assemblées élues qui les contrôlent. Chat échaudé craint l'eau froide, sans doute : les « coups tordus » fomentés durant plusieurs décennies par

1. Amy B. Zegart, *Flawed by Design, the Evolution of the CIA, JCS and NSC*, Stanford University Press, Stanford, CA, 1999, p. 214.

les espions américains n'ont pas donné envie aux parlementaires de les laisser se perpétuer.

De la sorte, la relation s'est suffisamment stabilisée, au fil des années, pour qu'elle ait pu paraître satisfaisante à une commission d'enquête bipartite présidée par Harold Brown, qui estimait en 1996 : « La communauté du renseignement fournit aux contrôleurs parlementaires une quantité énorme d'informations détaillées, parfois extraordinairement sensibles. Des auditions se tiennent fréquemment ; des réunions avec les collaborateurs ont lieu quotidiennement. Des désaccords sur l'accès aux informations se sont fait jour de temps à autre, et il est arrivé que le processus de contrôle n'ait pas fonctionné (par exemple dans l'affaire Iran-Contra) ; mais, dans l'ensemble, le système s'est révélé efficace. Avec le temps, les services ont compris ce que les commissions attendaient d'eux, et ces dernières ont admis les impératifs de sécurité des services et cherché à y satisfaire. Les deux commissions ont mis sur pied des environnements sécurisés pour leurs discussions et le rangement des informations classifiées, et ont organisé un bon archivage des informations partagées avec les services[1]. » Pour autant, ces relations ne pouvaient fonctionner correctement que si les parlementaires renonçaient aux « fuites » en direction de la presse. Or, de ce point de vue, les attentats du 11 septembre ont rouvert certaines plaies…

1. Commission on the Roles and Capabilities of the United States Intelligence Community (Commission Brown-Rudman), final report, GPO, Washington, 1996, p. 143.

Nouvelle fièvre

Lorsque éclate la crise, les vieilles rancœurs ne sont jamais bien longues à refaire surface. Dans les jours de violent traumatisme qui suivent les attentats du 11 septembre, George W. Bush se prend à vouloir restreindre l'accès des parlementaires aux informations secrètes. Dans les sphères dirigeantes américaines, comme partout ailleurs, *pouvoir* est synonyme de *savoir* : quiconque possède une information dont les autres ne disposent pas pense jouir d'une évidente supériorité. En l'espèce, le pouvoir exécutif, qui reçoit en priorité les informations de la communauté du renseignement, conçoit souvent le désir de les conserver par devers lui le plus longtemps possible. Dans un communiqué cinglant publié le 5 octobre, le Président tape du poing sur la table et ordonne aux différents ministères de restreindre les communications entre leurs services et le Congrès pour les réserver au « gang des huit[1] », comme prévu en cas de « coup dur » par l'Intelligence Oversight Act de 1980. Motif officieux ? Des « fuites » en direction de la presse, comme toujours. Mais, en vingt ans, les choses ont bien changé et ce coup de sang a le don d'exaspérer les membres du Congrès qui ont pris l'habitude d'être « briefés » par les services de sécurité et de renseignement. Et la presse n'apprécie guère non plus de se voir à nouveau mise sur la sellette comme en d'autres circonstances de triste mémoire : notamment lors de l'affaire dite des « papiers du Pentagone » qui avait vu

1. Il s'agit des présidents des deux assemblées du Congrès et de ceux des deux commissions du renseignement, ainsi que de leurs quatre homologues de l'opposition.

Richard Nixon tenter d'empêcher la publication de documents sur la conduite de la guerre du Vietnam par le *New York Times* et le *Washington Post* ; ou celle du Watergate lorsque le *Washington Post* avait été accusé des pires turpitudes par le même Richard Nixon, finalement contraint à la démission.

Il est vrai qu'aux États-Unis la connivence entre journaux et parlementaires est fréquente. Mais cette question est devenue une véritable tarte à la crème : dans ce pays comme en d'autres, la presse joue son rôle en communiquant à ses lecteurs des informations utiles que des informateurs lui fournissent en fonction de leurs propres intérêts, quels qu'ils soient. D'où la tentation de l'exécutif de faire « fuiter » les informations qui l'arrangent tout en empêchant les parlementaires de procéder de même. Et de considérer bien souvent que les parlementaires n'ont guère besoin de connaître en détail l'action des services secrets dès lors que leur « fonction propre ne consiste pas à faire du micromanagement, mais à se concentrer sur les enjeux politiques au sens large[1] ». La question est plus sérieuse qu'il y paraît, car dans les mesures qui accompagneront la réforme à venir des services de renseignement, la gestion de l'information sera forcément abordée. Et pas nécessairement pour déboucher sur une plus grande transparence ! Au cours de la dernière année de son second mandat, le président Bill Clinton a bloqué une proposition de loi (l'amendement Shelby) réclamant la criminalisation de la publication d'informations classifiées ; mais qu'en sera-t-il dans l'avenir ?

1. Robert F. Turner : « Congress Can't Keep a Secret », *The Washington Post*, 12 octobre 2001.

Dans le climat qui règne aux États-Unis après les attentats, il n'est évidemment pas innocent d'accuser des journalistes d'avoir révélé à Oussama Ben Laden que ses téléphones satellitaires étaient écoutés[1] par la NSA, provoquant ainsi son abandon de tels systèmes de communication. Et le même auteur, collaborateur d'un *congressman* spécialisé dans les questions de terrorisme, d'affirmer que les « fuites » destinées à la presse contribuent à « dégrader les capacités américaines de collecte du renseignement et à aider les gouvernements ou organisations terroristes cherchant à contrarier le statut de superpuissance des États-Unis et les valeurs occidentales[2]. » En l'espèce, cet auteur ne visait pas les parlementaires en général ni le dessus du panier de la presse américaine, mais un quotidien qui n'a jamais dédaigné le scandale, le *Washington Times*, propriété du révérend Moon et destinataire, durant l'ère Clinton, de « fuites » d'une abondance et d'une précision jamais vues, en provenance directe du Pentagone et de la CIA. Destinataire de ces « fuites », et opposant notoire à Bill Clinton, le journaliste Bill Gertz se vit de ce fait accusé d'avoir, dans ses articles et par un livre[3], mis en cause la sécurité des États-Unis : « Il le fait apparemment sans souci de la protection des sources et des méthodes de renseignement, et sans tenir

1. Michael Hurt : « Leaking National Security Secrets », *National Security Studies Quarterly*, vol. 7, n° 4, 2001.

2. *Ibid.*

3. Bill Gertz, *Betrayal : How the Clinton Administration Undermined American Security*, Regnery Publishing, Washington DC, 1999.

compte des conséquences prévisibles sur les futures capacités de renseignement[1]. »

Ces fuites à répétition, de source parlementaire ou provenant du Pentagone, sur des questions d'espionnage, sont une composante de la vie publique américaine. Elles inspirent d'ailleurs une vraie réflexion aux journalistes eux-mêmes et l'un des éditorialistes les plus influents de la capitale américaine, David Ignatius, fin connaisseur de l'appareil de renseignement, a pu souligner, dans un article remarqué, que la lutte contre les « fuites » dont avait pu bénéficier Gertz relevait de l'exercice difficile, voire impossible en démocratie : « Il y a plusieurs années, la justice a étudié comment remonter aux sources de Gertz, mais l'administration a conclu qu'on ne pourrait identifier et poursuivre les auteurs de fuites sans placer Gertz sur écoutes, ce qu'elle s'interdisait de faire[2]. » À la lumière des débats sur lesdites sources journalistiques, relancés par les attentats du 11 septembre, Ignatius se montre partisan de l'autodiscipline des professionnels de l'information : « Le travail des journalistes, c'est de chercher des informations importantes par des fuites, par des sources, par n'importe quel moyen. Le travail des rédacteurs et des directeurs consiste à décider lesquelles, parmi ces informations, valent la peine d'être vues par le lecteur. C'est bien dans ce type de décisions que nous avons une vraie responsabilité, celle de protéger les éléments les plus sensibles dont nous pouvons avoir connaissance, qui

1. « Leaking National Security... », art. cit.

2. David Ignatius : « When Does Blowing Secrets Cross the Line ? », *The Washington Post*, 2 juillet 2000.

ne sont pas nécessairement utiles aux lecteurs pour comprendre une situation[1]. »

Cependant, la vraie question demeure depuis un demi-siècle : le peuple américain peut-il faire confiance à ses services secrets ? Nous avons vu que l'échec de la prévention des attentats de septembre 2001 ne doit pas laisser penser que la Communauté du renseignement aurait été empêchée d'agir par des contrôles parlementaires trop tatillons dont elle a toujours su s'accommoder, quitte même à s'y soustraire, le cas échéant. De même, il est faux de prétendre que la CIA, chargée du renseignement humain, donc du recrutement et du traitement des informateurs, aurait été empêchée de recruter qui elle entendait au sein des milieux terroristes. Aujourd'hui comme par le passé, le bras clandestin de l'Amérique peut utiliser qui il souhaite, y compris des « amis » à la réputation la plus trouble qui se puisse imaginer.

1. Correspondance de David Ignatius avec l'auteur, 2002.

2

Informateurs « répugnants »

Pratiquement tous les analystes, tous les spécialistes américains du renseignement, tous les commentateurs du terrible échec du 11 septembre ont fait un constat identique au lendemain des événements : si la CIA n'a pas vu le coup venir, c'est qu'elle avait perdu la main. Les interdictions législatives qui lui ont été faites au fil des ans de recourir aux services d'informateurs ou d'agents peu recommandables, voire « répugnants » (*unsavory*), l'ont empêchée de mener à bien ses missions, et ceux qui l'accusent d'avoir mal fait son travail ne peuvent s'en prendre qu'à eux-mêmes : l'Amérique trop vertueuse a anéanti les capacités d'action de ses serviteurs les plus secrets. Belle démonstration, mais complètement fausse ! Ces explications font référence à une affaire qui s'est produite au Guatemala et dont la traduction opérationnelle remonte à 1995. Singulier raccourci : le Guatemala n'est autre que le pays où la CIA a débuté ses opérations en Amérique latine. C'est aussi à cause de ses errements dans cette république qu'elle croyait encore bananière que le législateur lui a imposé quelques règles nouvelles. Pour autant, jamais il ne lui a interdit de faire son travail, y compris en dînant avec le diable !

Guatemala : opération PBSUCCESS

Retour en 1953. Après s'être fait la main en Iran, la CIA n'allait pas en rester là. La prochaine étape ? Le Guatemala, banc d'essai pour toutes les opérations de l'Agence en Amérique latine qui allaient suivre tout au long de la Guerre froide. Entre la fin du XIXe siècle et celle de la Seconde Guerre mondiale, le pays n'avait été dirigé que par deux dictateurs successifs : Manuel Estrada Cabrera et Jorge Ubico Castenada. Un demi-siècle mis à profit par ces compradores pour mettre sur pied une économie coloniale dirigée par une surpuissante société bananière : la United Fruit Company. D'où l'expression « république bananière », qui ne s'est jamais mieux appliquée qu'au Guatemala, société d'oppression et de surexploitation des paysans, d'expropriation des terres, de disparition des droits démocratiques, cruellement peinte par le prix Nobel de littérature Miguel Angel Asturias, notamment dans son livre *Monsieur le Président*, publié en 1946. Le pays avait tout simplement été mis en coupe réglée par la United Fruit avec l'appui du puissant voisin américain.

En 1944, pourtant, changement de donne : après une révolte populaire, le Guatemala se dote d'un président démocrate – Juan José Arevalo –, puis d'un second dans la foulée, en 1951, Jacobo Arbenz Guzman. Ceux-ci restituent des droits aux paysans, les défendent contre les propriétaires fonciers et la United Fruit, réduisent sévèrement le pouvoir et le rôle des militaires, lancent des programmes d'éducation, mettent en œuvre une constitution proche de celle des États-Unis – en un mot, la société se démocratise ; mais United Fruit commence à trouver la plaisanterie carrément insupportable quand Arbenz promet une réforme agraire d'envergure passant par un abandon de la monoculture spéculative de la banane. Qu'à cela ne tienne ! La CIA est là pour mettre de l'ordre… En 1954, elle va faire croire au monde que le Guatemala est devenu un pays communiste menaçant, qu'Arbenz n'est qu'un suppôt du stalinisme ; le président de la commission des Affaires étrangères du Sénat, Alexander Wiley, estime par exemple : « Il me semble que le Guatemala devient un foyer d'infection rouge pour toute l'Amérique centrale, et que plus vite nous aiderons à stériliser ce foyer, mieux cela vaudra[1]. »

L'opération PBSUCCESS, consistant à faire renverser Jacobo Arbenz Guzman par un colonel à la solde de la CIA, Carlos Castillo Armas, sera une pleine réussite. La CIA, alors dirigée par Allen Dulles, monte de toutes pièces une milice pour son homme-lige, la dote d'avions dont elle entraîne les pilotes afin qu'ils bombardent les villes lors du coup d'État, travaille au corps le clergé catholique pour qu'il soutienne la manœuvre, mène de vastes « opérations d'action psychologique » par la radio et la distribution massive de tracts, fomente l'assassinat de personnalités considérées comme gênantes[2], etc. United Fruit dispose d'un accès direct aux frères Dulles – Allen à la CIA, John Foster au département d'État – et tire les ficelles. En 1935, la firme avait négocié un accord en or avec le gouvernement du dictateur Jorge Ubico, et y avait gagné des avantages

1. David M. Barrett : « Sterilizing a "Red Infection" ; Congress, the CIA, and Guatemala, 1954. » *Studies in Intelligence*, 2001, n° 10, p. 23.

2. Kate Doyle et Peter Kornbluh : « CIA and Assassinations : the Guatemala 1954 Documents », Electronic Briefing Book, n° 4, *National Security Archive*, mai 1997.

exorbitants : elle possédait la moitié de la propriété foncière du pays et était – entre autres privilèges – totalement exemptée d'impôts ! L'avocat qui avait négocié ces accords pour la United Fruit n'était autre que… John Foster Dulles[1] ! Quand il s'est agi de remettre en selle United Fruit qui sentait la mise en coupe réglée du pays lui échapper, des oreilles attentives, tant au département d'État qu'à la CIA, se sont chargées de faire passer le message !

Pour l'agence de Langley, cela va être l'occasion de mener sa première opération de la Guerre froide en Amérique latine, y compris par le biais d'une vaste campagne de désinformation auprès des plus grands journaux américains[2] auxquels elle va faire croire que les communistes ont pris le pouvoir dans ce pays et s'apprêtent à conquérir l'ensemble du continent. La CIA finira donc, le 27 juin 1954[3], par faire renverser le président élu. Par la suite, jusqu'en 1986, soit pendant plus de trente années, le pays ne sera plus dirigé que par des dictateurs confrontés à la plus longue rébellion armée du continent latino-américain. Celle-ci ne se conclura par un accord politique qu'en 1996, après s'être soldée par 160 000 morts et 40 000 disparus ; une commission d'enquête officielle impu-

1. Stephen E. Ambrose, *Ike's Spies* ; *Einsenhower and the Espionage Establishment*, University Press of Mississippi, Jackson, 1999, p. 218.

2. Stephen M. Streeter : « Interpreting the 1954 US Intervention in Guatemala : Realist, Revisionist and Postrevisionist Perspectives », *The History Teacher*, novembre 2000.

3. Richard H. Immerman, *The CIA in Guatemala : The Foreign Policy of Intervention*, University of Texas Press, Austin, 1982. Et aussi : Nick CULLATHER, *Secret History : The CIA Classified Account of its Operations in Guatemala, 1952-1954*, Stanford University Press, 1999. La CIA a partiellement déclassifié en 1997 près de 2 000 documents disponibles sur son site, soit 1 % de ses archives sur l'opération PBSUCCESS ; http://www.foia.ucia.gov/frame2.html.

tera 93 % de ces victimes à l'armée, et 3 % à la guérilla[1]. En visite officielle dans le pays en mars 1999 pour sceller sa réconciliation avec les États-Unis, le président Bill Clinton déclarera : « Le soutien aux forces militaires et aux unités de renseignement responsables de la violence et d'une répression généralisée fut une faute, et les États-Unis ne doivent pas répéter cette erreur. »

Le problème – le Président américain le soulignait dans cette déclaration – est que la CIA ne se contenta pas d'organiser le coup d'État de 1954 au Guatemala puis de contribuer au maintien au pouvoir des militaires après cette date. Elle n'a en réalité jamais cessé d'être présente dans ce pays au point de se trouver à nouveau au cœur d'une violente polémique sur sa manière de « travailler » et de traiter les informateurs demeurés à son service : de 1980 à 1995, la CIA a versé 30 millions de dollars aux services secrets guatémaltèques, sans doute parmi les pires pourfendeurs des droits de l'homme en Amérique latine. L'opinion américaine s'est montrée particulièrement sensible, dans les années 90, à deux meurtres commis par les forces armées du Guatemala : celui de Michael DeVine, Américain et gérant d'un hôtel-restaurant de la ville de Poptún, tué le 8 juin 1990 dans des circonstances particulièrement troubles par un commando de plusieurs soldats. Deux ans plus tard, Efrain Bamaca, l'un des chefs de la guérilla marxiste, disparaît de la circulation : son épouse, une avocate américaine nommée Jennifer K. Harbury, s'enquiert de son sort auprès des autorités du pays, avant d'apprendre qu'il a été assas-

1. *Guatemala, Memory of Silence* ; http://hrdata.aaas.org/ceh/report/english/toc.html.

siné. Elle se tourne alors vers les autorités américaines afin de savoir si ces dernières ne posséderaient pas des éléments d'information sur la mort de son mari. Silence de plomb des services officiels qui vont jusqu'à lui assurer qu'ils ont cherché dans les dossiers, mais n'y ont rien trouvé.

Mensonge ! Un représentant démocrate du New Jersey, membre du House Intelligence Committee, Robert Torricelli, révèle en effet en 1995 au *New York Times* que Michael DeVine et Efrain Bamaca ont été tués au vu et au su d'un colonel, Roberto Alpirez, qui se trouve être, circonstance aggravante, un « informateur » rémunéré de la CIA, bien connu pour sa sauvagerie. L'agence de Langley était évidemment au courant que l'un de ses plus proches contacts dans le pays était impliqué dans le meurtre d'un citoyen américain ainsi que dans celui de l'époux d'une Américaine, et que cet informateur avait déployé toute son énergie à tenter de dissimuler la vérité. Les révélations de Torricelli provoquent un scandale majeur ; les réactions sont d'autant plus vigoureuses que si la CIA, considérée alors comme « hors contrôle » par le parlementaire, n'avait pas manqué de prévenir les autorités qu'elle concevait des soupçons sur le rôle du colonel Alpirez, elle s'était bien gardée de faire savoir à qui que ce soit – ambassadeur des États-Unis au Guatemala, département d'État, Conseil national de sécurité – que cet individu était aussi l'un de ses agents, et qu'il l'était demeuré après les deux meurtres.

Informateurs « répugnants »

La première des mesures prises par Bill Clinton après les révélations de Torricelli a consisté à faire rechercher qui lui avait fourni l'information ! Toujours le même problème depuis des décennies : quelle que soit la nature des reproches faits aux services de renseignement, le chef de l'exécutif entend traiter cette question au sein des instances dirigeantes, en informant éventuellement la représentation nationale, mais dans des formes qui évitent de mettre le débat sur la place publique. Dans le cas présent, Torricelli avait agi en franc-tireur pour informer la presse et l'opinion de la vraie nature des relations entre la CIA et l'armée guatémaltèque. L'enquête sur l'origine de ses informations ne fut pas bien ardue : l'informateur de Torricelli n'était autre qu'un éminent fonctionnaire du département d'État, Richard Nuccio, qui avait appris en février 1995 le caractère réel des relations entre Alpirez et la CIA, et s'en était ouvert à des collaborateurs de Torricelli. Richard Nuccio se vit alors retirer par la CIA ses autorisations d'accès aux informations classifiées et fut, de ce fait, contraint de quitter l'administration.

La seconde décision de Bill Clinton consista à demander une enquête poussée à l'une des structures de conseil de la Maison-Blanche en matière de renseignement, l'Intelligence Oversight Board[1]. Rendu public le 28 juin 1996, le rapport en question se montre extrêmement sévère sur les pratiques de la CIA : « Nous avons découvert que plusieurs informateurs de la CIA étaient accusés de manière crédible d'avoir ordonné, planifié, voire participé à de graves viola-

1. L'IOB est composé de quatre membres choisis parmi les seize membres du PFIAB (President's Foreign Intelligence Advisory Board). L'IOB est spécialement chargé de l'examen de la légalité des opérations des services secrets à l'étranger.

tions des droits de l'homme dont des assassinats, des exécutions extrajudiciaires, des tortures ou des kidnappings, alors qu'ils étaient simultanément des informateurs de la CIA et que la Direction des opérations de la CIA était au courant[1]. » Les auteurs de ce texte ne sont pas les premiers venus : homme d'affaires prospère et avocat renommé, le président du groupe n'est autre qu'Anthony S. Harrington, qui sera nommé ensuite ambassadeur des États-Unis au Brésil ; le général Lew Allen, second membre du groupe, est une vieille connaissance : ancien directeur de la NSA, il avait dû, vingt ans plus tôt, mettre fin, contraint et forcé, aux débordements de l'opération SHAMROCK ; la participante à cette commission la mieux au fait des questions de renseignement compte alors quarante ans d'expérience au sein de la NSA : Ann Z. Caracristi y a fait toute sa carrière, qu'elle a terminée comme directrice adjointe ; enfin, respectant un mode de fonctionnement qui demeure une exclusivité américaine, cette commission d'enquête présidentielle a également associé à ses travaux un homme venu du privé : Harold W. Pote, banquier à Philadelphie.

Pourquoi cette affaire a-t-elle pris autant d'importance ? Pourquoi la mort d'un militant guatémaltèque – disons plutôt obscur, sans vouloir faire injure à sa mémoire – a-t-elle mis la CIA cul par-dessus tête au point qu'elle ait dû engager une réforme profonde de son mode de fonctionnement, réforme dont nombre d'analystes ont pu considérer, après les attentats du 11 septembre, qu'elle se trouvait être à l'origine de l'incapacité du « service » à prévoir les agissements

1. Intelligence Oversight Board, *Report on the Guatemala Review*, 28 juin 1996, p. 6.

fomentés par le réseau d'Oussama Ben Laden contre les États-Unis ? Simplement parce que le scandale des pratiques de la CIA au Guatemala avait paru symboliser toutes les dérives d'une agence de renseignement à qui on avait laissé la bride sur le cou, capable de dissimuler sciemment des pratiques contestables aux organes de contrôle législatif, le tout imposant à nouveau une rupture franche et perceptible avec ces pratiques. Moins profonde, certes, que celles qui étaient intervenues vingt ans plus tôt, mais néanmoins assez significative pour être considérée assez souvent comme la cause de bien des déboires ultérieurs.

Assurément, la question de ce type de relations étroites nouées par les services secrets avec des gens au profil assez éloigné de celui d'un enfant de chœur, se pose en permanence. Tout comme la police ne recrute pas ses « indics » ailleurs que dans les bas-fonds, les services secrets ne peuvent s'informer convenablement sur des groupes qu'ils entendent combattre ailleurs qu'en leur sein ; ou, à défaut, dans les services de police et de renseignement du pays concerné, censés posséder une meilleure capacité d'infiltration des groupements interdits évoluant sur leur territoire, ou posséder de bons « tuyaux » sur les enquêtes en cours à leur sujet. Le problème réside dans l'absence de moralité de ces individus, payés en principe pour servir le gouvernement qui les emploie ou le groupe auquel ils appartiennent, et qui acceptent de se mettre au service d'un État étranger en échange d'une respectable liasse de dollars… À cette trahison objective de leur propre pays s'ajoutent leurs pratiques personnelles, souvent contestables, comme le montre parfaitement l'affaire guatémaltèque : un colonel connu pour son mépris absolu des droits de l'homme, complice avéré d'assassins de citoyens américains, voire pis, était en fait stipendié par la CIA alors même que département d'État et son ambassadeur dans le pays, Thomas F. Stroock, cherchaient à aider le gouvernement légal à revenir à une conception plus démocratique de l'exercice du pouvoir ! Les rapporteurs de l'IOB sont on ne peut plus nets : « Notre capacité de renseignement clandestin demeurera bien sûr essentielle pour notre sécurité nationale. Cependant, si la recherche clandestine du renseignement demande parfois de traiter avec des individus ou des réseaux "répugnants", le profit escompté pour nos intérêts nationaux doit surpasser le coût de telles relations inconvenantes, et mériter la prise de risques inhérente à toute action clandestine[1]. »

Si cette question revêt une particulière importance, c'est que les informateurs, « répugnants » ou pas, sont à la base de ce que les services secrets appellent le « renseignement de source humaine » ou « renseignement humain » (en anglais HUMINT, pour *Human Intelligence*), par opposition au « renseignement technique » (en anglais TECHINT, pour *Technical Intelligence*[2]). Entre ces deux types de sources, le rapport est complexe et propice aux contentieux. Bien que le raccourci soit assez impropre, on peut considérer que les tenants de l'espionnage traditionnel, dit « à la papa », estiment que les vraies sources d'informations sont

1. *Report on the Guatemala Review*, *op. cit.*, p. 5.

2. Le TECHINT se décompose en plusieurs méthodes : SIGINT (Signal Intelligence), lui-même décomposé en MASINT (Measurement and Signature Intelligence) et COMINT (Communication Intelligence) ; IMINT (Imagery Intelligence) ; sans oublier une autre forme de recollection, celle-là non clandestine : OSINT (Open Sources Intelligence).

humaines ; que si elles peuvent être utilement complétées par du renseignement technique, c'est bel et bien sur le terrain, en mouillant sa chemise ou un verre à la main, que l'on recueillera l'information la plus précieuse. À la CIA, ces hommes ont tenu le haut du pavé jusqu'à l'affaire du Watergate et la vague de moralisation qui l'a suivie. Après la fin de la Guerre froide, il n'en restait plus en fonction que quelques rares spécimens.

Pour les autres, ceux qui ont pris et conservé le pouvoir dans les services secrets américains après la fin des années 70, le renseignement humain est trop aléatoire, politiquement trop risqué, et donc trop peu « performant » pour arriver à la cheville du renseignement technique : satellites d'observation, avions-espions, systèmes d'interception des communications par téléphone ou par Internet sont si efficaces qu'ils permettent, aux yeux de partisans les plus convaincus de l'utilité de ces moyens, de s'affranchir peu ou prou des difficultés, risques et désagréments de l'action sur le terrain, au motif bien fondé qu'il sera toujours extrêmement difficile de reprocher à un satellite de ne pas respecter les droits de l'homme !

Pour ce qui concerne les services secrets américains, quand la défaite des tenants du renseignement humain a-t-elle été consommée ? En 1995, après l'affaire du Guatemala… Le coup fut porté par John Deutch, patron de la CIA nommé en mai 1995.

Dans un discours en date du 7 novembre 1995, suivant donc de quelques mois la révélation des errements de l'Agence au Guatemala, Deutch précise on ne peut plus nettement la façon dont la Direction des opérations devra dorénavant se comporter avec ses « sources humaines », tout en affirmant en préambule qu'il n'est pas question d'y renoncer : « Je suis clair : nous devrons continuer à travailler avec des gens “répugnants”. Nous persisterons à rechercher activement tout individu qui pourra fournir d'importants renseignements de l'intérieur d'une cellule terroriste ou d'une usine livrant des armes à un État-voyou. Pourquoi le faisons-nous ? Parce que ce renseignement humain peut sauver des vies américaines, ou éviter un conflit. » Ce qui va changer, en revanche, c'est qu'il ne sera plus question, pour les postes de la CIA à l'étranger, de gérer eux-mêmes ces sources et de passer les comportements douteux de leurs informateurs par pertes et profits. Deutch poursuit : « Nous mettons au point de nouvelles directives visant à assurer que nos préoccupations concernant les droits de l'homme et les activités criminelles sont bien prises en considération quand il s'agit de recruter, d'évaluer et de gérer des informateurs (...). Cela ne veut pas dire que nous relâcherons nos efforts pour recruter au sein de régimes hostiles, d'organisations terroristes et criminelles internationales, ou chez les trafiquants de drogue. Si nous agissions de la sorte, nous interdirions à notre gouvernement l'accès aux renseignements débouchant sur des actions destinées à mieux protéger nos citoyens et leurs intérêts[1]. »

Ces dispositions précises induisent donc des règles de fonctionnement nouvelles, certes voulues par le nouveau patron de la CIA, mais surtout imposées par les pouvoirs exécutif et législatif. Bien que la polémique sur les informateurs « répugnants » ait enflé à l'intérieur même de

1. Site Internet : http://www.cia.gov/cia/public_affairs/speeches/archives/1995/dci_speech_91295.html.

la CIA, au point que des cadres de la Direction des opérations en soient venus à réclamer le départ de John Deutch par le biais d'un bref mais retentissant article de magazine[1], il est pour le moins contestable d'affirmer que cette réglementation, à elle seule, serait à l'origine des avanies apparues au grand jour le 11 septembre. Dans les faits, ces nouveaux principes n'ont pas interdit de recruter des informateurs, aussi peu respectueux des droits de l'homme soient-ils, ce qui fut d'ailleurs très explicitement précisé lorsque la CIA changea son fusil d'épaule. Au sein de l'Agence, en revanche, plusieurs mesures furent alors prises, dont celle interdisant aux postes de la CIA à l'étranger de recruter de leur propre initiative un informateur aux états de service douteux. Toute interrogation sur les pratiques criminelles ou contraires aux droits de l'homme d'un informateur potentiel doit être désormais signalée à Langley, qui avise : ou bien les bénéfices escomptés de la relation avec cette source permettent de la recruter en fermant les yeux et en se pinçant le nez ; ou bien c'est impossible. En cas de doute, le cas est porté devant le Conseil national de sécurité, voire devant le Président en personne[2].

La CIA annonce en outre publiquement qu'elle a décidé de rompre avec plusieurs centaines d'informateurs qui ne respectent pas ses nouveaux principes. Cette annonce est faite en mars 1997, lorsque l'Agence précise qu'elle coupe ses liens avec une centaine d'agents étrangers, dont la

---

1. Charles Fenyvesi, Brian Duffy : « Singing the Blues in the Spook House », *US News & World Report*, 21 octobre 1996.

2. « Making the CIA Accountable », *The New York Times*, 18 août 1996.

moitié en Amérique latine, essentiellement au Mexique, au Guatemala, au Honduras, au Salvador et au Panamá. Tous sont accusés d'atteintes aux droits de l'homme dans leur pays, mais également de meurtres, tortures ou menées terroristes. La CIA profite de l'occasion pour se séparer d'un millier d'agents stipendiés, soit entre le quart et le tiers de ses effectifs en informateurs, dont la nullité rendait d'ailleurs les services inutiles. Les « gardiens du Temple », à la Direction des opérations, ont sérieusement tordu le nez. Mais comment faire autrement vis-à-vis de tels ou tels de ces correspondants ou informateurs dont les pratiques étaient si contraires aux principes de fonctionnement d'une démocratie ? En fait, les bouderies, coups de gueule, états d'âme des fortes têtes de la Direction des opérations n'ont jamais cessé depuis les premiers vrais contrôles sur les activités de la CIA, institués par Gerald Ford en 1976. Avant lui, ou plus exactement avant la publication des travaux de la commission Church, la Maison-Blanche n'était à peu de chose près qu'une chambre d'enregistrement des opérations clandestines, et la CIA dans son ensemble s'en accommodait fort bien. Mais Stansfield Turner, qui a dirigé l'Agence à partir de 1977 et a donc eu pour mission de remettre la machine en route après le très bref passage de George H. Bush à sa tête (de janvier 1976 à janvier 1977), a gardé un désagréable souvenir des jérémiades des hommes de la Direction des opérations : « J'ai remarqué, en tant que chef de la CIA, qu'un certain nombre des vétérans de l'Agence avaient le plus grand mal à accepter les pesanteurs induites par le contrôle parlementaire. J'ai contraint plusieurs douzaines d'entre eux [NDA : 212, exactement] à partir à la retraite, car ces contrôles correspondaient à la loi de notre pays ou aux ordres du Président, et je devais être parfaitement à l'aise sur ce point : toutes personnes conduisant des opérations clandestines auraient à se soumettre à ces contrôles[1]. »

Ces lignes remontent à 1983, soit douze ans avant les nouveaux contrôles institués en 1995, et illustrent donc une tendance qui ne date pas d'hier : les récriminations formulées contre les contrôles excessifs, contre les règles imposant des contraintes telles qu'elles auraient empêché de voir venir les attentats du 11 septembre, ne se sont fait entendre pour la première fois ni en 1995, ni en 1983, mais en 1974. En réalité, les dépositaires de la culture maison n'ont jamais accepté que quiconque leur dise ce qu'ils avaient à faire... C'est si vrai qu'ils ont toujours obtenu que les contrôles soient réduits au minimum, et qu'ils ont su s'en affranchir quand ils en ressentaient fortement le besoin. Et la CIA, qui n'aime pas trop qu'on vienne fourrer son nez dans ses affaires, s'est estimée fondée, en définitive, à récompenser pour son action au Guatemala celui qui fut le premier responsable de ses relations avec les éléments douteux de l'armée locale. Alors même qu'il avait été accusé d'avoir sciemment dissimulé au Congrès la nature exacte des liens entre l'Agence et le colonel Alpirez, puis licencié pour ces mêmes raisons en 1995, Terry Ward a finalement reçu en 2000 une importante décoration maison, la *Distinguished Carreer Intelligence Medal*. Il est vrai qu'à la même époque le directeur de la CIA qui l'avait renvoyé, John Deutch, reconverti depuis lors dans la vie civile, faisait lui-même l'objet d'une enquête officielle pour avoir illégalement

1. « Stop the Covert Operation... », art. cit.

conservé dans son ordinateur personnel des données confidentielles provenant de la CIA[1]...

Le cas Montesinos

Revenons-en aux nouvelles règles de 1995. En fait, la CIA n'a jamais vraiment rompu avec sa pratique classique du contact avec ses informateurs essentiels, quel qu'ait été leur passé. Après la promulgation des nouvelles directives de recrutement édictées par l'administration Clinton, les liens avec divers personnages parmi les moins recommandables ont été maintenus. Ce fut par exemple le cas avec Vladimiro Montesinos, chef des services secrets et âme damnée du président péruvien Alberto Fujimori, contraint à une fuite déshonorante au Japon en novembre 2000. Montesimos s'était fait une spécialité de la corruption des élites de son pays, qu'il faisait filmer empochant leurs dollars, mais pas seulement : il est également accusé d'avoir dirigé un escadron de la mort, le Grupo Colina, considéré comme responsable de deux massacres, à Barrios Altos et La Cantuta, qui firent respectivement quinze et dix morts en novembre 1991 et juillet 1992.

Ses liens avec les États-Unis remontent au début des années 60, lors de sa formation d'officier au sein d'une école à la sinistre réputation, la School of the Americas, un établissement de l'US Army créé en 1946 à Fort Benning (Georgie), spécialisé dans la préparation des militaires sud-américains à la contre-guérilla et à la lutte antidrogue. En fait, disent ses accusateurs, une école de la torture et de la

---

1. Voir aussi *infra*, p. 128.

répression, dont sont certes sortis plusieurs dizaines de milliers de brevetés sans histoires, mais également une belle brochette de dictateurs instruits par les meilleurs spécialistes mondiaux de la guerre antisubversive. Après la guerre d'Algérie, l'armée française avait même « prêté » les services de l'un de ses plus brillants éléments, le lieutenant-colonel Paul Aussaresses[1]. Le plus étonnant stagiaire de cette école demeure Manuel Noriega : collaborateur de la CIA dès le début des années 60, parvenu au pouvoir au Panamá à la faveur d'un accident d'avion jamais élucidé dont son prédécesseur fut victime en 1981, trafiquant de drogue et d'armes, il a été finalement renversé en décembre 1989 par l'opération militaire américaine JUST CAUSE, et conduit aux États-Unis où il purge depuis 1992 une condamnation à quarante ans de prison. Il avait été qualifié par William Casey, directeur de la CIA de janvier 1981 à janvier 1987, de « serviteur sans égal des intérêts américains en Amérique centrale ». Mais les élèves de la School of Americas, devenue en janvier 2001 le WHISC (Western Hemisphere Institute for Security Cooperation), sont loin d'avoir tous fini dans les geôles de l'oncle Sam. Roberto Viola et Leopoldo Galtieri (leaders de la junte militaire argentine), Juan Velasco Alvarado (organisateur du coup d'État militaire de 1968 au Pérou), Guillermo Rodriguez (organisateur du coup d'État militaire de 1972 en Équateur), Hugo Banzer Suarez (organisateur du coup d'État militaire de 1971 en Bolivie) ont tous un jour pris le pouvoir avec le soutien actif ou tacite de la CIA. En janvier 2000, le colonel guatémaltèque Byron

1. Pierre Abramovici : « L'autre sale guerre d'Aussaresses », *Le Point*, 15 juin 2001.

Disrael Lima Estrada, ancien élève de l'école, a été arrêté pour son rôle dans l'assassinat de Mgr Juan José Gerardi, en avril 1998, deux jours après que l'ecclésiastique eut déclaré que les atteintes aux droits de l'homme dans son pays avaient essentiellement été le fait des militaires[1].

L'US Army se défend toutefois d'avoir monté, avec la School of the Americas, une école de formation à la torture, aux opérations spéciales dirigées contre les populations civiles indociles, et à la prise de pouvoir par des militaires sud-américains inféodés aux États-Unis. Un centre de formation de la CIA, pour tout dire... Les polémiques ne cessant pourtant pas, l'école a été soumise à nombre d'enquêtes, à tel point que le Pentagone a dû admettre en 1996 que sept des manuels d'instruction remis aux stagiaires et rédigés en espagnol leur indiquaient les différentes méthodes de coercition à exercer contre les guérilleros, dont la torture et l'assassinat. Aux accusations qui la visaient, l'US Army a également répondu en 1996 qu'elle avait institué des « études de cas » permettant d'analyser ses propres bavures afin qu'elles ne reproduisent pas en d'autres pays. Dans un rapport commandé par le Committee on National Security de la Chambre des représentants, la direction de l'école explique ainsi que chacun des stages comprend « quatre heures obligatoires d'instruction sur le respect des droits de l'homme au cours des opérations militaires, y compris les lois de la guerre terrestre, la relation entre loi militaire et éthique, le contrôle civil exercé sur les militaires, et le processus de

1. US Army School of the Americas : *Background and Congressional Concerns*, Congressional Research Service, 16 avril 2001, p. 4.

démocratisation. Le cours de commandement et d'état-major consacre trois jours d'instruction à ces thèmes, et utilise le massacre de My Lai, au Vietnam, comme cas type. Les dirigeants de l'école considèrent cet exemple comme une excellente illustration pour traiter des questions relatives au comportement militaire, au commandement, au contrôle, pour évoquer le changement intervenu dans l'attitude des troupes américaines et leur acceptation du principe des droits de l'homme. Les incidents dans lesquels des militaires sud-américains ont été impliqués sont également abordés, tel le massacre de centaines de paysans à El Mozote, au Salvador, en 1981[1] ».

Revenons-en au Péruvien Vladimiro Montesinos. En juin 2001, en fuite au Venezuela, il est arrêté grâce au concours du FBI et remis aux nouvelles autorités péruviennes. À la CIA, on fait la tête : c'est que Montesinos est loin, très loin d'être un inconnu. Il s'agit même d'un prototype de l'« informateur répugnant » !... En fait, l'homme s'est bâti une fortune de plusieurs dizaines de millions de dollars en jouant sur deux tableaux : d'un côté, la lutte contre la drogue, pour laquelle il aurait reçu de la CIA, au titre de l'aide aux services de renseignement péruviens, un million de dollars par an entre 1990 et 2000 ; de l'autre, les narcotrafiquants colombiens qu'il aurait approvisionnés en armes. Mais il a été un agent de la CIA dès le début de sa carrière militaire au début des années 1970[2]. Pour faire bref,

1. School of the Americas. *US Military Training for Latin American Countries*, US General Accounting Office, août 1996.

2. Kevin G. Hall : « CIA Paid Millions to Montesinos », *Miami Herald*, 3 août 2001.

lorsque Montesinos passe de l'autre côté de la barrière, en 2001, emprisonné au Pérou avec 57 inculpations et 168 enquêtes criminelles sur le dos, il n'a cessé d'être un informateur de la CIA qu'au cours de l'année précédente. Or cela faisait déjà des années qu'il était connu pour monter des « coups tordus » pour le compte d'Alberto Fujimori ou pour son propre compte. En fait, il se trouvait répondre au cas type évoqué par les autorités américaines, à savoir qu'il était un sale type rapportant gros aux États-Unis. Mais quoi au juste ? C'est assez simple : par exemple, des droits de passage stratégiques pour les avions de la guerre anti-drogue opérant secrètement au-dessus de l'Amérique latine. Il faut bien que ces appareils se posent quelque part et puissent se ravitailler au sol. S'agissant du Pérou, Montesinos avait le pouvoir d'accorder secrètement aux Américains ces droits qu'ils ne pouvaient obtenir publiquement : aucun pays n'accepte en effet de gaieté de cœur d'avouer qu'il confie des tâches de police, de répression et de contrôle de son espace aérien à un État étranger.

Mieux : Montesinos fut l'un des protagonistes d'un incroyable accord passé entre les États-Unis, le Pérou et la Colombie. Dans le cadre de la lutte antidrogue, Washington avait à affronter un sérieux problème : que faire quand un avion suspecté de transporter de la drogue était repéré au-dessus de l'Amérique du Sud ? Réponse : on le descend. Problème : c'est interdit (heureusement !) par les lois internationales, notamment par la convention de Chicago de 1944… Qu'à cela ne tienne, on va s'arranger ! Les États-Unis (en 1994 !) ont donc monté avec Montesinos un système pour le moins déroutant : des appareils militaires péruviens demanderont aux contrevenants d'atterrir, avant de les détruire en vol sans autre sommation s'ils refusent d'obtempérer. Mais le contrôle aérien est une affaire complexe, et les lois internationales ne souffrent pas d'exception ; les Américains se sont d'ailleurs montrés particulièrement sévères, et à juste titre, quand la chasse soviétique avait abattu un Boeing 747 coréen, le 1er septembre 1983, au large de l'île de Sakhaline. Il a donc fallu que le Congrès entérine en juin 1994 une disposition spéciale autorisant des personnels du gouvernement américain à participer à la destruction en vol d'avions suspectés de transporter de la drogue. Le département d'État a cru alors devoir expliquer que « le Président [Bill Clinton] a déterminé que de telles actions [étaient] nécessaires en raison de la menace représentée par le trafic de drogue contre la sécurité nationale de ce pays[1] ».

Grâce à Montesinos, la CIA va donc mettre au point un système sophistiqué visant à interrompre le transport clandestin des feuilles de coca entre le Pérou et les laboratoires de transformation installés en Colombie : les Péruviens – équipés par les États-Unis d'avions A-37B Dragonfly – vont être guidés vers leurs cibles potentielles par de petits jets Cessna Citation, propriété du Pentagone, dotés par la CIA d'équipages composés de mercenaires civils américains. Des centaines d'hommes de l'administration américaine sont sur place, au Pérou, mais, à bord des appareils, seuls volent des agents de la CIA employés par la firme privée Aviation Development Corporation, constituée en

1. Ce document a été rendu public en avril 2001 par la National Security Archive ; http://www.gwu.edu/~nsarchiv/NSAEBB/NSAEBB44/index2.html.

1998 naturellement par d'ex-militaires, et possédant des installations privées sur la base de l'US Air Force à Maxwell, Alabama. Cette entreprise privée – agissant par contrat pour le compte de la CIA – n'est pas la seule à opérer pour le gouvernement américain dans la guerre anti-drogue, y compris en faisant au besoin le coup de feu contre des guérilleros. DynCorp, de Reston (Virginie), fournit des moyens de transport (hélicoptères) et des commandos équipés à l'armée colombienne, et apporte son know-how en matière d'épandage chimique sur les plantations de coca. AirScan opère à partir d'avions de repérage électronique Cessna Skymaster[1], tandis que Military Professional Ressources assure de discrètes tâches de formation. Cette dernière société constitue une véritable armée privée : elle a participé à la reconstruction de l'armée croate avant de la conduire à la victoire contre les Serbes.

Après avoir monté cette partie de l'opération avec ses amis de la CIA, Montesinos s'est tourné vers les trafiquants de drogue pour leur proposer un *deal* : il les avertirait, bien entendu moyennant finances, des moyens de passer à travers les mailles du filet aérien mis en place par la CIA. En 1996, le plus important baron péruvien de la drogue, Demetrio « El Vaticano » Chavez, déclara, lors de son procès, qu'il payait 50 000 dollars par mois à Montesinos, et autant au général Nicolas Hermoza, commandant les forces armées – avant de se rétracter. Mais d'autres accusations subsistent contre Montesinos, notamment en ce qui concerne l'organisation d'un trafic d'armes entre la Jordanie et la Colombie, à desti-

1. Julian Borger et Martin Hodgson : « A Plane is Shot Down and the US Proxy War on Drug Barons Unravels », *The Guardian*, 2 juin 2001.

nation des barons de la drogue. Le problème des « informateurs répugnants » est exactement celui-là : ils informent et sont simultanément « répugnants » ! L'espionnage et le renseignement humains se résument souvent à cela : les choses paraissent d'abord tourner à peu près convenablement, puis elles finissent mal. Pour la guerre aérienne de la CIA contre les trafiquants de drogue, le drame s'est produit le 20 avril 2001. Du haut de leur avion de repérage, les pilotes de l'Agence repèrent un beau gibier sous la forme d'un petit hydravion survolant la forêt. Depuis cinq ans que cette guerre secrète se mène dans l'ombre et que ses invraisemblables procédures perdurent, le tableau de chasse est impressionnant : vingt morts au cours de trente-huit accrochages[1]. Les pilotes américains ne parlent guère espagnol, et le Péruvien qui va tirer sur le monomoteur n'a pas une connaissance terrible de l'anglais : quand le contrordre de l'ouverture du feu arrive, il n'en tient pas compte et abat l'appareil. À son bord, une famille de missionnaires de l'American Association of Baptists for World Evangelism (ABWE) et son pilote. Trois survivants et deux morts : une jeune Américaine de 35 ans, Veronica « Roni » Bower, et son bébé de sept mois... Est-il utile de s'étendre ici sur l'ampleur du scandale ? Ce qui compte, c'est qu'il ne fit pas long feu. Les organisations missionnaires en Amérique latine et ailleurs sont bien souvent des « sous-marins » de Langley. Dans ce cas précis, la chose n'a pas été démontrée, mais l'hypothèse a été évoquée.

---

1. Anthony Faiola et Scott Wilson : « US Took Risks in Aiding Peru's Anti-Drug Patrol », *The Washington Post*, 29 avril 2001.

Faux problème

Comment imaginer une seule seconde que la CIA aurait pu se trouver empêchée de travailler sérieusement à partir de « sources humaines » quand on observe le cas Montesinos ? Surtout, d'autres opérations de la CIA menées après la bien modeste réforme de 1995 démontrent que les nouvelles règles n'ont pas été gênantes ; espions américains et agents de la Direction des opérations ont poursuivi leurs actions clandestines comme devant, sous tous les cieux. Le fait que sans doute moins d'une opération sur mille soit venue au jour et ait été portée à la connaissance de la presse ne veut évidemment pas dire que la CIA a chômé, sur le terrain, au cours des années 90. Pourtant, dans les jours, voire les heures qui ont suivi les attentats du 11 septembre, quantité d'experts – et non des moindres ! – ont considéré que ces règles édictées en 1995 étaient responsables, pour une large part, de l'échec des « services », incapables d'empêcher les attentats. Dès le 13 septembre, l'ex-président George Bush, ancien directeur de la CIA, déclare ainsi à Boston : « Le renseignement humain est un sale boulot ; en le faisant, vous devez traiter avec des gens "répugnants". Mais si vous voulez fournir au Président les meilleurs renseignements possibles, vous devez libérer le système de certaines de ses contraintes. » Les parlementaires y sont eux aussi allés de leurs couplets. Pour le sénateur Bob Graham, président du Senate Intelligence Committee, la CIA se doit de ne pas faire reposer son action sur des principes trop stricts dès lors que, s'agissant de terroristes, « on ne va sans doute pas commencer à chercher dans les monastères pour mettre la main dessus ». Même son de cloche chez son vice-président, Richard Shelby, qui estime que les règles édictées par l'administration Clinton « ont entravé le travail de nos agents de renseignement humain de par le monde ». Ces considérations, non exemptes d'arrière-pensées politiciennes – anticlintoniennes, pour être plus plus précis – ont déjà revêtu depuis plusieurs années valeur de dogme : pas un document officiel sur le problème du terrorisme qui ne fasse allusion à la question.

Dans son rapport de décembre 2000, la commission réunie autour du gouverneur de Virginie, James Gilmore, « recommande le retrait de la partie des règles de conduite de 1995, promulguées par le DCI, qui interdit l'engagement de certains informateurs étrangers pouvant avoir été impliqués auparavant dans des violations des droits de l'homme. Nous devrions en revenir aux restrictions stipulées antérieurement à 1995, qui apportaient des protections et un contrôle suffisants, et à un mécanisme d'approbation qui empêche les abus[1] ». Deux mois plus tard, le rapport Hart-Rudman émet un avis similaire, estimant que « les règles de recrutement des étrangers devraient être revues de façon que, tout en tenant compte des principes légaux et du respect des droits de l'homme, la capacité de la communauté du renseignement à recueillir des informations sur les plans et méthodes terroristes soit portée à son maximum. Nous reconnaissons la nécessité d'observer les principes moraux de base dans toute la manière d'agir du gouvernement américain, mais ceux qui peuvent le mieux aider des agents américains à pénétrer

1. Advisory Panel to Assess Domestic Response Capabilities for Terrorism Involving Weapons of Mass Destruction (Commission Gilmore), *II. Toward a National Strategy to Combat Terrorism*, Rand Corporation, 15 décembre 2000, p. 20.

effectivement les organisations terroristes, par exemple, ne sont pas forcés d'être des citoyens modèles ni des prix de vertu. De ce point de vue, les règles opérationnelles doivent trouver un équilibre entre les intérêts de la sécurité nationale et le souci des valeurs et principes de l'Amérique[1] ».

Sur ce chapitre, le document le plus sévère pour l'appareil de renseignement demeure sans aucun doute le rapport de la commission Bremer. Il affirme que « les procédures bureaucratiques compliquées désormais en vigueur envoient un message dépourvu d'ambiguïté aux officiers de la CIA sur le terrain : le recrutement de sources clandestines sur le terrorisme est encouragé en théorie, mais découragé dans la pratique (...). Ces procédures ont dissuadé ou retardé de vigoureux efforts de recrutement de sources potentielles. La CIA a créé en son sein une atmosphère trop réfractaire à la prise de risques. Le recrutement d'informateurs essentiels, quoique peu recommandables, a contraint les États-Unis à se reposer beaucoup trop lourdement sur les services de renseignement étrangers. L'adoption des règles [de 1995] a engendré un déclin marqué du moral de l'Agence, sans précédent depuis les années 70, et entraîné le départ en retraite anticipée, voire la démission d'un nombre significatif d'officiers traitants[2] ». Sans nul doute... les avis convergent dans une telle unanimité que l'on pourrait en venir à évoquer une attitude « politiquement correcte » mettant toutes les carences

1. US Commission on National Security/21st. Century (Commission Hart-Rudman), *Phase III. Road Map for National Security : Imperative for Change*, 15 février 2001, p. 83.

2. National Commission on International Terrorism (Commission Bremer), *Countering the Changing Threat of International Terrorism*, Pursuant to Public Law 2777, 105th Congress, 5 juin 2000, pp. 7-8.

en renseignement humain sur le dos – large, certes, mais tout de même !... – de la classe politique... Mais la vérité ne serait-elle pas ailleurs ? Par exemple, dans les insuffisances structurelles de la Direction des opérations de la CIA, qui n'auraient rien à voir – ou du moins pas grand-chose – avec les règles édictées en 1995 dont il était d'ailleurs prévu, dès leur élaboration, qu'elles pourraient être infléchies ?

Qu'un service de renseignement accepte parfois de se salir les mains ou de dîner avec le diable à l'aide d'une cuiller au manche trop court est une chose. Qu'il traite au quotidien avec des bouchers en est une autre. C'est très précisément ce qu'a expliqué Frederick Hitz, l'inspecteur général de la CIA, qui avait recommandé ces dispositions et qui s'est retrouvé sur la sellette après les attentats du 11 septembre : « Je sais être parfois considéré comme l'un de ces pères-la-vertu qui ont prétendument contribué à lier les mains de l'Agence avec les recommandations que mon bureau a édictées après examen de nos pratiques au Guatemala. À la fin de la Guerre froide, nous comptions encore dans nos effectifs un fonctionnaire de haut niveau, dans la police et le renseignement, dont la réputation en matière de violation des droits de l'homme était notoire et qui ne fournissait plus aucune information utile. Nous avons simplement recommandé que notre Direction des opérations révise dans le monde entier ses relations avec ses informateurs, et qu'elle mette en place une procédure obligeant nos agents sur le terrain à rendre compte au quartier général de la valeur à long terme de leurs informateurs les plus importants[1]. »

1. Frederick Hitz : « Not Just a Lack of Intelligence, a Lack of Skills », *The Washington Post*, 21 octobre 2001.

Mais alors, pourquoi ces mesures de bon sens ont-elles déclenché une pareille fureur, au point d'être considérées six ans plus tard comme la cause première du fiasco du 11 septembre ? Sans doute le mieux à même de répondre à cette question, Frederick Hitz se veut philosophe : « C'est illogique et en même temps très humain. Mû par une réaction typique des milieux de Washington, tout observateur est à la recherche d'une explication rationnelle de cet épouvantable échec du renseignement. Les règles de 1995 n'étaient pas destinées à instaurer autre chose que des mesures de responsabilité dans une situation où les officiers de terrain ne pensaient peut-être pas toujours à toutes les conséquences qu'entraînait le maintien aux effectifs d'individus ayant gravement violé les droits de l'homme. Il a toujours été stipulé qu'un équilibre devrait être recherché : quelle contribution positive pouvait être attendue du fait de fermer ou non les yeux sur sa mauvaise réputation ? Malheureusement, ces règles ont été instituées dans une période où le moral était mauvais, et divers changements intervenus à la tête de l'Agence, de même que chez les officiers de renseignement, semblent avoir conduit à considérer ces règles comme une bonne excuse pour ne rien faire. Espérons que ce qui est advenu changera tout cela[1]. »

La question de la lutte contre le terrorisme ne date pas d'aujourd'hui. Depuis plusieurs années, des dizaines et des dizaines de praticiens s'interrogent sur la meilleure façon d'agir. Les plus sérieux admettent que la seule vraie interrogation porte moins sur la nécessité de recruter tel ou tel informateur plus ou moins recommandable, ce que nul

1. Correspondance de Frederick Hitz avec l'auteur, 2002.

ne conteste vraiment, que sur la manière de gérer ces sources une fois qu'elles ont été convaincues de travailler pour les intérêts américains, le fin du fin en matière de renseignement humain consistant évidemment à faire travailler des sources au profit de bénéficiaires qu'elles n'identifient pas. Cinq ans avant les attentats du 11 septembre, l'un des meilleurs experts américains en matière de terrorisme avait déjà sa petite idée sur la façon de régler la question : « Parce que les menaces terroristes constituent des objectifs en perpétuel mouvement, dynamiques par nature, les informateurs se doivent d'être extrêmement flexibles pour assurer un bon système d'alerte (...). Le renseignement humain doit être utilisé de manière innovante pour pénétrer des cibles aux protections renforcées et attirer les meilleures sources au sein des organisations terroristes[1]. » Et Frank Cilluffo, du CSIS (Center for Strategic and International Studies), devenu aujourd'hui l'un des responsables de l'OHS (Office of Homeland Security), d'ajouter : « Il est donc nécessaire de cultiver ces sources dès lors que la pénétration de ces organisations par des Américains pourrait soulever de sérieux problèmes éthiques : voulons-nous ou pas avoir du sang sur les mains, prix de l'admission dans le premier cercle [d'un groupe terroriste][2] ? »

De fait, le problème de la participation directe d'Américains à de telles opérations d'infiltration de milieux

1. Frank J. Cilluffo : « *The Role of Intelligence in Identifying, Preventing and Responding to Transnational Terrorism : A Framework for US National Security* », American Bar Association, 10 décembre 1996.

2. *Ibid.*

très hostiles est central. Les vétérans, ces espions de la vieille école qui avaient baroudé sur tous les fronts de la Guerre froide, et, même pour certains, de la Seconde Guerre mondiale, savaient encore utiliser ce type de ressources dans les années 70. C'était le temps où la CIA n'avait pas oublié que, pour espionner convenablement un pays, un peuple, une région, il convient d'abord de l'aimer, de connaître intimement sa culture, donc de le comprendre. Évoquant Robert Ames, l'officier traitant d'Ali Hassan Salameh, cadre de l'Organisation de libération de la Palestine recruté dans les années 70, David Ignatius explique qu'il « aimait le Moyen-Orient, parlait couramment l'arabe et possédait ce sens pour les relations humaines, à quoi se résume en fin de compte le cœur de l'espionnage[1] ». Et d'ajouter lui aussi : « Pour recueillir de l'information sur le terrorisme, la CIA doit être prête à souper avec le diable. » Mais, depuis la fin de la Guerre froide, le veut-elle encore ?

Un ancien cadre de la CIA, spécialiste du Proche-Orient et de l'Iran, avait décrit, quelques semaines avant les attentats, les raisons pour lesquelles les agents de la CIA ne pouvaient pas, n'avaient même jamais été capables de pénétrer les milieux islamistes intégristes. Citant l'un de ses anciens collègues, il expliquait : « La CIA ne possède pas un seul officier arabophone doté d'une réelle qualification et d'une culture moyen-orientale qui puisse se faire passer

---

1. David Ignatius : « Penetrating Terrorist Networks », *The Washington Post*, 16 septembre 2001. L'ensemble de cette opération de la CIA est décrit dans un (excellent) roman du même auteur : *Agents of Innocence*, W.H. Allen, Londres, 1988.

pour un fondamentaliste musulman et serait volontaire pour passer plusieurs années de sa vie dans les montagnes d'Afghanistan, sans femme, avec de la nourriture de merde. Pour l'amour du Christ, la plupart des officiers traitants vivent en Virginie. Les opérations incluant la diarrhée n'y ont pas cours[1]. » De fait, là gît toute la culture américaine de refus du risque.

C'est elle qui se trouve ici mise en cause. Mais, dans le cadre actuel de la société américaine, ou à tout le moins dans celui qui prévalait encore avant les attentats, le problème paraît quasi insoluble.

1. Reuel Marc Gerecht : « The Counterterrorist Myth », *The Atlantic Monthly*, juillet-août 2001.

3

Des échecs répétés

Les échecs de la CIA ne sont pas rares. L'Agence prétend qu'ils sont beaucoup moins nombreux que ses succès, ce qui est fort possible. Mais, par un curieux état de fait, les services secrets assurent invariablement qu'ils ne peuvent évoquer leurs réussites, car ils risqueraient, dans le cas contraire, de dévoiler leurs méthodes d'action. Ce qui n'est pas faux non plus. Mais, au bout du compte, les services américains qui, pas plus que ceux des autres pays, ne peuvent se passer du soutien de leur population, se retrouvent dans une étrange situation : leurs échecs sont largement médiatisés alors que leurs succès ne le sont pas. Ce qui revient en bonne logique à ne connaître de leur activité que leurs ratages, en général monumentaux. Pourtant, d'authentiques succès sont à mettre à leur actif : la capture d'Abimael Guzman, chef de l'organisation maoïste péruvienne « Sentier lumineux », le 12 septembre 1992, a été permise par la CIA qui avait entraîné, payé et équipé les policiers chargés de son arrestation[1]. Offerte aux Français

1. Charles Lane : « "Superman" Meets Shining Path : Story of a CIA Success », *The Washington Post*, 7 décembre 2000.

en août 1995, la piste conduisant à l'arrestation du terroriste vénézuélien Carlos, effectuée par le maître-espion Philippe Rondot, fut ouverte par le renseignement américain qui le suivait à la trace et l'avait repéré au Soudan. Bien des auteurs, surtout parmi les plus proches de la CIA, considèrent que celle-ci a été plutôt bonne sur la question clé de la Guerre froide, la chute de l'Union soviétique, qu'elle aurait prévue dans les temps. Mais d'autres connaisseurs, comme l'ancien sénateur démocrate Daniel Moynihan, estiment au contraire que la CIA et les autres agences n'ont pas été meilleures sur ce sujet que sur d'autres[1].

Si elle ne se montre guère bavarde sur ses succès, la CIA déteste encore plus que l'on évoque ses échecs, et cela ne date pas d'aujourd'hui : hors de la grande vague d'enquêtes de 1975, l'extrême tension régnant entre la CIA et la commission présidée par Otis Pike – au point de la faire capoter[2] – s'expliquait pour une large part par une demande d'explications sur une série de silences tonitruants dans la prévision d'évènements considérables : l'invasion soviétique de la Tchécoslovaquie (1968), l'offensive du Têt au Vietnam (1968), les déclarations de la loi martiale aux

1. Pour connaître le point de vue de la CIA sur le sujet : Henry R. Appelbaum et John H. Hedley, *At Cold War'Ends ; US Intelligence on the Soviet Union and Eastern Europe 1989-1999*, Large Trade Paperback, 2000.

2. Le rapport de la commission Pike était prêt le 23 janvier 1976, mais les républicains de la Chambre des représentants, soutenant la CIA, ulcérée par son contenu très critique, s'opposèrent à sa publication. Le jour même du vote, les éléments essentiels du prérapport furent publiés par le *New York Times*, le 26 janvier, et le rapport lui-même, le 16 février, par *Village Voice*. Le texte intégral fut finalement publié l'année suivante en Grande-Bretagne : *CIA, The Pike Report*, Spokesman Books, 1977.

Philippines et en Corée du Sud (1972), la guerre israélo-arabe de 1973, la crise de Chypre, le coup d'État militaire au Portugal, la première explosion nucléaire indienne en 1974… Et la suite ne fut pas meilleure : ainsi la chute du chah d'Iran en 1979 et l'arrivée au pouvoir du clergé chiite, l'émergence du printemps de Pékin en 1989 ne furent pas annoncées, pas plus que l'invasion du Koweït par l'Irak en 1990 ; en 1991, la CIA ne vit pas venir le coup d'État au Kremlin, et, vers la fin de la décennie, l'année 1998 fut terrible pour elle : elle ne sut pas anticiper les essais nucléaires indiens en mai, pas davantage les attentats de Tanzanie et du Kenya trois mois plus tard, puis le tir d'un missile par les Nord-Coréens en direction du Japon à la fin août ; l'année suivante, lors de l'opération des forces de l'OTAN au Kosovo, c'est la CIA qui transmit à l'US Air Force les coordonnées d'une cible stratégique à Belgrade qui se trouvait être en réalité l'ambassade de Chine ! Puis, en octobre 2000, ç'a été l'attentat contre la frégate *Cole* dans le port d'Aden, au Yémen. Autant d'échecs venant chaque fois démontrer que le renseignement n'a rien d'une science exacte, et que déterminer l'avenir demeure assurément une tâche fort difficile. Mais c'est très précisément celle confiée par la nation américaine à sa communauté du renseignement, pour laquelle celle-ci recevait quelque 30 milliards de dollars par an avant que son budget ne soit revu à la hausse après les attentats de septembre 2001.

L'un des commentaires les plus cruels portés sur les services secrets de l'oncle Sam a été formulé après l'attentat contre l'*USS Cole* par John Lehman, secrétaire à la Marine dans les années 80, qui n'a pas craint d'évoquer en ces circonstances « l'échec obscène du renseignement. Naturellement, notre énorme bureaucratie centralisée n'a pas prévenu le commandant du *Cole* du grave danger qu'il courait. Mais, bien sûr, nul ne saurait s'étonner de cet échec du renseignement. En quatorze années de service sous trois administrations différentes, j'ai été le témoin de nombreuses crises historiques ; à chaque fois la production de la bureaucratie du renseignement s'est soldée par un échec : elle n'a pas su donner l'alerte, comme au Koweït, où elle s'est grossièrement trompée dans ses évaluations, comme dans la guerre du Kippour. Chaque conseiller pour la sécurité nationale, chaque commandant en chef sur le terrain, d'Elliott Abrams[1] à Norman Schwarzkopf, s'est indigné de ce scandale, mais rien n'a jamais été fait. Le *Cole* est la dernière victime d'un programme de lutte contre le chômage à 30 milliards de dollars, qui prend les produits les plus exceptionnels de la technologie spatiale et de l'électronique pour les transformer en bouillie[2] ».

Pour nombre d'anciens de la CIA, l'un des vrais problèmes de la communauté du renseignement réside dans son incapacité à admettre qu'elle puisse faire des erreurs ou ne pas remplir la mission pour laquelle le pays la gave de dollars. Il demeure exceptionnel que la moindre autocritique se fasse jour, et il aura fallu l'ampleur de la catastrophe du 11 septembre pour entendre quelques déclarations officielles en ce sens. Rien d'étonnant, donc, à ce que l'ex-

1. Secrétaire d'État adjoint durant les années Reagan, concepteur de la politique latino-américaine de Washington au cours de cette période.
2. John Lehman: « *USS Cole* : An Act of War », *The Washington Post*, 15 octobre 2000.

agent Reuel Marc Gerecht en soit venu à écrire qu'il a observé « une extraordinaire répugnance, de la part des cadres dirigeants, à admettre publiquement l'énormité de leur erreur ; avec une certaine désinvolture, ils cherchent à convaincre le monde extérieur – mais également à se persuader eux-mêmes – qu'ils ont connu d'innombrables succès, puis cette bénigne erreur. C'est un non-sens ! Et cette désinvolture-là est répugnante. Il y a gros à parier que les succès dont parle l'Agence se rapportent essentiellement au résultat de connexions, donc au travail de services étrangers opérant sur leur propre sol. Le problème est plus vaste : chaque fois qu'il n'existe ni bonne information ni bonne opération – ce qui est en général le cas –, c'est que nous sommes demeurés pratiquement aveugles. Au Kenya, en Tanzanie, au Yémen, à New York, à Washington, nous n'avions aucune idée de ce qui allait arriver. Vraiment, je ne pense pas que nous puissions voir se mettre en place une réforme avant que ceux de l'intérieur admettent d'eux-mêmes, de manière ouverte, sérieuse et réfléchie, à quel point leur service est devenu mauvais[1] ».

Guerre CIA/FBI

Comme dans pratiquement tous les pays du monde, l'organisation américaine du renseignement se regroupe autour de deux entités : l'une est chargée de la collecte de l'information secrète hors du territoire national, dans les pays étrangers – c'est l'espionnage ; l'autre de la protection contre ces

1. Reuel Marc Gerecht: « The Necessity of Fear », *The Atlantic Unbound*, 28 décembre 2001.

mêmes tentatives en provenance de l'extérieur – c'est le contre-espionnage. Aux États-Unis, cette distinction sépare profondément les services d'espionnage – CIA, NRO, NSA, DIA, etc. – de celui chargé du contre-espionnage, le FBI. La cause en est que les missions de ces services paraissent de prime abord diamétralement opposés. Les agences d'espionnage n'ont en principe qu'une seule tâche : rassembler suffisamment d'informations pour aviser à l'avance le gouvernement des États-Unis d'actes susceptibles de se produire dans l'avenir. Elles ont pour responsabilité secondaire de se montrer capables d'utiliser leurs moyens pour agir clandestinement et modifier le cours prévisible des événements. Pour le FBI, il s'agit de tout autre chose, dans un tout autre but. Ce service policier, subordonné au ministère de la Justice – quand l'appareil d'espionnage est essentiellement placé sous la coupe de la Défense –, doit avant tout œuvrer à collecter les preuves qui permettront à l'appareil judiciaire de juger un suspect en toute connaissance de cause. Le FBI ne peut donc fonctionner que dans un strict, voire vétilleux respect de la loi, afin que sa démarche ne se trouve pas invalidée à la barre. Les espions, eux, ne connaissent pas ce genre de limites : pour eux, seule l'efficacité compte, et le respect de la loi – celle de leur pays ou celle des autres – n'est pas leur problème. Les choses sont donc claires, au moins sur le papier. Car, dans la réalité, il en va tout autrement, et l'exemple du terrorisme est à cet égard dramatiquement limpide : dans ce domaine comme en d'autres, le FBI et la CIA se sont largement marché sur les pieds. Pourquoi ? Parce que les menaces sont aujourd'hui très différentes de ce qu'elles étaient avant la fin de la Guerre froide. Georgi Arbatov, patron de l'Institut d'études nord-américaines de l'Académie des sciences soviétique, et proche conseiller de Mikhaïl Gorbatchev qui s'employait pour sa part à enterrer l'URSS, pouvait alors railler les Occidentaux en lançant à un magazine américain : « Nous sommes en train de faire quelque chose de terrible : vous priver d'ennemi[1] ! » Certes…

Près de cinquante années durant, jusqu'à la chute de l'URSS en 1991, la CIA n'a eu qu'une seule véritable obsession : contrer la menace soviétique partout dans le monde. Et le FBI n'était parallèlement préoccupé que de traquer sur le sol américain les suppôts – réels ou supposés – de la tentaculaire Union soviétique. Tout allait donc pour le mieux dans un monde bipolaire : d'un côté, Moscou et le reste du monde, que la CIA surveillait ; de l'autre, Washington, que le FBI protégeait. Mais, après la Guerre froide, gagnée par K.-O., les choses se sont révélées nettement moins faciles que prévu : l'affrontement, qui ne s'échauffait qu'à la périphérie, évitant soigneusement de s'en prendre aux sanctuaires des deux superpuissances protégées par leurs remparts nucléaires, a laissé la place à des menaces transnationales de plus en plus sérieuses et inquiétantes. La drogue a répandu ses métastases au cœur même de la citadelle américaine avant de gagner le reste du monde ; quant au terrorisme, nourri de la pauvreté, du fanatisme religieux, de la volonté de puissance de chefs de guerre sectaires, ambitieux et imaginatifs, il a commencé à frapper d'abord en Europe, souvent et beaucoup, notamment en France. Puis aux États-Unis en 1993. Ensuite en Afrique et au Moyen-Orient, contre les intérêts américains, en 1998

1. « East-West : No More Mr. Tough Guy? », *Time Magazine*, 23 mai 1988.

et 2000. Enfin à New York et Washington en 2001. Déjà, dans les années 80, à Beyrouth, trois attentats[1] avaient démontré aux Américains qu'ils n'échapperaient pas à cette nouvelle forme de guerre. Les lustres suivants ne feraient que le confirmer.

Le FBI dedans, la CIA dehors : ce schéma aura fonctionné tout au long de la Guerre froide. Mais les menaces transnationales ont tout changé. Progressivement, le FBI s'est installé à l'étranger, a ouvert des bureaux dans des capitales éloignées au nom de la collaboration avec les services locaux pour contrer, dès leur conception, les menaces visant le territoire américain. De son côté, la CIA a voulu travailler davantage au cœur de la mère patrie, point de destination des trafics de drogue et des menaces terroristes. Rien de neuf sous le soleil : de tout temps, la piraterie et la contrebande ont mis à mal les frontières trop rigides entre les activités intérieures, du ressort des forces de police, et celles, extérieures, dont les forces armées puis les services de renseignement ont eu traditionnellement la charge. Bien avant que ne surviennent les attentats de septembre 2001, des incidents s'étaient produits qui avaient mis à mal la coexistence pacifique entre le FBI et la CIA concernant leurs rôles respectifs.

En février 1998, le *Los Angeles Times* révélait que le FBI avait lancé une enquête criminelle contre… des officiers de

1. 18 avril 1983 : voiture piégée contre l'ambassade américaine, 63 morts, dont 17 Américains. 23 octobre 1983 : camion piégé contre le quartier général des Marines, 240 militaires américains tués. (Quatre minutes plus tard, un second attentat tue 58 parachutistes français dans l'immeuble Drakkar voisin). 20 septembre 1984 : voiture piégée contre une annexe de l'ambassade américaine, 13 morts.

la CIA soupçonnés d'avoir tenté, trois ans plus tôt, d'organiser l'assassinat de Saddam Hussein[1]. Cette retombée inattendue de l'interdiction des homicides visant les dirigeants étrangers fera long feu, le ministère de la Justice prenant finalement conscience de plusieurs éléments importants, notamment que l'opération – en réalité américano-britannique – avait été menée avec l'aval du président George H. Bush, lequel, en 1991, avait donné l'ordre de procéder de la sorte dans un *finding* parfaitement légal. Mais l'enquête des *feds* fut des plus dévastatrice. Elle avait démarré avec l'interception par la NSA de messages radio iraniens évoquant l'assassinat de Saddam Hussein préparé par la CIA dans le cadre d'une rocambolesque opération de soutien à ses opposants[2], et dont le décryptage avait été transmis au National Security Council de la Maison-Blanche. Sitôt ces informations connues, le FBI avait fait rapatrier d'urgence cinq officiers de la CIA agissant dans le nord de l'Irak afin de les interroger en les soumettant au détecteur de mensonges[3]. L'un de ces officiers, patron du dispositif américain clandestin sur le sol irakien, a décidé de raconter sa vérité sur ce qui s'est réellement passé. Dans ce récit détaillé, Robert Baer expose l'inconcevable légèreté avec laquelle la CIA a traité tant ses hommes envoyés sur le terrain que ses alliés kurdes, et

1. James Risen: « FBI Probed Alleged CIA Plot to Kill Hussein », *Los Angeles Times*, 15 février 1998.

2. Ces opérations ont toutes échoué, le plus souvent tragiquement. Lire à ce propos : Jean Guisnel, *Les pires amis du monde. Les relations franco-américaines à la fin du XXe siècle*, Stock, Paris, 1999, p. xx.

3. Walter Pincus : « Iran Messages About Anti-Saddam Plot Led to FBI Probe of CIA », *Washington Post*, 18 février 1998.

comment lui-même se trouva finalement accusé par la justice de son pays d'avoir tenté d'assassiner Saddam Hussein[1] !

On imagine sans peine quelle fut la réaction de cet agent, chevronné s'il en fût, ulcéré qu'on pût le mettre en cause au point de lancer contre lui les enquêteurs du FBI ! Les choses rentrèrent dans l'ordre après moult investigations aux effets aussi terribles que durables sur les relations entre les deux agences. La CIA allait d'ailleurs garder un chien de sa chienne à Anthony Lake, patron du NSC à l'époque des faits : quand il chercha à se reconvertir, au début de la seconde administration Clinton, en prenant le poste de directeur de la CIA, l'Agence pesa de tout son poids sur les réflexions des parlementaires afin qu'ils ne retiennent pas sa candidature. Il fut effectivement éjecté du circuit, jetant l'éponge en mars 1997 pour laisser la voie libre à celui qui se trouve encore aux commandes pour mener la guerre contre le terrorisme islamique : George Tenet. Succédant à John Deutch, celui-ci devenait de ce fait le troisième directeur de la CIA en trois ans.

Deutch, ainsi qu'on y a déjà fait allusion, allait connaître pour sa part quelques désagréments personnels en 1999. La CIA, qu'il avait quittée deux ans plus tôt, s'aperçut que si, comme il en avait obtenu le droit, il avait emporté lors de son départ divers ordinateurs, il avait également chargé sur leurs disques durs des documents classifiés au plus haut niveau de secret, qu'il avait pour une part lui-même rédigés mais qu'il

1. « See No Evil… », *op. cit.* Traduction française : *La Chute de la CIA. Les mémoires d'un guerrier de l'ombre sur les fronts de l'islamisme*, éd. J.-C. Lattès, Paris, 2002, pp. 251-314.

n'avait certes pas le droit de stocker sur des appareils non protégés. Il avait encore moins le droit d'utiliser ces ordinateurs sans aucune précaution particulière lors de connexions non sécurisées à l'Internet, singulièrement pour aller chercher sur le réseau... des images pornographiques, au risque de se faire voler par un vulgaire *hacker* les documents classifiés, son carnet d'adresses confidentiel, etc. L'affaire fit grand bruit et fut l'objet d'une enquête on ne peut plus minutieuse par la sécurité de la CIA ; son inspecteur général publia à ce sujet un rapport vraiment étonnant, atteignant dans l'analyse de ce comportement déplacé un niveau de détail pour le moins saisissant[1]. On demeure parfois confondu par les bizarreries des Américains : ils ne vont pas craindre de fouiller et exposer publiquement la vie privée la plus intime de leurs dirigeants, comme dans l'affaire Lewinsky ; mais, simultanément, c'est au nom de la protection de la vie privée et du respect des convictions religieuses que les agents du FBI se verront proscrire avec la plus grande fermeté d'entrer dans des mosquées pour y enregistrer les prêches des mollahs intégristes et repérer leurs disciples...

Les homologues français des enquêteurs américains, ceux de la DST comme ceux des Renseignements généraux, dont les agents pullulent dans les mosquées françaises, ont toujours considéré que ces infiltrations permanentes des milieux islamistes, souvent par l'intermédiaire d'informateurs « tenus » par des affaires de délinquance sur lesquelles la police a accepté de passer l'éponge, sont la base même de

1. Britt Snider et Daniel S. Seikaly, *Report of Investigation : Improper Handling of Classified Information by John M. Deutch*, CIA, 18 février 2000.

la lutte contre le terrorisme islamique. Ces sources « humaines », complétées par des interceptions téléphoniques, des filatures, des repérages et des planques, nourrissent le travail policier que les enquêteurs américains n'ont pas fourni sur leur propre sol, ni d'ailleurs à l'étranger. Il est aussi souvent arrivé, en ce qui concerne les islamistes français, que des enquêtes policières déclenchées en France métropolitaine se soient poursuivies à l'étranger. Des militants intégristes se rendant en Afghanistan dans les camps d'Al-Qaida se sont ainsi fait suivre à la trace, notamment grâce à leurs conversations téléphoniques interceptées par les moyens d'écoute de la DGSE française.

Faiblesse des sources humaines

La faiblesse des « sources humaines » alimentant le FBI sur son propre territoire s'explique donc moins par des contraintes politiques et morales qui, nous l'avons vu, n'existent pas vraiment, que par des règles juridiques difficilement compréhensibles aux esprits européens. Si la loi américaine se montrait aussi sévère – au moins avant les attentats et avant le vote du Patriot Act[1] – sur les enquêtes policières et les infiltrations en milieux religieux, c'est à la fois parce que la société tout entière considère les églises, temples, mosquées, synagogues et autres lieux de culte comme des sanctuaires inviolables, mais aussi en raison d'errements passés : singulièrement ceux du FBI contre Martin Luther King et sa Southern Christian Leadership Conference, ou encore ceux visant des groupes mission-

1. Voir *infra*, chapitre 7, p. 300.

naires en Amérique latine, placés sur écoutes par le FBI. Cette interdiction faite aux policiers de « travailler » sur d'éventuels suspects fréquentant tel ou tel milieu religieux proscrit également de faire reposer une enquête sur des critères ethniques, sauf à tomber dans le honteux « profilage racial » honni à juste titre par la société américaine... jusqu'aux attentats. Car au lendemain de ceux-ci, les services de police n'y sont pas allés de main morte quand ils ont décidé d'arrêter sans ménagement, d'incarcérer et de priver de toute communication avec l'extérieur des suspects généralement arabes, ou aux noms à consonances moyen-orientales, ou connus pour pratiquer la religion musulmane.

Comme on est aux États-Unis où rien ne se passe comme ailleurs, les services officiels avaient tout bonnement contourné l'obstacle, notamment depuis 1993 et les attentats perpétrés au World Trade Center, en utilisant les recherches et enquêtes réalisées selon leurs propres critères par des spécialistes « civils » du domaine concerné. En particulier par un étonnant personnage, Steven Emerson, qui prophétisa dès juin 1997 : « La fureur contre les États-Unis s'accroît. Dans un environnement qui non seulement approuve le terrorisme, mais impose des attaques terroristes contre les “ennemis” de l'islam, la seule question est de savoir combien de temps le calme va durer (...). La menace est plus sérieuse qu'avant l'attentat du World Trade Center [NDA : de 1993], car le nombre de ces groupes et celui de leurs membres augmentent. En fait, je pourrais dire que l'infrastructure existe désormais pour commettre simultanément à travers les États-Unis vingt attentats analogues à ceux de 1993 (...). Ce n'est pas parce que quelqu'un vous vise à la tête avec une arme et n'appuie pas sur la gâchette que vous devez ignorer la menace. Il serait suicidaire de permettre que notre sécurité nationale dépende du simple bon vouloir ou de l'esprit raisonnable de fondamentalistes radicaux[1]. »

Ancien *staffer* du Sénat, ex-journaliste à *US News & World Report*, Steve Emerson ne vit que pour une cause : dénoncer l'islamisme radical présent sur le sol américain, dans les mosquées et les cercles culturels extrémistes. En 1994, il a réalisé – à coups de caméras cachées et de micros clandestins – une retentissante enquête télévisée[2] sur le sujet, et n'a jamais cessé, depuis lors, de revenir sur cette question. Il est aujourd'hui l'expert en terrorisme de la chaîne de télévision NBC, mais demeure sollicité en permanence par les services officiels[3] [FBI, Customs Service (douanes), National Security Council, Treasury Department (ministère des Finances), etc.], tout en étant auditionné de manière régulière par les commissions parlementaires spécialisées[4].

Son mode de travail est celui d'une véritable agence de renseignement privée, installée dans un endroit tenu secret de la banlieue de Washington, constituant des bases de données sur les groupes terroristes islamistes et leurs membres, échangeant des tuyaux avec les services secrets, employant une douzaine de permanents. Payés par qui ? Mystère. Accusé par les organisations islamistes américaines d'être en fait un sous-marin des services secrets israéliens, Steven

1. Steven Emerson : « Get Ready for Twenty World Trade Center Bombings », *Middle East Quaterly*, juin 1997.

2. « Jihad in America », PBS, novembre 1994.

3. John Mintz : « The Man Who Gives Terrorism a Name », *The Washington Post*, 14 novembre 2001.

4. Steven Emerson : « International Terrorism and Emigration Policy », House of Representatives Judiciary Subcommittee on Immigration and Claims, 25 janvier 2000.

Emerson s'en défend, mais refuse de communiquer aux journalistes le moindre détail sur son fonctionnement. Sa connaissance encyclopédique du problème, sa familiarité avec les ramifications du réseau Ben Laden ne l'ont pourtant pas empêché d'analyser la situation préalable aux attentats en commettant deux erreurs : depuis des années, comme d'ailleurs les spécialistes de la plupart des services de renseignement, il se disait convaincu que le terrorisme serait le fait de groupes implantés aux États-Unis mêmes – ce qui ne s'est pas révélé exact. De même, là encore comme les services officiels, il estimait que la forme de terrorisme catastrophique qui surviendrait ferait appel à des armes de destruction massive : nucléaires, biologiques ou chimiques. Pas davantage que les analystes de la communauté du renseignement, il n'avait perçu l'émergence d'une nouvelle forme de guerre dépassant le terrorisme et faisant d'entrée de jeu 3000 morts ou plus. Nul n'avait jamais pensé à faire figurer dans la panoplie des desperados des avions de ligne transformés en missiles de croisière. Enfin, sauf à ce que l'enquête démontre le contraire, le terrorisme bactériologique qui a frappé les États-Unis à la fin de l'année 2001 avec le bacille du charbon a plutôt semblé être le fait d'un individu ou d'un groupe d'extrémistes américains de souche. Mais, pour le reste, Steven Emerson avait parfaitement perçu la menace à force de fréquenter les mosquées. Ce que le FBI ne faisait plus depuis près de trois décennies !

Il n'a pas manqué d'observateurs sagaces pour souligner que les ratages des services secrets en matière de terrorisme islamique, notamment pour n'avoir pas tenté d'infiltrer les milieux islamistes radicaux à l'étranger où les règles applicables au FBI ne le sont pas à la CIA, aurait pu faire l'objet de démarches plus agressives. Par exemple, en appliquant la méthode retenue par le jeune John Walker Lindh, le « taliban américain », qui cumulait au départ tous les handicaps généralement avancés pour expliquer l'incapacité de l'agence de Langley à infiltrer l'un de ses hommes dans l'organisation Al-Qaida : blanc, californien, anglophone, issu d'un milieu prospère – père avocat renommé, mère au foyer allant à la messe le dimanche et réussissant parfaitement les *brownies* –, études secondaires sans histoires... Or le jeune homme est pourtant entré dans les réseaux islamistes, a fréquenté des écoles coraniques (*madrassas*) au Pakistan, a appris l'arabe, s'est même approché de Ben Laden en personne après avoir intégré son réseau Al-Qaida ! Pourquoi des services de renseignement ne seraient-ils pas capables de réaliser ce que ce garçon comme il faut a réussi sans coup férir ? Parce que, dans une telle situation, une jeune recrue travaillerait sans filet, sans être protégée par le moindre lien avec les services officiels de son pays, et serait laissée à son triste sort en cas de pépin. Qui serait prêt à jouer ce jeu ? Sans doute pas de jeunes Américains au sortir de l'adolescence, tout à leurs études et à leurs histoires d'amour. En réalité, la CIA n'aime pas trop recourir, pour des missions périlleuses, à de jeunes agents. Elle recrute aujourd'hui, pour les envoyer sur le terrain, des hommes – et quelques rares femmes – ayant déjà une solide expérience de la vie, plutôt proches de la trentaine, souvent passés par les armées (singulièrement les forces spéciales) ou la police, installés avec conjoint et enfants, et hurlant aux médecins qui les récupèrent blessés sur le terrain : « Ne dites surtout rien à ma femme[1] ! »

1. Vernon Loeb : « After Action Report », *The Washington Post*, 27 février 2000.

Ancien membre de l'équipe de *staffers* qui préparèrent et mirent en forme les travaux de la commission Church dans les années 70, puis, vingt ans plus tard, ceux de la commission Aspin/Brown, Loch K. Johnson, aujourd'hui professeur de sciences politiques à l'université de Georgie, n'a jamais cessé d'être en contact avec les services de renseignement, de réfléchir à leur organisation, de publier des ouvrages remarqués sur le sujet. Concernant les sources humaines et l'infiltration d'agents clandestins au cœur des organisations terroristes, il a son avis sur la question. Ce n'est pas si simple : « Il est bien sûr possible à la CIA d'infiltrer une jeune personne dans Al-Qaida. Mais c'est peu vraisemblable, pour trois raisons : je suppose que cette organisation a vérifié très minutieusement ce que lui disait John Walker Lindh, et qu'elle lui a demandé de faire la preuve de ses convictions en tuant un prisonnier de l'Alliance du Nord. Or la société américaine ne tolérerait vraisemblablement pas un agent qui tuerait des gens pour assurer sa propre couverture. Je suppose également qu'Al-Qaida n'a jamais vraiment fait confiance à Lindh, et qu'il n'a donc jamais pu avoir accès à quoi que ce soit d'important, bien qu'il ait pu parfois savoir où se trouvait Ben Laden. En fait, il paraît nettement plus efficace de recruter un agent local qui s'intégrera beaucoup mieux au milieu. Infiltrer avec succès un Américain dans un groupe terroriste serait, à terme, une perte de temps[1]. »

Tuer pour démontrer la valeur de ses convictions ? Le cas s'est trouvé, et des agents secrets américains y ont effectivement été confrontés, si l'on en croit l'amiral

1. Correspondance de Loch K. Johnson avec l'auteur, 2002.

Stansfield Turner, qui fut le chef de la CIA sous Jimmy Carter : « Une fois, j'ai eu à prendre la décision d'autoriser ou non un agent que nous avions tout juste infiltré dans un groupe terroriste du Moyen-Orient à assassiner quelqu'un pour démontrer sa bonne foi. J'ai refusé, mais c'est typiquement le genre d'obstacles qu'une infiltration peut rencontrer[1]. »

Recours aux services étrangers

Résultat de cette attitude vis-à-vis du renseignement humain, et du refus général de la prise de risque caractérisant l'ensemble de la société américaine au moins jusqu'aux attentats du 11 septembre ? La CIA n'a plus compté sur ses propres ressources pour accéder au cœur des systèmes terroristes et s'est tournée, pour ce qui est d'Al-Qaida et de ses amis talibans, vers les services saoudiens et surtout pakistanais. Au risque de se retrouver bien souvent prise entre le marteau et l'enclume, l'ISI (Inter-Services Intelligence) ayant été en réalité l'inspiratrice de la prise de pouvoir, puis la principale protectrice des talibans.

Les services de renseignement ont une tâche essentielle, sinon exclusive : recueillir l'information à laquelle les autres observateurs des évolutions du monde – notamment les universitaires, les diplomates et la presse – ne peuvent avoir accès. Soit parce que cette information est sciemment protégée et remisée chaque soir dans un coffre-fort, soit en raison même d'une confidentialité légalement garantie, par exemple lorsqu'il s'agit d'une correspondance. La recueillir dans

1. Archives de l'auteur.

un pays étranger implique donc le plus souvent que des lois soient violées, et seuls des services opérant en secret au profit d'un gouvernement – ou d'une entreprise, ou d'un parti politique, mais c'est une tout autre histoire... – prennent le risque d'y accéder ou de tenter de le faire. Spécificité des services de renseignement, cet accès aux « sources secrètes » est l'essence même de leur métier. Mais, selon tous les spécialistes de ces questions, lesdites sources ne représentent pas plus de quelques pour cent de l'information nécessaire à la préparation des décisions d'un gouvernement. Tout le reste, disons donc 95 %, est accessible au commun des mortels, gratuitement dans la plupart des cas, ou contre rétribution pour des informations à forte valeur ajoutée. Encore faut-il connaître les sources dites ouvertes.

En 1992, lorsque le président Clinton décida d'envoyer des troupes en Somalie dans le cadre de la mission RESTORE HOPE, la CIA ne fit pas d'étincelles et fut la première à perdre un homme, lequel sauta sur une mine, le 23 décembre. Bien qu'elle eût été présente en Somalie grâce à une « antenne » implantée à l'ambassade de Mogadiscio, la CIA n'était guère à jour des informations nécessaires à une intervention, ainsi que l'a reconnu plus tard William R. Pickney, chef de sa section africaine : « Les militaires américains sont partis en Somalie sans rien connaître du pays. Nous étions leurs yeux et leurs oreilles sur le terrain[1]. » Oui, mais... la CIA a été accusée, y compris par le conseiller pour la sécurité nationale, Anthony Lake, de n'avoir pas été suffisamment performante sur le terrain, au point que ses évaluations imprécises se seraient révélées partiellement

1. « After Action Report », art. cit.

responsables de l'échec d'une mission des forces spéciales qui provoqua, le 3 octobre 1993, la mort de dix-huit soldats de la Task Force Rangers dans le plus violent engagement militaire des forces américaines depuis la fin de la guerre du Vietnam[1]. Des enquêtes toujours en cours début 2002 visent à déterminer le rôle éventuel d'Al-Qaida dans cette affaire. Interrogé par une commission parlementaire à propos d'une décision présidentielle reposant sur des renseignements de la CIA qui se seraient révélés par la suite inadéquats, Lake répondit que les productions de l'Agence sur ce pays « pouvaient avoir suggéré que les perspectives de capture de Mohamed Farah Aïdid seraient plus favorables qu'elles ne le furent au bout du compte[2] ».

Le plus étonnant demeure cependant le fait que la connaissance du terrain par la CIA était à ce point insuffisante qu'elle n'avait pas même préparé les cartes d'état-major indispensables à toute action armée, dont la confection lui incombait. Robert Steele, chantre des sources « ouvertes », s'est indigné à maintes reprises de l'incapacité des services de renseignement, y compris la NIMA (National Imagery and Mapping Agency) – créée en 1996, notamment par suite des cafouillages somaliens –, dont c'est pourtant la tâche première, à produire des cartes à jour et « renseignées » des zones de la planète où l'armée américaine pourrait être appelée à intervenir, sans avoir à

1. Lire au sujet de cette opération : Mark Bowden, *Black Hawk Down, a Story of Modern Warfare*, Atlantic Monthly Press, 1999. Le réalisateur Ridley Scott en a tiré un film portant le même titre, sorti en France en février 2002.

2. Jacquelyn S. Porth : « Lake Pledges to Provide President with Unbiased Intelligence », USIA, 12 mars 1997.

attendre les deux ou trois mois nécessaires à la production de ces indispensables documents[1]. Il est vrai que cet homme, ancien du service de renseignement des Marines et de la CIA, sait de quoi il parle.

Durant les travaux de la commission Brown/Rudman[2], il avait été invité à préparer un rapport sur le Burundi décrivant les conditions géographiques, politiques et économiques de ce pays. Ce type de document est indispensable à la mise sur pied d'une mission opérationnelle, par exemple une intervention militaire, et ce sont en général les services de renseignement qui le préparent. La commission Brown/Rudman décida donc de mettre en compétition d'une part la CIA, d'autre part la société de Robert Steele, Open Sources Solutions. Steele raconte ainsi la suite : « Entre le 4 août 1995 à 15 heures et le 7 août à 10 heures, avec six coups de téléphone et des fax, nous avons écrasé la CIA et la communauté du renseignement en produisant les informations suivantes sur le Burundi : 1) la liste des journalistes ayant publié sur le Burundi et le Rwanda à partir de la base de données LEXIS-NEXIS ; 2) la liste des meilleurs universitaires du monde sur le sujet, basée sur une analyse de citations réalisée par l'Institute of Scientific Information qui publie *Social Science* et *Science Citation Indices* ; 3) une page d'ordres de bataille, une carte des zones d'influence tribales, et un paragraphe de sommaire de chaque article sur le Burundi figurant dans les publications du *Janes' Information Group* ; 4) vingt-deux pages de synthèse de la situation politico-militaire, préparées

1. Robert D. Steele: « Eyes Wide Shut », *Wired 5.08*, août 1997.
2. *Report of the Commission on Roles and Capabilities of the United States Intelligence Community*, GPO, Washington DC, 1996.

pour les Premiers ministres par *Oxford Analytica* ; 5) une liste de toutes les cartes russes immédiatement disponibles à l'échelle 1/50 000e pour le niveau tactique, avec les contours (les États-Unis ne disposent pas de cartes du tiers-monde) ; et, venant de SPOT-Image-France, des images de l'ensemble du Burundi datant toutes de moins de trois ans, sans nuage, déjà disponibles en archives. La CIA, elle, est arrivée avec le World Fact Book[1], une carte de la région et quelques études économiques sur l'Afrique[2]. »

Surabondance d'informations

Le déluge d'informations qui tombe chaque jour sur les bureaux des analystes des services de renseignement américains défie l'imagination et paraît, au sens propre, incalculable. CIA, NSA, NRO, DIA, FBI reçoivent d'une multiplicité de sources techniques et humaines des dizaines de milliers d'éléments quotidiens que des intelligences « naturelles » seraient bien en peine de traiter. Il faut donc des machines, des filtres informatiques, des systèmes d'intelligence artificielle, des ordinateurs à la puissance de calcul et de stockage toujours plus faramineuse, pour espérer trouver la truite frétillante dans le Niagara qui ne cesse de se déverser jour et nuit, toutes les nuits et tous les jours de l'année. Images satellitaires, cartes « renseignées », sons de toutes origines – interceptions téléphoniques, mais aussi émissions religieuses du fin fond de l'Asie –, sites Internet, etc., constituent autant de sources à traiter.

1. Publication « ouverte » de la CIA sur la situation internationale : http://www.cia.gov/cia/publications/factbook/.
2. Correspondance de Robert D. Steele avec l'auteur, 2002.

N'oublions pas non plus les textes issus des journaux, des télégrammes diplomatiques, des fax, des millions d'e-mails qui s'échangent partout sur la planète dans les 6 703 langues qui s'y parlent, sans compter l'utilisation de la cryptographie désormais à la portée de tous, et l'on n'a encore qu'une très faible idée de l'étendue du problème...

En réalité, tout repose sur l'adéquation entre la collecte et l'analyse. Confondre la quantité d'informations recueillies avec leur qualité est une erreur fréquente : l'information est un préalable qui ne prendra sa valeur qu'après l'analyse. Que cette dernière soit bonne et adéquate, quand bien même elle tiendrait en deux lignes, voire en un seul mot, et l'effort consenti de plusieurs dizaines de milliards trouvera sa justification. Truisme : que le FBI ait connu les intentions de Mohamed Atta au matin du 11 septembre et la face du monde s'en serait trouvée changée. À l'inverse, quand des attentats terroristes surviennent, provoquant 3 000 morts au cœur même du sanctuaire américain, ils ne sont rien moins que l'illustration tant redoutée de l'inanité d'un gigantesque investissement annuel. Tenus à une obligation de moyens, c'est-à-dire à consacrer à la tâche qui leur a été confiée toute les ressources de leur art, les services américains sont également astreints à une obligation de résultat : préserver le sanctuaire national, contribuer, parmi les autres instruments de l'appareil chargé de la sécurité de l'État – diplomatie, défense, police –, à ce que le territoire américain ne soit pas atteint par les soubresauts du monde extérieur. C'est ce qui a raté... L'obligation de résultat n'a pas été remplie, et George Tenet a beau dire, non sans raison, qu'une efficacité à 100 % est impossible à atteindre, c'est pourtant ce que ses concitoyens attendent de lui.

C'est pour cette raison qu'il est devenu si nécessaire de trouver des moyens tels que l'information disponible ne demeure pas enfouie dans un magma inextricable. Tandis que les « services » travaillaient sur des scénarios plus échevelés les uns que les autres, suivant au quotidien l'évolution de menaces indistinctes et de suspects qui n'étaient qu'autant de leurres, tous se trouvaient pris dans d'insupportables contradictions, écartelés et impuissants. Ancien fonctionnaire de la CIA, spécialiste de l'Asie du Sud-Est, du Moyen-Orient et du golfe Persique, Robert R. Pillar fait partie de ces officiers de renseignement qui naviguent volontiers entre leur maison d'origine et les instituts de recherche universitaire. Ses états de service – il fut directeur adjoint du Counterterrorist Center de la CIA – lui permettent de porter un jugement pertinent sur le fonctionnement du système antiterroriste dans son ensemble. Et que voit-il ? Que « la vraie menace à laquelle les États-Unis sont confrontés en matière de terrorisme n'est jamais aussi terrible que la dernière alerte le laisserait penser, ni aussi faible que l'absence de telles alertes durant un certain laps de temps pourrait le suggérer. Se concentrer lourdement sur les états de la menace tels qu'ils sont publiés au jour le jour risque de faire oublier que la prochaine et véritable menace ne sera peut-être pas annoncée. Répondre à des menaces trop souvent annoncées et qui ne se matérialisent jamais conduit à une orientation biaisée de la vigilance et des ressources mises en œuvre[1] ».

1. Paul R. Pillar, *Terrorism and US Foreign Policy*, Brookings Institution Press, Washington, DC, 2001, p. 115.

Allergie au risque

Comme l'écrit fort bien Frederick Hitz, les temps ne sont plus aux tergiversations ni même aux excuses : « La toute jeune CIA a connu un difficile apprentissage dans sa bataille contre les Soviétiques après la Seconde Guerre mondiale, mais elle a réussi à passer à la vitesse supérieure. À présent, il est temps d'ôter ses gants, d'alléger maintes contraintes inappropriées et, plus important encore, d'acquérir les compétences nécessaires pour comprendre et pénétrer le cercle rapproché de Ben Laden. Nous aurons besoin de ces compétences non seulement contre Ben Laden, mais bien au-delà[1]. » Oui, mais… Est-ce vraiment le souci des agences de renseignement ? La culture de base de ces services ne doit-elle pas évoluer pour renouveler les approches, transformer le travail des analystes, réapprendre à interpréter le monde ? Le journaliste est toujours ahuri de redécouvrir qu'une des règles les plus intangibles des services de renseignement durant la Guerre froide conserve toujours des adeptes : elle veut que les analystes demeurent des connaisseurs intellectuels, quasi livresques, des questions dont ils traitent, sans avoir la possibilité de tester et d'enrichir leur savoir sur le terrain. Un témoignage éclairant est apporté, sur la question afghane, par une analyste de la DIA (Defense Intelligence Agency) en poste jusqu'en 1999, qui explique comment, en 1997, elle fut empêchée par les règlements de son service de se rendre ès qualités en Afghanistan, pays dont elle suivait pourtant chaque jour les évolutions à Washington : « Même en tant

1. « Not Just a Lack… », art. cit.

qu'analyste du gouvernement américain, spécialiste de l'Afghanistan, je n'avais jamais pu visiter ce pays. Je n'ai pu le faire cette année-là qu'en prenant mes congés annuels et en prélevant plusieurs milliers de dollars sur mes ressources personnelles pour m'infiltrer dans le pays par la frontière pakistanaise[1]. » Le récit qu'elle fait de ce voyage interdit, et les leçons qu'elle en tire, démontrent à tout le moins qu'il fut utile à la fois pour elle-même et pour ses employeurs ! A-t-elle pris des risques ? Bien sûr. Aurait-elle pu placer le gouvernement américain dans une position difficile si elle s'était retrouvée en mauvaise posture, aux mains des talibans ? Sans aucun doute. Mais n'est-ce pas là l'essence du renseignement ? Savoir éventuellement prendre des risques calculés – Julie Sirrs n'a pas été capturée ! – pour mieux informer, mieux comprendre, mieux percevoir des réalités complexes, prendre une meilleure mesure de la situation pour, au bout du compte, permettre au décideur de mieux décider... En fait, la position argumentée de cette analyste est relativement simple : ce voyage qu'elle avait fait, et qui fut suivi de trois autres, n'était vraiment pas dans les habitudes de ses collègues qui préféraient regarder le pays de l'extérieur, le plus souvent à travers le prisme très déformant des services secrets pakistanais.

L'allergie au risque est une constante des services américains qui ne saurait cependant leur être exclusivement imputée : elle est en réalité celle de toute la société et se traduit dans la fameuse théorie du « zéro mort », chère à

1. Julie Sirrs : « Lifting the Veil on Afghanistan », *The National Interest*, automne 2001.

Colin Powell, interdisant qu'une opération militaire soit engagée si elle doit entraîner des morts américaines. En fait, dès le début de la guerre engagée contre les talibans et le réseau Al-Qaida en Afghanistan, on a vu que ces réticences face à la perte de combattants ne valent que lorsque les causes du conflit seraient ressenties comme ne concernant pas les États-Unis. Dès lors que leurs intérêts nationaux sont en jeu, ou qu'il s'agit de riposter à une action qui a touché les intérêts ou, *a fortiori*, visé le sol américain, les choses changent et les réticences disparaissent. Pour autant, il est encore beaucoup trop tôt pour connaître les effets de cette évolution sur la conduite des opérations secrètes…

Méfaits de la bureaucratie

On demeure confondu, en fait, par la dureté des critiques émises par les *insiders* de l'Agence, parfois d'une sévérité telle que l'on est en droit de se demander comment ils ont pu y travailler et, bien souvent, y faire carrière. Dans le premier ouvrage rédigé par un agent de la CIA après les attentats, l'auteur écrit ainsi : « La CIA a été systématiquement détruite par le "politiquement correct", par de mesquines guerres bureaucratiques, par le carriérisme et par bien d'autres choses encore. Au moment où les menaces terroristes se complexifiaient autour de la planète, l'agence, qui aurait dû les scruter, préférait s'occuper de laver plus blanc. Les Américains gagnaient trop d'argent pour se donner de la peine. La vie était bonne. La Maison-Blanche et le National Security Council étaient devenues des cathédrales commerciales où les intérêts des grandes affaires l'emportaient sur le souci de protection des Américains à l'étranger aussi bien qu'à l'intérieur du pays.

Découragée, les dents arrachées, la CIA s'est retrouvée seule. Et voici que soudainement, le 11 septembre, l'aveu de cet abandon a été lâché à la face du monde[1]. »

Les traductions concrètes de cet état de fait sont nombreuses et la plupart des obstacles à un fonctionnement convenable ont été identifiés, que ce soit à l'intérieur des services de renseignement, ou à l'extérieur par des personnes les fréquentant assidûment. Steven Emerson a pu ainsi affirmer devant les parlementaires que la communauté américaine du renseignement ne comptait *aucun* agent parlant l'arabe, ni *aucun* parlant le farsi. Il s'est fait sèchement renvoyer dans les cordes par Louis Freeh, alors patron du FBI, qui a estimé qu'aucun moyen ne faisait défaut[2]. Affirmation naturellement contraire à la réalité quand on sait que dès le 11 septembre, dans la journée, le FBI se mit à chercher frénétiquement des traducteurs des langues d'Asie centrale et du Moyen-Orient, précisant dès le lendemain dans ses petites annonces les conditions financières de telles collaborations. La CIA a fait de même sur son site web, ajoutant qu'elle recherchait des citoyens américains possédant comme langue maternelle un idiome parlé dans le voisinage de l'Afghanistan[3]. Dans l'univers du renseignement américain, les dons de polyglotte du général Vernon Walters, décédé à 85 ans en février 2002, font toujours figure d'exception. Il a raconté dans ses Mémoires[4] l'histoire de cet entretien

1. Robert Baer, *See No Evil, The true story of a Ground soldier in the CIA's war on Terrorism*, Random House, New York, 2002, p. XIX.

2. Linda Frum : « "Don't Ask Me For Name" », *The National Post*, 20 octobre 2001.

3. Site Internet : http://www.cia.gov/cia/employment/jobpostings/mid_east_lang_spec.html.

4. Vernon Walters, *Silent Missions*, Doubleday, New York, 1978.

qui eut lieu en 1962 entre l'ambassadeur soviétique au Brésil et lui-même, alors attaché militaire dans ce même pays. Alors que ce dernier se moque, en anglais, de l'absence de don des langues des Américains, Walters lui demande en russe s'il souhaite poursuivre la conversation en portugais. L'ambassadeur, vexé, lui répond : « Walters, vous êtes sans doute un grand militaire, mais pas un bon diplomate[1] ! » N'empêche : pour un Walters de la vieille école, combien de petits nouveaux parlent effectivement les langues étrangères ? Le républicain Jim Gibbons a beau s'indigner après les attentats, le fait est là : « Par exemple, la National Security Agency dispose de remarquables technologies pour recueillir le renseignement, mais se trouve sévèrement à court de spécialistes des langues et d'analystes pour comprendre ces informations. De même, du fait de contraintes budgétaires, la CIA manque du personnel et des compétences nécessaires pour s'adapter aux nouveaux défis de l'espionnage et de l'analyse, aussi bien aujourd'hui que pour demain[2]. »

Quand les attentats de septembre surviennent, les « services » ne se trouvent donc pas seulement confrontés à leur cécité. Leur surdité est au moins aussi sérieuse, car ils ne disposent pas, en interne, des traducteurs et linguistes dont ils ont un besoin immédiat. Dans l'urgence, pour tenter de combler au moins partiellement leur carence, ils vont donc se trouver contraints de se tourner vers une communauté polyglotte : les mormons de l'Utah. En raison de son

1. Tina Kelley : « Vernon Walters, Ex-Envoy and Deputy CIA Chief, 85, Dies », *The New York Times*, 15 février 2002.
2. Jim Gibbons : « Protecting America : the Human Challenge », *The Hill*, 26 septembre 2001.

prosélytisme et de sa vocation missionnaire, l'Église de Jésus-Christ des saints des derniers jours possède de nombreux linguistes qui se trouvent souvent affectés – qu'ils aient choisi la carrière des armes ou la position de réservistes – à des unités militaires spécialisées. Lorsque les attentats se sont produits, la NSA, le FBI et la CIA se sont simultanément tournés vers ces quinze cents experts de la 300th Military Intelligence Brigade basée à Draper (Utah), parlant une trentaine de langues, dont le farsi et l'arabe. Mais, pour ces deux dernières spécialités, les experts de la brigade de Draper ne sont pas des mormons : ceux-ci n'apprennent ni ne pratiquent les langues des pays islamiques où ils n'ont pas de missions[1].

Le problème des langues étrangères recoupe en fait une réalité beaucoup plus large : aussi incroyable que cela puisse paraître, les services secrets sont si concernés par les questions de sécurité, si sévèrement attachés à la protection du secret, qu'on en arrive à des situations franchement absurdes. Par exemple, l'une des difficultés inhérentes au recrutement des interprètes tient au fait que les documents qu'ils sont censés traduire sont si secrets qu'ils n'ont tout simplement pas le droit de... les lire ! À la NSA, tous les contacts des employés sont enregistrés, et l'agence « surveille ceux qui arrivent ensemble en voiture. Comme ils ne peuvent parler avec personne de leur travail, les employés se marient souvent entre eux et élèvent des enfants qui travailleront à l'agence[2] ». La NSA n'est

1. Michael Janofsky : « Attack Investigation Runs Through Utah and Its Brigade of Language Experts », *The New York Times*, 4 octobre 2001.

2. Steve Inskeep : « NSA Comptes with Technology », *National Public Radio*, 14 mars 2000.

d'ailleurs pas seule dans ce cas : d'autres agences américaines sont confrontées à ce problème de la consanguinité professionnelle, et la direction de la Surveillance du territoire, le service français de contre-espionnage, n'est pas non plus épargnée ; au cours de l'année 2001, lors de certaines opérations antiterroristes qui mobilisèrent la quasi-totalité de l'effectif, il a fallu mettre en place une crèche pour accueillir d'urgence la progéniture des couples de fonctionnaires mobilisés ensemble. Le fait n'a étonné personne : la DST est une famille et s'en accommode fort bien.

Pour ce qui la concerne, la communauté américaine du renseignement est pour l'essentiel masculine, composée d'individus aux profils sociaux homogènes, issus pour la plupart de l'Université et de ses cursus spécialisés. Les homosexuels, voire les femmes – dont plusieurs ont entamé dans les années 90 des poursuites pour « discrimination » dans leurs carrières – n'ont été acceptés qu'à partir des années 80, et il ne semble pas que les choses se passent actuellement de manière idéale. Les minorités ethniques, les Américains d'origine étrangère ne sont pas bien accueillis quand ils parviennent à franchir le barrage des enquêtes de sécurité. Officiellement, les agences de renseignement américaines ne pratiquent plus de discrimination selon ces critères, mais il semble que la réalité soit un tantinet différente. Un candidat fumeur de marijuana sera repéré et ne pourra pas travailler dans une administration *drug free*. Quant aux Noirs… il semble bien que les Africains-Américains[1] ne soient pas si bien accueillis que le prétend la

1. Expression « politiquement correcte » pour désigner les Noirs américains.

CIA, et une affaire inédite, révélée par l'intéressé en mars 2002, semble démontrer que l'Agence, sur ce plan, a encore des progrès à accomplir. Jeffrey Sterling, brillant officier noir de la CIA recruté en 1994, s'était spécialisé dans les affaires iraniennes, avait rejoint l'Iran Task Force de l'Agence, et appris la langue farsi. Mais il était le seul agent noir de ce groupe d'une quarantaine d'officiers, et quand il fut envoyé en Allemagne en septembre 1997 pour recruter des Iraniens, il ne bénéficia pas de la couverture diplomatique généralement accordée à ses collègues ; il dut endosser une « légende » d'officier logisticien de l'US Army, nettement moins utile. Finalement mis au placard, il s'entendit asséner par un supérieur qu'« un grand Noir » aurait des problèmes pour prendre contact avec les informateurs de la CIA dans les milieux iraniens. Pestiféré, quand bien même son profil en faisait le type même des agents dont la CIA avait besoin, premier Noir de l'Agence à avoir jamais protesté contre son sort, il a finalement été licencié et a entamé des poursuites judiciaires[1]. En fait, la CIA comme les autres services n'ont pas réglé l'un de leurs plus épineux problèmes, à savoir leur absence de diversité culturelle, leur refus de s'entourer des compétences qu'apporteraient des Américains originaires du Moyen-Orient ou d'Asie, des musulmans, etc. Un expert appartenant au Center for Naval Analysis relève que la communauté du renseignement ne pourra prétendre à l'excellence tant qu'elle continuera d'observer les principes mis en œuvre depuis plus de cinquante ans : « Depuis ses

1. James Risen : « Fired by the CIA, He Says Agency Practiced Bias », *The New York Times*, 2 mars 2002.

débuts, [elle] a été dirigée par l'élite blanche, masculine et protestante, non seulement parce que celle-ci était la classe au pouvoir, mais aussi parce que cette élite se percevait elle-même comme garante et protectrice des valeurs et de l'éthique américaines[1] » si bien incarnées par l'université de Yale, qui a fourni non seulement tous les cadres de l'OSS et de la CIA dans les années 50[2], mais encore les directeurs George H. Bush dans les années 70 et James Woolsey dans les années 90. Dans les années 60, la politique de recrutement de la CIA sur le campus avait soulevé des tempêtes, mais les choses se sont depuis longtemps tassées, et les étudiants de Yale ne voient plus aucun inconvénient à entrer à la CIA, « sauf s'il s'agit de les piéger pour les envoyer se faire tuer[3] ».

Le recrutement de personnes de sexe, d'origine, de culture divers est pourtant considéré comme une nécessité par les grandes entreprises – singulièrement américaines – qui s'assignent pour but la pénétration de marchés mondiaux, un objectif qui passe par la compréhension intime des cultures et des modes de vie. Mais les services secrets américains demeurent très loin d'atteindre le niveau de connaissances socioculturelles acquis par l'industrie et le milieu des affaires ; ces derniers ne voient d'ailleurs aucun problème à confier la présidence de certains des plus grands

1. Robert Callum : « The Case for Cultural Diversity in the Intelligence Community », *International Journal of Intelligence and CounterIntelligence*, vol. 14, n° 1, 2001.

2. Robin Winks, *Cloak and Gown : Scholars in the Secret War 1939-1961*, Yale University Press, 1989.

3. Sandra Park : « Up Close CIA Keeps Presence on Yale's Campus », *Yale Daily News*, 1er mars 1995.

groupes américains à des étrangers, pour une raison toute simple : « Face à un problème, des équipes à la composition homogène vont atteindre plus rapidement, une solution, et avec moins de tensions, mais cette solution manquera souvent d'originalité. Dans un environnement où l'innovation est devenue le maître mot, les solutions d'hier ne suscitent ni croissance du marché, ni valorisation des actions. (...) Dès lors que le groupe partage un certain nombre de normes et de partis pris, ce ne sont pas les conflits ni les questionnements qui vont conduire à un progrès intellectuel. Les avis des participants se renforcent mutuellement[1]. » Traduction de l'absence de ce nécessaire choc des cultures dans le monde américain du renseignement : « Malheureusement, même un analyste s'entourant de conseils ne sera pas capable de prédire avec perspicacité les motivations et les actes des “autres”, à moins qu'il ou elle ne possède une connaissance et une intelligence intimes de la culture qu'il étudie.(...) Passer toute son existence à étudier un groupe ethnique, racial ou religieux, ne sera qu'un maigre palliatif au fait de vivre au quotidien comme un Russe, un Afro-Américain ou un musulman. (...) Si on permet à l'ethnocentrisme et aux analyses homogènes de se perpétuer, il en résultera inévitablement de futurs échecs du renseignement[2].»

1. « The Case for Cultural Diversity... », art. cit.
2. *Ibid.*

Affaires Ames, Hanssen, Wen Ho Lee

Un esprit simple conçoit quelque difficulté à comprendre comment un pays qui accueille autant de nouveaux immigrants que les États-Unis, qui reçoit tant d'individus et de familles ayant pour premier souci de s'insérer dans la société américaine, qui intègre tant d'étudiants en provenance du monde entier, de toutes les nationalités, de toutes les races, parlant toutes les langues, peut se trouver à court de spécialistes des contrées les plus exotiques. Mais, c'est un fait : comme nous l'avons vu, l'*establishment* du renseignement ne fait confiance qu'aux Américains de vieille souche. Lesquels se trouvent justement être ceux qui trahissent avec le plus d'ardeur.

Dans la communauté du renseignement, deux affaires dramatiques ont causé d'irrémédiables dégâts, l'une à la CIA en 1994, la seconde au FBI quelques jours après la prise de fonctions de George W. Bush. Elles ont provoqué à bref délai le départ des chefs de service, ont révélé de profonds malaises et des dysfonctionnements gravissimes, tout en se déroulant des mois durant sur fond de rivalités et de conflits entre les deux agences.

La première affaire concerne Aldrich Ames, arrêté le 21 février 1994 après qu'une enquête de la CIA et du FBI eut démontré qu'il avait espionné durant neuf ans au profit de l'Union soviétique, puis de la Russie ; après son incarcération pour le restant de ses jours, sans procès mais non sans qu'il eût admis sa culpabilité, une enquête conduite par le contre-espionnage, menée par l'équipe de l'inspecteur général du ministère de la Justice Michael Bromwich, révéla d'ahurissants dysfonctionnements. Dès l'année du recrutement d'Aldrich Ames par les Russes, la CIA et le FBI comprirent qu'il se passait des choses étranges : une dizaine d'informateurs des deux services dans la capitale soviétique avaient subitement disparu, avant d'être exécutés ; mais, à Washington, on n'a que mollement cherché à comprendre ce qui s'était passé : il était acquis qu'une « taupe » sévissait au cœur du secret américain, mais si la tâche de la découvrir incombait au FBI, il se désintéressa complètement du sujet. Le rapport officiel de Michael Bromwich étant demeuré à ce jour secret, une synthèse expurgée en a été publiée[1], qui révèle d'invraisemblables lacunes dans la recherche de la « taupe ». Singulièrement, du fait que, jusqu'en 1991, le FBI refusa de mettre sur pied une équipe d'enquête commune avec la CIA. De ce fait, des informations capitales furent ignorées, notamment lorsqu'un agent de Langley vint avertir les officiers de sécurité, dès 1989, qu'Ames était subitement devenu richissime. La CIA mettra... deux ans pour le dire au FBI ! Pendant ce temps, l'un des pires espions de la Guerre froide put continuer hardiment ses trahisons... Sur fond de concurrence entre les deux services, d'antagonismes exacerbés au-delà du raisonnable, de refus de la CIA de voir ses faiblesses et ses drames intérieurs explorés par les rivaux de la maison d'en face, Aldrich Ames a pu agir impunément pendant neuf ans ! Jusqu'à ce qu'enfin la raison prévale, et que le mouchoir soit mis sur ces querelles de famille ! Mais le patron de la CIA, James Woolsey, ne résista pas au séisme : il présenta sa démission en décembre 1994. Dans un

1. Michael R. Bromwich, *A Review of the FBI's Performance in Uncovering the Espionage Activities of Aldrich H. Ames*, DoJ, 21 avril 1997.

bel exercice de langue de bois, le directeur du FBI, Louis Freeh, écrira quelques années plus tard : « Depuis cinq ans, j'ai fait une priorité essentielle de la mise sur pied et du développement de liens plus étroits et plus productifs avec la CIA. Cette nouvelle relation entre la CIA et le FBI est la meilleure et la plus productive de toute l'histoire de l'association entre nos deux agences. Paradoxalement, la relation que nous avons établie est désormais meilleure et plus efficace qu'elle ne l'était au plus fort de la Guerre froide[1]. » Sans doute, mais, pendant qu'il écrivait ces mots, une autre « taupe » sévissait au sein même du FBI !

Infatigables, les Russes avaient déjà recruté un traître de belle taille six ans avant Aldrich Ames. Et les premiers jours de la présidence Bush, au début 2001, furent marqués par cette affaire encore plus stupéfiante que celle qui avait marqué la CIA six ans plus tôt… Car, cette fois, la « taupe », Robert Philip Hanssen, était installée au cœur même du service chargé de lutter contre la pénétration du pays par les puissances étrangères ! De 1979 à 2001, cet agent du FBI, père de six enfants, fervent catholique fréquentant la même église à Great Falls, en Virginie, que son patron Louis Freeh, envoyant ses garçons dans la même école de l'Opus Dei, avait travaillé pour les Russes. Pour prix de sa trahison, il aura reçu en plus de vingt ans 1,7 million de dollars (2 millions d'euros), payés en liquide ou en diamants, et aura livré à ses officiers traitants plus de six mille pages de documents, les plans d'un tunnel creusé par la NSA sous

1. Louis Freeh, *Ensuring Public Safety and National Security Under the Rule of Law. A Report to the American People on The Work of the FBI, 1993-1998*, FBI, Washington DC, 1999, p. 23.

l'ambassade russe à Washington pour y placer des micros, les mesures de défense contre une attaque nucléaire, l'identité de neuf agents américains opérant en Russie, dont deux furent exécutés, etc. En juillet 2001, exactement deux mois avant les attentats d'Al-Qaida, Hanssen finit par décider de plaider coupable pour éviter de passer sur la chaise électrique. Il finira sa vie en prison, sans possibilité de bénéficier d'une libération anticipée[1]. On peut admettre que, durant l'année 2001, ses ex-collègues du FBI ont eu l'esprit occupé par quelques soucis[2] !

Espions et contre-espions, « taupes » et exécutions, trahisons, stupéfaction de l'opinion publique désorientée et de la presse scandalisée : il n'en fallait pas davantage pour que le sentiment de déréliction s'installe, d'autant plus qu'une autre affaire, complexe et fort technique par bien des aspects, mais qui a très vite pris toutes les dimensions d'un scandale, est encore venue contribuer à pourrir la situation à partir de 1999. Cette fois, c'est un physicien d'origine taïwanaise travaillant aux Los Alamos National Laboratories, Wen Ho Lee, qui se trouve accusé d'avoir cherché à transmettre à la Chine communiste des informations secrètes sur la fabrication de bombes nucléaires. Tout comme John Deutch, auquel on reprochera quelques mois plus tard d'avoir

1. Une commission d'enquête sur cette affaire a rendu son rapport public : William H. Webster, *et al.*, Commission of the Review of FBI Security Programs, DOJ, Washington, 4 avril 2002.

2. Sur l'affaire Hanssen : Adrian Havill, *The Spy Who Stayed Out in the Cold*, St Martin's Press, New York, 2001. Elaine Shannon et Ann Blackman, *The Spy Next Door*, Little, Brown & Company, Boston, 2001. David A. Vise, *The Bureau and the Mole*, Grove Atlantic, 2001. L'auteur a eu l'excellente idée de mettre ses sources à la disposition de ses lecteurs : http://www.thebureauandthemole.com/.

chargé sur un ordinateur personnel des informations qui auraient dû rester confinées dans son laboratoire, Wen Ho Lee a agi plus que légèrement en emportant chez lui fichiers et documents électroniques secrets. Mais si ce comportement est assurément regrettable, rien n'est jamais venu démontrer – au contraire – qu'il aurait transmis à Pékin des informations sur la tête nucléaire W-88. Tout indique en revanche que le FBI a mené son enquête en dépit du bon sens, des agents incompétents investiguant exclusivement à charge ; dans un rapport remis au ministère de la Justice l'année précédente, mais communiqué à la presse quelques jours avant les attentats de septembre 2001, le procureur général Randy I. Bellows ira jusqu'à écrire que le bureau « a pâti de jugements négligents et faussés, de mauvais choix de personnel, d'une enquête inepte, et d'une supervision inadéquate de cette enquête inepte[1] ». Le FBI fut aussi accusé de racisme anti-asiatique durant l'enquête contre Wen Ho Lee, incarcéré et placé en isolement durant neuf mois avant d'être finalement libéré et de publier un livre assassin contre le FBI[2].

Réponse institutionnelle

Les accusations portées contre la communauté du renseignement sont trop concordantes pour être dépourvues de valeur. Sans doute ne doit-on pas oublier qu'aux États-Unis les secrets sont protégés comme ils doivent l'être et quand ils doivent l'être. Il a fallu les enquêtes de la décennie 70

1. In Dan Eggen: « Report Details More FBI Blunders in Wen Ho Lee Probe », *The Washington Post*, 27 août 2001.
2. Wen Ho Lee et Helen Zia, *My Country Versus Me*, Hyperiou, New York, 2002.

pour que l'on commence à mettre au jour quelques bribes des opérations illégales menées depuis nombre d'années sur le sol américain, et les coups de boutoir de parlementaires alors beaucoup plus décidés à connaître la vérité que leurs successeurs actuels. Mais soyons réalistes : les journalistes américains qui prétendent connaître certains vrais « secrets de famille » de la communauté du renseignement ne se trouvent que fort rarement dans cette position, et ne parviennent en tout état de cause qu'à cerner quelques fragments de vérité, gouttes de transparence dans un océan d'opacité. À ce jour, aucun livre d'un *insider* de la NSA ou du NRO n'a jamais été publié, et les enquêtes de journalistes ou de chercheurs extérieurs ne peuvent être menées à bien que par le recours au Freedom Information Act[1] ou quand les services veulent bien accepter de lever un coin de voile au gré de déclassifications bien réelles, sans doute, mais très partielles. Ainsi donc, lorsque le flot de critiques contre la CIA et la communauté du renseignement s'est répandu après les attentats, l'attitude de l'Agence s'est révélée on ne peut plus simple : elle a consisté à prétendre que les informations émanaient de gens ignares, et que l'on ne pouvait en aucun cas parler d'échec du renseignement, bien au contraire.

Il est exact, nous l'avons vu, que les services secrets américains avaient identifié des menaces indistinctes, à tout le moins pour ce qui est des attentats de septembre 2001. Mais, pour ce qui est des autres, ceux de 1998 en Afrique et ceux de 2000 au Yémen, jamais ils n'ont prétendu avoir anticipé quoi que ce soit, même en rêve...

1. Loi permettant d'accéder à des informations secrètes après déclassification par l'administration.

Ce qui fait que lorsque George Tenet se rend au Sénat, le 6 février 2002, pour entendre les premières questions qui lui sont officiellement posées par les parlementaires, et donc y répondre pour la première fois, il n'a pas l'intention d'accepter la moindre critique. Selon lui, tout était prévu, tout était annoncé, tout était connu d'avance. Il avait effectivement donné la preuve, dans son audition du 4 février 2001, soit exactement un an auparavant, que la CIA n'était pas complètement aveugle quand il avait explicitement évoqué le possible recours par les terroristes « à des stratégies telles que des attaques simultanées », ajoutant même : « Oussama Ben Laden, ses lieutenants et associés demeurent la menace la plus immédiate et la plus sérieuse. Depuis 1998, Ben Laden a déclaré que les citoyens américains constituaient légitimement des cibles d'attaques et (...) il est capable de planifier de multiples attaques moyennant un bref préavis, voire sans préavis du tout. Son organisation continue d'accorder une grande importance au développement de "filiales" afin de mener des attaques en évitant la détection, la condamnation et les représailles[1]. » Un an plus tard, pratiquement jour pour jour, le 11 septembre est passé par là. Mais Tenet n'en démord pas : en juillet-août 2001, les services secrets ont vu que « quelque chose » risquait de se produire. Quoi ? C'est tout le problème : « Il était parfaitement clair dans nos esprits que ce pays était une cible. Il n'y avait rien de concret pour étayer ce sentiment. Nous l'avons écrit, nous l'avons dit,

1. Audition de George Tenet devant le Senate Select Committee on Intelligence : *« Worldwide Threat 2001: National Security in a Changing World »,* 7 février 2001.

nous avons averti. La nature de l'alerte était assez spectaculaire. Dans le public, certaines personnes ont cru que nous pratiquions la "stratégie de la déception[1] ». Ce n'était pas du tout le cas, car nous comprenions trop bien quelle était la cible. Avons-nous eu des intuitions concernant cette cible ? Absolument ! Avons-nous mené des opérations techniques ? Absolument ! Où était localisé le secret de l'action projetée ? Probablement dans la cervelle de trois ou quatre individus. En fin de journée, la seule chose qui reste à faire, c'est de poursuivre nos efforts pour voler le secret en infiltrant la structure de commandement. Et l'on doit continuer à travailler. Mais rien de ce que nous ferons n'apportera une certitude à cent pour cent. Cela n'arrivera jamais[2]. »

On ne peut en vouloir à la CIA de défendre son job, de chercher à se disculper des carences dont elle est accusée. Mais force est de constater avec elle que si elle a subi, le 11 septembre, le pire échec de son histoire, elle l'avait prévu ! L'histoire est ahurissante et a été publiée en 1997 dans la revue *Studies in Intelligence* par un analyste de la DIA, Russ Travers. L'auteur y décrit par le menu, par anticipation, le processus qui conduira à un échec majeur en... 2001 ! Son intuition est saisissante : « Les données étaient là, mais nous n'avons pas pu cerner pleinement leur signification ni les replacer dans leur contexte. Dans une période où les relations entre facteurs politique, économique, militaire, social et

1. En stratégie, la déception est une manœuvre visant à modifier la perception d'un événement ou d'une observation pour l'adversaire.

2. Audition de George Tenet devant le Senate Select Committee on Intelligence : « Worldwide Threat - Converging Dangers in a Post 9/11 World », 6 février 2002.

culturel deviennent de plus en plus complexes, aucune agence ne se trouvait en position de mener une analyse vraiment intégrée (...). Malgré nos bonnes intentions, le système fonctionne si mal qu'un échec du renseignement est garanti[1]. »

Et l'auteur d'aller plus loin, puisqu'il analyse jusqu'aux raisons de cet échec à l'intérieur de la communauté du renseignement, dont il voit la source dans « la combinaison de politiques bureaucratiques, de blessures que les services se sont infligées eux-mêmes », et dans le fait que « la gestion du renseignement est devenue plus importante que sa collecte et son analyse[2] ». Quatre ans avant la catastrophe historique, ce texte prémonitoire explique l'échec attendu par des raisons précises dont la cruelle justesse saute aux yeux : absence de synthèse des informations recueillies par les différents services d'une communauté du renseignement « balkanisée » ; absence d'objectivité d'analystes qui préfèrent ne prendre aucun risque, donc juger eux-mêmes de ce qui est « vraiment important » sans qu'aucune procédure de contrôle de qualité intervienne. Mais ce n'est pas tout : il y a aussi cette « base dangereusement ténue » chez des analystes qui passent d'un sujet à un autre en perdant leur culture sur le premier sans avoir eu le temps d'acquérir la suivante. Il y a encore la technologie perçue comme une panacée, et le réseau Intelink[3] qui permet d'accéder si faci-

---

1. Russ Travers : « Blueprint for Survival. The Coming Intelligence Failure », *Studies in Intelligence*, 1997, n° 1.

2. *Ibid.*

3. Il s'agit d'un intranet spécifique à la communauté du renseignement. Sur la naissance et la mise au point de ce réseau informatique le plus secret du monde, on lira Frederick Thomas Martin, *Top Secret Intranet ; How US Built Intelink, The World's Largest, Most Secure Network*, Prentice Hall, Upper Saddle River, NJ, 1999.

lement à l'information disponible qu'on en oublie qu'il aurait fallu le nourrir de données pertinentes. L'auteur de cet étonnant article est vraiment doué de dons d'extralucide quand il reprend, pour la mettre en pièces, cette formule des chefs de service affirmant sempiternellement qu'ils sont « sur la bonne piste » et que les choses sont nettement moins pires qu'avant : « Ce mythe n'est basé que sur le fait que nous n'avons pas encore failli. Néanmoins, nous travaillons sur du temps emprunté, vivons d'une expertise résiduelle, sans la recapitaliser. Les bases de données électroniques et notre système de contrôle des faits se délabrent. Tout en fignolant nos structures et en transformant marginalement nos programmes, nous sortons tranquillement nos transats sur le pont bien briqué du *Titanic*[1]. » Nous ignorons ce qu'il est advenu de la suite de la carrière de ce militaire à l'esprit vif et tonique, et certainement doué d'une capacité de conviction peu commune pour avoir obtenu de publier cet article assassin dans la revue de la CIA, disponible sur son site où il se trouvait toujours en ligne à la fin 2001…

1. Blueprint for Survival…, art. cit.

4

Al-Qaida ou l'impossible traque

Lorsqu'il s'agira d'examiner au fond les raisons de l'échec des services de renseignement américains, un document très bref attirera nécessairement l'attention. Il s'agit d'un message transmis sur le réseau informatique liant les deux grandes agences en charge de la lutte antiterroriste : la CIA, à l'extérieur des États-Unis, le FBI à l'intérieur. Le 27 août 2001, un télégramme de la CIA assorti de la classification « IMMEDIATE[1] » parvenait au FBI, l'avertissant que deux hommes « reliés » à Oussama Ben Laden par l'intermédiaire de l'organisation égyptienne Jihad islamique, et identifiés comme Kalid Al Midhar et Nawaq Al Hamzi, étaient entrés sur le territoire américain[2]. Le premier cité était arrivé quelques semaines plus tôt, le 4 juillet 2001 – jour de la fête nationale – à l'aéroport JFK de New York, le second le 15 janvier 2000 à l'aéroport de Los Angeles. Ce message précisait que deux autres hommes

1. Les quatre niveaux d'alerte sont les suivants : ROUTINE, PRIORITY, IMMEDIATE, FLASH.

2. Bob Drogi, Eric Lichtblau et Greg Krikorian : « CIA, FBI, Desagree on Urgence of Warning », *The Los Angeles Times*, 18 octobre 2001.

au profil similaire se préparaient à entrer à leur tour sur le sol américain et devaient en être empêchés[1]. Tous étaient présentés comme ayant eu à voir avec l'attentat perpétré contre le destroyer *USS Cole* ; la CIA soulignait que Kalid Al Midhar avait rencontré en janvier 2000 en Malaisie un homme présenté comme responsable de cette opération. Malgré ses recherches aux adresses fournies par les deux premiers suspects lors de leur entrée aux USA, le FBI ne retrouva pas les deux hommes. Les informations furent transmises à l'INS (Immigration and Naturalization Service), qui n'eut pas davantage de succès. Le 10 septembre, l'enquête continuait... Dès le début du mois d'août, la CIA avait par ailleurs averti la Maison-Blanche que des individus liés au groupe Al-Qaida avaient pénétré aux États-Unis.

Inorganisation de la lutte antiterroriste

Depuis les attentats du 11 septembre, la CIA considère qu'elle a convenablement fait son travail dans ce dossier en envoyant des alertes, et que le FBI n'a pas suffisamment recherché les suspects. La coordination a également manqué avec le département d'État. Dans une déposition très sévère devant le Sénat, Mary A. Ryan, chargée des affaires consulaires au département d'État, a déclaré que les bureaux préposés à la délivrance des visas dans les

1. David Johnston et Neil A. Lewis : « Two Suspected Hijackers Were Sought by FBI at Time of the Attacks », *The New York Times*, 16 septembre 2001.

ambassades et les consulats américains outre-mer auraient pu bloquer les terroristes si seulement les services de renseignement les avaient avertis des soupçons pesant sur eux[1]. Quinze des dix-neuf terroristes embarqués à bord des avions-suicide le 11 septembre avaient demandé leur visa en Arabie saoudite ; leurs demandes avaient toutes fait l'objet d'une consultation des bases de données du département d'État, et six des candidats avaient eu un entretien avec les services consulaires.

Mais, lors de son enquête consécutive au télégramme du 27 août, le FBI n'a pas cherché les suspects ailleurs que dans les hôtels où ils prétendaient faussement avoir séjourné. Concernant Kalid Al Midhar et Nawaq Al Hamzi, une simple vérification dans les fichiers des cartes grises de Californie (California Department of Motor Vehicles) aurait permis de remonter sans problèmes jusqu'à leurs adresses successives dans la région de San Diego. Mais, faute de ces démarches policières élémentaires, le FBI n'a pas su que, le jour même où il recevait le message de la CIA, Al Hamzi achetait sous son vrai nom, sur Internet, avec sa carte Visa, un billet pour le vol 77 du 11 septembre…

La situation qu'illustrent le télégramme du 27 août et les enquêtes qui ont suivi n'est autre qu'une absence totale d'organisation de la coopération entre les différents organismes chargés de la lutte antiterroriste. Une chose est de détecter l'existence de menaces, une autre d'être suffisamment au fait de leur aboutissement – l'acte terroriste – et de la manière dont il sera conduit, et par qui.

1. Déposition devant le Judiciary Subcommittee on Technology, Terrorism and Government Information, le 12 octobre 2001.

Ce qui devrait permettre, avec un peu de chance, d'intercepter les auteurs avant qu'ils ne commettent leurs méfaits.

Depuis plusieurs années, la pression terroriste se faisait plus forte sur les États-Unis qui avaient connu, le 19 avril 1995, l'un des pires actes de ce type jamais perpétrés de par le monde : l'attentat contre l'immeuble fédéral d'Oklahoma City, qui avait causé 168 morts[1]. En 1996, on dénombre encore trois attentats sur le sol américain, puis quatre en 1997, cinq en 1998, douze en 1999[2]. Mais le FBI a pu mettre un terme aux préparatifs de sept autres attentats en 1999, et c'est bien là que le bât blesse : pourquoi cela n'a-t-il pas été possible pour ceux du 11 septembre ?

Peu de temps après que George Bush eut créé l'OHS, le 8 octobre 2001, le *New York Times* publia un organigramme des différents organismes que son patron, Tom Ridge, allait devoir fédérer ; la simple vision de ce schéma ne laisse planer aucun doute sur l'énormité du travail qui reste à accomplir. Le problème est identifié depuis des années, les solutions ont déjà été recherchées, et des résultats se feront peut-être sentir dans l'avenir. Mais, jusqu'au 11 septembre, ce ne fut pas le cas ! Au fil des années et de la montée de menaces protéiformes, les différents services, agences,

---

1. Reconnu comme l'auteur de cet attentat, le militant d'extrême droite Timothy McVeigh a été condamné à mort, puis exécuté le 11 juin 2001. Cette exécution a été retardée de plusieurs semaines après que le FBI eut admis avoir égaré des dizaines de pièces rassemblées durant la période d'instruction, et non transmises à la justice.

2. Selon le FBI, deux furent commis par des extrémistes « intérieurs » en Californie et en Illinois, neuf furent le fait de défenseurs des animaux ou d'environnementalistes extrémistes, un fut organisé par des indépendantistes portoricains.

ministères ont tous mis sur pied des entités spécialisées dans la lutte contre le terrorisme, envisagée sous toutes les formes possibles ; or il était pourtant admis depuis longtemps que ce type de système ne fonctionnait pas correctement : l'information ne circulait pas, ou trop peu. Au début des années 90, la non-communication entre le FBI et la CIA avait provoqué de graves dysfonctionnements dans les enquêtes sur deux scandales bancaires majeurs – ceux de la BCCI[1] (Bank of Credit and Commerce International) et de la BNL[2] (Banca Nazionale del Lavoro) –, qui avaient amené le Congrès à intervenir : « Bien que la plupart des observateurs n'aient pas cru devoir conclure qu'il y avait eu tentative de la CIA pour protéger l'une ou l'autre de ces deux banques[3] », les commissions parlementaires durent réclamer que des échanges d'informations soient mis sur pied entre le FBI et la CIA.

Le problème allait-il être réglé pour autant ? Certainement pas !... Les observations faites cinq ans avant les attentats par (encore !) une commission d'enquête travaillant sur ce que devraient être les services de renseignement au début du XXIe siècle sont restées en grande partie valables. Dans le rapport final de cette commission, le chapitre XIII consacré aux relations entre les différents services relève que celles-ci

1. Pour une synthèse générale, lire Eric Leser : « La faillite de la BCCI connaît son épilogue », *Le Monde*, 10 mai 1997. La BCCI fut accusée d'avoir participé au financement des résistants afghans à l'occupation soviétique en faisant transiter des fonds de la CIA et des services secrets saoudiens.

2. Cette banque a été accusée après la Guerre du Golfe d'avoir financé l'achat de matériels militaires américains par l'Irak.

3. Richard A. Best, *Intelligence and Law Enforcemen*t, Congressional Research Service, 3 décembre 2001, p. 12.

sont demeurées « rugueuses et parfois antagoniques. Cela est dû pour une part aux différences de rôle et de culture entre les deux communautés dès lors qu'elles ont des responsabilités et des objectifs différents, tout comme elles nourrissent des attentes différentes dans l'acquisition et la gestion de renseignements dont elles font des usages différents[1] ». La commission en conclut cependant que les choses vont pouvoir s'arranger, que les frères ennemis du FBI et de la CIA vont cesser de se mettre réciproquement des bâtons dans les roues, et qu'en définitive des rapprochements sont possibles dès lors que les fonctionnaires comprendront qu'ils travaillent tous pour le même patron : le Président. Pourtant, il existe une énorme différence entre les agences dépendant du ministère de la Justice (FBI et DEA – Drug Enforcement Agency, chargée de la lutte antidrogue) et celles liées au Pentagone (CIA, DIA, NSA, etc.) : les moyens des secondes sont sans commune mesure avec ceux des premières, lesquelles considèrent que la manière la plus élégante de travailler ensemble serait qu'elles puissent donner des instructions – « orienter » les satellites-espions, les agents de la CIA, etc. – à ces agences afin qu'elles recherchent l'information dont la justice américaine a besoin.

Certainement pas ! ont répondu en chœur le Pentagone et ses filiales, arguant que les informations réclamées sont déjà fournies dans des synthèses stratégiques. « De toutes les questions, celle-ci est la plus difficile. En l'état actuel des choses, ni la CIA ni la NSA n'accepteront de telles

1. *IC 21 : The Intelligence Community in the 21st. Century*, Permanent Select Committee on Intelligence. House of representatives, 104th Congress, 1996.

directives[1]. » Pourquoi ? La vraie raison est que leur statut stipule qu'elles ne reçoivent d'instructions que du Président avec qui elles peuvent discuter ouvertement et directement du sujet, en comité restreint. Elles accèdent de la sorte au cœur du pouvoir, et consolident le leur à la faveur de ces contacts. Le patron de la CIA peut prétendre qu'il a évoqué en personne tel ou tel sujet avec le sommet de l'exécutif, en tant que directeur central du Renseignement, quand celui du FBI ne le peut pas. Entre les deux services, le fossé n'est pas seulement d'ordre opérationnel, administratif ou bureaucratique. Il est avant tout politique au sens fort du terme, et l'enjeu de cette concurrence n'est autre que le pouvoir d'influence et d'action sur la politique de sécurité du pays. FBI et CIA constituent ainsi deux approches, deux cultures, deux ambitions, deux modes d'action différents, et, au bout du compte, leur collaboration est faible ; espions et flics ont toujours pensé, sous toutes les latitudes, qu'ils ne font pas partie du même monde et qu'ils n'ont pas à se côtoyer. Alors que ces échanges auraient été cruciaux dans la phase précédant les attentats – pour les éviter.

Lorsque ces attentats se sont produits, l'unanimité s'est faite sur un point. Aussi bien les élus, dont George Bush, que les hommes et les femmes qu'il a placés aux postes de commande de la haute administration, de même que les fonctionnaires des différents ministères en charge de la supervision des services de renseignement sont tous tombés d'accord sur le fait que ce n'est pas en période de crise qu'il convient d'accabler ceux qui n'ont pas su voir venir le coup avec suffisamment de précision. Il sera bien temps

1. *Ibid.*

d'engager ultérieurement les analyses préalables aux réformes nécessaires. Au nom de l'efficacité dans la guerre contre le terrorisme, on a donc mis un mouchoir sur l'étendue du désastre, et on a continué comme par-devant.

Enfin, non, pas exactement... Dès le 16 septembre, soit cinq jours après les attentats, le directeur de la CIA se fâche et tonne, dans une brève note de deux pages destinée à ses fonctionnaires, que les « obstacles bureaucratiques au succès » doivent être abandonnés, et la conduite des opérations « être absolument cohérente » ; dès lors que « toutes les règles ont changé », il convient désormais que « le partage des idées et des moyens soit complet et sans équivoque » avec tous les autres services et agences de l'État, civils ou militaires[1].

Antiterrorisme... spatial !

L'une des raisons de l'aveuglement involontaire des services de sécurité américains tient à la perception de la menace. Il ne fait aucun doute que les groupes les plus inquiétants avaient été identifiés. Mais l'Amérique impériale fonctionnait avec ses propres critères, raisonnait selon ses schémas classiques, ne savait plus voir le monde qu'à l'aune de ses propres jugements et de son éthique si particulière. Autrement dit, les services américains avaient assurément vu venir le risque terroriste, mais ils avaient faussement perçu la nature des menaces. Depuis de longues années, avec un

1. In Walter Pincus : « CIA Steps up Scope, Pace of Efforts on Terrorism », *The Washington Post*, 9 octobre 2001.

ensemble parfait, ils pensaient que les groupes terroristes seraient aidés par des États-voyous et utiliseraient des armes de destruction massives, nucléaires, chimiques ou biologiques. Selon un scénario à peu de chose près déjà imaginé par certains romanciers, ils voyaient des terroristes faire passer en contrebande des matières fissiles[1] ou des germes[2] importés de quelque pays exotique. Des experts aussi éminents que Philipp B. Heymann, professeur de droit à Harvard et ancien attorney général adjoint, ne pouvaient que s'interroger sur la manière de répondre de façon adéquate à des menaces indistinctes mais plausibles : « Nous pouvons estimer les dommages, et ils seraient terribles. Mais nous ne pouvons juger de la pertinence d'une menace sérieuse utilisant ces armes. Heureusement, nous n'en n'avons jamais eu l'occasion. Pour autant, ce danger extrême suggère que nous engagions de sérieux efforts de prévention. Mais quelles en seraient les étapes[3] ? » Pas celles, en tout cas, qui furent envisagées : les attentats les plus destructeurs de toute l'histoire des États-Unis ont été perpétrés avec des avions remplis de kérosène ; et l'attaque bioterroriste, redoutée entre toutes, si elle s'est bien produite avec le germe de la maladie du charbon, n'a tué qu'un nombre très limité de personnes, et a sans doute été le fait d'un Américain bon teint, non d'un barbare surgi des ténèbres extérieures. Erreur donc sur toute la ligne…

1. Dominique Lapierre et Larry Collins, *Le Cinquième Cavalier*, Robert Laffont, 1980.
2. Richard Preston, *The Cobra Event*, Random House, New York, 1997.
3. Philip B. Heymann, *Terrorism and America ; A Commonsense Strategy for a Democratic Society*, The MIT Press, Cambridge, MA, pp. 85-86.

Pis : dans un bel élan stratégique qui fut l'un des fondements de sa campagne électorale, George W. Bush, devenu président, décida d'accentuer les efforts en faveur d'un projet démesuré : la *National Missile Defense* (NMD), visant à protéger le territoire américain contre des attaques d'engins balistiques stratégiques, notamment celles émanant d'États-voyous *(rogue states)*, expression utilisée jusqu'alors pour qualifier les pays soutenant le terrorisme ou engagés dans des programmes de production d'armes de destruction massive. Le Pentagone estime que deux pays ne respectant pas les règles du droit international, la Corée du Nord, avec son engin *Taepo Dong 2*, et l'Iran, avec le *Shahab 5*, seraient capables, dans les prochaines années, de frapper des portions limitées du territoire américain. Dans une moindre mesure, des programmes irakien et libyen seraient également concernés. La NMD a été approuvée le 22 juillet 1999 par le Congrès, lequel a adopté à une large majorité le *National Missile Defense Act* pour un premier déploiement initialement prévu pour 2003, puis 2005. Plus aucune prévision sérieuse ne peut plus être avancée aujourd'hui...

De même, le budget prévu pour ce programme était initialement estimé à 60 milliards de dollars, avant d'être aujourd'hui porté à 238 milliards de dollars (!) sur vingt-cinq ans par le Congressional Budget Office. Pourtant, ce programme semble frappé dès le départ d'une incapacité rédhibitoire à fonctionner, ce qui le fait déjà ressembler à l'un des plus énormes coups de bluff du complexe militaro-industriel américain, lequel n'a pourtant jamais manqué d'imagination ! Dans deux rapports publiés en mars 2002, le GAO *(General Accounting Office)* dépendant du Congrès, mais qui fonctionne comme une Cour des comptes américaine a fustigé des fraudes sévères dans la présentation des résultats de certains essais de missiles antimissiles[1] présentés comme réussis alors qu'ils avaient raté !

Le problème est que les politiques en général, mais surtout les républicains et George W. Bush en particulier, ont été obsédés par la NMD au point d'y voir l'alpha et l'oméga de la lutte antiterroriste et de penser que financer ce gouffre technologique suffirait à dissuader les terroristes et à mettre à l'abri le sol américain. Au point aussi, pour George W. Bush, de sacrifier sur l'autel de ce programme antiterroriste spatial un traité stratégique de la plus haute importance, signé avec l'Union soviétique en 1972. Ce traité ABM *(Anti Ballistic Missiles)* définissait justement les moyens de défense antimissiles autorisés aux deux « supergrands », comme on disait à l'époque, afin qu'aucun ne s'engageât dans une protection trop efficace de son territoire, au risque d'être tenté de frapper sans préavis son ennemi intime sans encourir de représailles. Durant sa campagne, le futur Président s'était montré fort explicite : « Si la Russie refuse les changements que nous proposons, nous lui ferons savoir rapidement, comme prévu dans le traité, que nous ne pouvons en être plus longtemps partie. J'aurai l'obligation solennelle de protéger le peuple américain et nos alliés, pas des accords de contrôle des armements signés il y a près de trente ans[2]. » De fait, et bien

1. *Missile Defense : Review of Allegations about an Early National Missile Defense Flight Test,* GAO, 4 mars 2002. *Missile Defense : Review of Results and Limitations of an Early National Missile Defense Flight Test,* GAO, 4 mars 2002.

2. Discours à Citadel, le 23 septembre 1999.

que les attentats aient eu lieu entre-temps, les États-Unis se retirèrent du traité ABM le 13 décembre 2001. Aussi unilatéralistes qu'obstinés dans l'erreur !

Dès le début des années 90, c'est dans l'espace que l'Amérique se prépara à la guerre antiterroriste, quand les « barbus » allaient y travailler au fond de leurs grottes. On s'y attela à fond, et deux commissions spécialisées planchèrent sur le thème de la menace balistique, l'une et l'autre sous la direction de Donald Rumsfeld qui allait devenir le secrétaire à la Défense de George W. Bush après avoir occupé ce même poste, une première fois, de 1975 à 1977, dans l'administration Ford. Chef du lobby pro-NMD, Rumsfeld n'y alla pas de mainmorte lorsqu'il s'agit d'étayer sur des arguments politico-stratégiques la lutte contre le terrorisme et les terroristes à l'aide de missiles, de lasers tueurs de têtes de rentrée MIRVées[1], moyennant 8 milliards de dollars par an dans un premier temps. Cette position, affirma-t-il dans son premier rapport, fut confortée par trois cents analystes issus de l'ensemble de la communauté du renseignement, venus affirmer devant sa commission que « la menace posée aux États-Unis par ces capacités émergentes est plus ample et plus mûre, et à évolution plus rapide, que tout ce qu'avait jusque-là rapporté la communauté du renseignement dans ses estimations et rapports[2] ». En fait, tous ces stratèges, politiciens, industriels et espions mettaient en place le cadre général de la construction d'une ligne

1. MIRV : *Multiple Independently Targetable Reentry Vehicle* (engin à têtes multiples, orientables indépendamment).

2. *Executive Summary of the Report of the Commission to Assess the Ballistic Missile Threat to the United States, Pursuant to Public Law 201, 104th Congress*, 15 juillet 1998.

Maginot spatiale, contournée avant même d'exister par des terroristes décidés à mettre en œuvre leur propre stratégie sans le moindre missile ni la moindre charge nucléaire. Avec leurs références, fonctionnant en ne s'intéressant qu'à leurs propres modes de pensée, tout en se laissant séduire par des fuites en avant technologiques, sans mesurer convenablement le niveau rudimentaire de leurs vrais adversaires, ces hommes bâtissaient dans l'enthousiasme les nouvelles murailles de leur citadelle. Ils reproduisaient ce vieux fantasme des empires assiégés, protégeant leurs richesses ou leur pouvoir contre les menées des puissances extérieures, mais oublieux des défaites subies jadis ou naguère par les bâtisseurs de la Muraille de Chine, de la ligne Maginot, du limes romain, du Mur de l'Atlantique, du Rideau de fer ou de la ligne Morice…

Lorsque les attentats du 11 septembre se seront produits, les services américains réaliseront – ou à tout le moins se souviendront, mais trop tard – que la surprise est une composante majeure, sinon essentielle, de l'art de la guerre. Ben Laden au World Trade Center, ce n'est pas Hannibal à Cannes, Napoléon à Marengo, ni même Yamamoto à Pearl Harbor. Mais il y a eu, de la part des tacticiens d'Al-Qaida, concepteurs de l'attaque contre les États-Unis, une évidente capacité à déjouer les défenses du pays, en menant l'offensive dans son angle mort, là où personne ne l'attendait. On avait tout prévu de la part de ces terroristes attendus : des germes, des bombes atomiques, des virus informatiques. Aucune de ces trois menaces ne s'est concrétisée, et l'on a vu au contraire surgir de la brume matinale des avions de ligne, détournés sous la menace de cutters, transformés en missiles de croisière pilotés… Coût global de l'opération : sans doute guère plus de 150 000 $ (171 000 €). Car si les Américains en sont restés pétrifiés, c'est qu'ils avaient tous cru, dirigeants et espions compris – comme l'ancien président du National Intelligence Council Joseph Nye – qu'« après la fin de la Guerre froide et l'implosion de l'Union soviétique, aucun pays ne pouvait équilibrer la puissance américaine. Les États-Unis apparaissaient comme étant à la fois invincibles et invulnérables[1] ». Amère leçon...

Idées fausses

Résumons maintenant les critiques les plus fréquemment entendues sur l'échec de ces services secrets américains dont l'emblématique CIA est à juste titre considérée comme le chef de file. Si cette dernière n'a pas vu venir les attentats du 11 septembre, c'est parce qu'elle n'est pas excellente en matière de renseignement humain, ce qui est exact. Avec cette circonstance aggravante que l'inaptitude serait due, selon les services eux-mêmes ou certains de leurs agents, à une législation inadaptée qui leur interdirait de recruter des informateurs en délicatesse avec les droits de l'homme. Nous avons vu que cette assertion repose sur des idées fausses, et que, s'ils le souhaitent, les chefs de poste de la CIA peuvent parfaitement recruter et payer des criminels, des tortionnaires et des assassins : à condition de le dire et

1. Joseph S. Nye, Jr. : « Government's Challenge : Getting Serious about Terrorism », in *How Did That Happen ; Terrorism and the New War*, Foreign Affairs Reports, Washington DC, 2001, p. 200.

de faire entériner ce choix par les patrons du service, lesquels en référeront au National Security Council, donc à l'autorité politique, seule à même de décider si les inconvénients d'un tel recrutement excèdent les bénéfices que l'État américain peut en escompter. Or, c'est justement là que le bât blesse, selon les agents chevronnés de la CIA qui ont fini par quitter le service, écœurés. Ils affirment que, toutes ces dernières années, les contacts avec les informateurs « à problèmes » n'auraient été envisageables que sur le papier. Que, dans les faits, la bureaucratie au pouvoir à Langley a désormais rendu de telles relations strictement impossibles. Et que les interdits frappant les informateurs de la CIA ont aussi visé les employés mêmes de l'Agence qui pouvaient être mis sur la touche pour s'être trouvés en bisbille avec le fisc !

Le plus dur dans ses propos à ce sujet, mais aussi le plus pertinent et celui qui a reçu de la part de la presse américaine le meilleur accueil, est Robert Baer. Après une exceptionnelle carrière d'officier de terrain qui l'a conduit dès le début des années 70 sur tous les « points chauds » du globe, du Liban à l'Irak, de Douchanbe à Sarajevo, il a démissionné en 1997, n'en pouvant plus de désillusions. Il était sans doute, à la CIA, l'un des tout derniers de ces espions de la vieille école, efficaces aussi bien dans les steppes d'Asie centrale que dans les montagnes kurdes, aussi à son affaire au cœur d'une enquête sur les réseaux du pétrole que dans un grand hôtel parisien, à l'aise comme jamais en pendouillant sous un parachute russe hors d'usage pour recruter un informateur imbibé de vodka, ou naviguant dans les listings informatiques sur les traces d'un *kick back* chinois. C'est de ces hommes-là, aussi cultivés qu'increvables, dévoués à leur pays au-delà du raisonnable, que la CIA aurait grand besoin aujourd'hui. Mais ce sont ces hommes-là qui l'ont quittée. Les raisons de l'échec du 11 septembre ? Là-dessus, Robert Baer a son idée : « Au lieu de recruter et d'activer leurs sources – leurs correspondants étrangers –, les antennes de l'Agence disséminées dans la poudrière mondiale passaient le plus clair de leur temps à s'occuper des modes en vogue à Washington : droits-de-l'hommisme, globalisation économique, conflit israélo-palestinien... Pour les vétérans comme moi, la CIA ne faisait guère plus que de la figuration. (...) Non seulement [elle] se débarrassa méthodiquement de beaucoup de ses correspondants, mais elle se mit aussi à virer en douceur nombre de leurs anciens officiers traitants (...). Autrement dit, la CIA s'était elle-même retirée des affaires. Elle ne s'occupait plus d'espionnage. Comment s'étonner, dès lors, que nous n'ayons eu aucun agent dans les mosquées de Hambourg pour nous informer que Mohammed Atta, chef présumé des pirates de l'air du 11 septembre, recrutait des kamikazes pour le pire attentat jamais perpétré sur le sol américain[1] ? »

Talents envolés, mémoire perdue, culture du baroud et de la générosité physique engloutie, refus absolu de continuer à avoir affaire en quoi que ce soit avec des hommes de cette trempe qui ont toujours pour principal défaut de n'être point des béni-oui-oui : la CIA peut-elle vraiment fonctionner avec des analystes interdits de terrain et des opérationnels certes lisses et propres sur eux, mais tous sortis des mêmes moules

1. « *See no Evil...* », *op. cit.* Traduction française : *La Chute de la CIA ; Les mémoires d'un guerrier de l'ombre sur les fronts de l'islamisme*, éd. J.-C. Lattès, Paris, 2002, pp. 9-10.

universitaires ou militaires ? Évidemment, non… Entre ce que dit d'une part George Tenet, le bureaucrate, patron de la CIA, quand il affirme que son service n'a pas si mal fonctionné que cela, posant en postulat qu'il n'aurait jamais été possible de connaître un plan terroriste cantonné tout au plus dans l'esprit de trois ou quatre individus, et ce que déclare d'autre part Robert Baer, il y a un monde, voire un abîme : le premier prétend que le schéma d'évolution de la communauté américaine du renseignement se trouve grosso modo en adéquation avec ce qu'attend d'elle le peuple américain ; le second affirme l'inverse : toutes les cartes sont pipées, la CIA n'est plus en prise sur le monde, elle n'a plus sur le terrain les centaines de paires d'yeux qui permettent de ne rien manquer de ce qui se trame en n'importe quel point chaud du globe… Et, pour ne rien arranger, parce que l'histoire est faite de ces raccourcis saisissants, ces deux hommes, aussi différents qu'il est possible de l'être, sont issus du même moule où ils se fréquentaient en faisant leurs études ensemble : l'université Georgetown à Washington.

Assassinats ciblés

Un seconde idée fausse, largement répandue après les attentats, voudrait que si ces derniers se sont produits, c'est parce que la CIA se serait vu interdire d'assassiner Oussama Ben Laden, qu'il lui est interdit de fomenter le meurtre de dirigeants étrangers ou de quelque « politique » que ce soit. Là encore, la réalité est sensiblement différente : il est exact que les attentats « ciblés » sont proscrits, à tel point que les États-Unis ont demandé à différentes reprises aux Israéliens, à la fin de l'année 2001, de renoncer à cette pratique contre les dirigeants palestiniens, notamment après le meurtre de Mahmoud Abou Hannoud, le 23 novembre 2001, qui en avait suivi beaucoup d'autres et précédé davantage encore. Il n'en demeure pas moins que, si le Président américain en décide ainsi, il est possible à la CIA de tuer qui elle entend, à la condition qu'il ne s'agisse pas d'un citoyen américain... et qu'elle en soit capable ! Ces assassinats « ciblés » sont donc officiellement prohibés depuis 1975 par les États-Unis ; cette position a été affichée publiquement quand, à la suite des travaux de la commission Church qui avait révélé des tentatives d'assassinat contre des dirigeants étrangers – dont huit contre Fidel Castro ! –, le président Gerald Ford promulgua le 18 février 1976 son *Executive Order 11905*. Celui-ci précisait : « Interdiction d'assassiner. Aucun employé du gouvernement des États-Unis n'organisera ni ne conspirera à organiser un assassinat politique. » Cette position a été réaffirmée par le président Jimmy Carter dans son Executive Order 12036 du 24 janvier 1978, et de nouveau confirmée dans l'*Executive Order 12333*[1], toujours en vigueur, promulgué le 4 décembre 1981 par le président Ronald Reagan. À six ans d'intervalle, la différence entre le texte de Gerald Ford et celui de Ronald Reagan est minime : elle porte sur le fait que, contrairement au premier document, le second n'interdit pas seulement aux agents gouvernementaux d'assassiner des dirigeants étrangers, mais étend cette interdiction à toute personne agissant sous les ordres de l'exécutif

1. « Prohibition on Assassination. No person employed by or acting on behalf of the United States Government shall engage in, or conspire to engage in, assassination. » *Executive Order 12333*, art. 1211.

américain (en l'espèce des mercenaires ou n'importe quel agent sous contrat). Mais, si ce texte fut invoqué en 1995 pour engager des poursuites contre Robert Baer et ses hommes en Irak, ce fut pour des raisons d'opportunité peu reluisantes. Car tout est question d'appréciation...

En réalité, ces assassinats de personnes considérées comme une menace contre la sécurité des États-Unis sont admis, même si les services officiels ont tenu cette interprétation secrète pendant plus d'un quart de siècle. Toute la subtilité réside dans la définition de la période durant laquelle un assassinat pourrait être décidé par le gouvernement des États-Unis. Si c'est en temps de paix, cette pratique est clairement proscrite par la Convention de New York. Mais s'il s'agit d'un temps de guerre, l'arsenal juridique américain ne pose aucun problème pour des assassinats ciblés « légaux », qui ne s'appellent plus, dans ce cas, des « assassinats », mais des « actes de guerre ». Le tout est de déclarer, y compris sous une forme sibylline, que « l'Amérique est en guerre » (contre la drogue, le terrorisme, le fanatisme, etc.). En matière de vie ou de mort, les mots ont un sens. Des analyses juridiques du département de la Justice, alors dirigé par Janet Reno, toujours classifiées à ce jour et donc inaccessibles, ont confirmé cette lecture des textes : l'Amérique a bien le droit de manier le surin ou la mitrailleuse. Une casuistique sophistiquée était au point dès le début des années 80, reposant sur l'absence de définition du mot « assassinat » dans l'*EO 12333*, permettant même de stipuler que des agents américains pourraient soutenir un coup d'État à l'étranger à condition que les plans préparatoires ne prévoient pas explicitement l'assassinat d'un individu donné[1]. Dès avant le 11 septembre, on se trouvait donc très éloigné d'une quelconque interdiction faite à la CIA d'assassiner qui que ce soit, bien au contraire ! Depuis 1996, avec tous les moyens imaginables utilisés dans cette chasse à l'homme, Oussama Ben Laden était un homme à abattre. Et s'il n'est pas tombé sous des balles américaines avant de commanditer ses plus terribles actions, ce n'est pas faute d'une volonté américaine, mais plus simplement parce que la CIA n'a pas su trouver le moyen d'y parvenir.

Lors de l'accès de vertu des hommes publics et des révélations dévastatrices qui accompagnèrent et suivirent la crise du Watergate, ni la CIA ni la Maison-Blanche n'avaient pu maintenir le voile sur la politique d'assassinat de dirigeants étrangers « déplaisants », encore moins défendre cette tradition pourtant bien ancrée dans leur pratique depuis la fin de la Seconde Guerre mondiale. Mais la prétendue interdiction des assassinats n'a jamais été destinée, en fait, qu'à l'opinion publique, sauf sans doute durant une seule et même période : celle de présidence de Jimmy Carter (janvier 1977-janvier 1981). Sur instruction de son successeur Ronald Reagan, dans des conditions très précises et sur ordres explicites prévus par les textes, eurent lieu des opérations visant à faire disparaître des dirigeants étrangers ou des chefs terroristes, mais sans succès. Un exemple, fréquemment cité, a été ébruité par les « révélations » que le journaliste Bob Woodward affirme avoir reçues du directeur de la CIA

1. Mark M. Vlasic, « Cloak and Dagger Diplomacy : The United States and Assassination », *Georgetown Journal of International Affairs*, vol. 2/1, 2000.

William Casey sur son lit de mort, en janvier 1987. Ce dernier lui aurait affirmé que la CIA avait fait appel à l'Arabie saoudite pour tenter de tuer le cheikh Mohammed Hussein Fadlallah, dirigeant du hezbollah libanais, considéré comme l'inspirateur des trois attentats perpétrés contre les Américains à Beyrouth. L'attentat rata en ce sens que Fadlallah ne fut pas touché, mais la voiture piégée tua quatre-vingts personnes, le 8 mars 1985. Fin connaisseur du Liban où il séjourna durant toutes ces années de braise, Robert Baer, pour sa part, tient cette assertion de l'implication de la CIA pour « absurde[1] ». En revanche, il ne fait aucun doute que lors de l'opération *EL DORADO CANYON*, déclenchée en avril 1986 contre Tripoli, la capitale libyenne, la mort de Muammar Al Khadafi était bien le but recherché. Il en alla de même en 1991 durant la Guerre du Golfe, contre Saddam Hussein, et sans doute en d'autres occasions, dont celle qui suivit une tentative d'assassinat irakienne avérée contre l'ancien président George H. Bush[2]. Et de nombreuses tentatives, enfin, visèrent Oussama Ben Laden.

Al-Qaida, ennemie de l'Amérique

C'est dès 1996 que les États-Unis s'engagèrent dans une véritable traque du fondateur d'Al-Qaida. Au printemps, le

1. *La Chute de la CIA*, *op. cit.*, p. 111.

2. Une voiture piégée devait exploser au passage de l'ancien Président lors de sa visite au Koweït du 14 au 16 avril 1993. Vingt-trois missiles Tomahawk furent lancés le 26 juin suivant contre le siège des services secrets irakiens à Bagdad.

gouvernement soudanais, qui avait déjà « offert » le terroriste Carlos aux Américains et aux Français à l'été 1994, proposa à la CIA de lui remettre l'autre gros gibier qu'elle cherchait à capturer : Ben Laden. Il était alors soupçonné non seulement d'avoir tenté de faire sauter, le 29 décembre 1992[1], un hôtel occupé par des soldats américains à Aden (Yémen), mais aussi d'avoir été à l'origine de la résistance contre les troupes américaines à Mogadiscio en 1993, et encore d'avoir organisé un attentat à la voiture piégée qui avait tué sept personnes, dont cinq Américains, à Riyadh, le 13 novembre 1995. Suite à cette opération, les autorités saoudiennes annoncèrent en avril 1996 l'arrestation de quatre de leurs ressortissants, tous anciens combattants en Afghanistan contre l'occupation soviétique, qui affirmèrent avoir été en liaison avec Oussama Ben Laden. Tous quatre furent décapités sur la place publique, le 31 mai 1996, sans autre forme de procès – trop rapidement pour que des enquêteurs américains pussent les interroger.

À cette date, les tractations entre Soudanais et Américains étaient déjà interrompues depuis le début de mars, Washington n'ayant pas trouvé le moyen légal d'accepter une offre d'extradition vers les États-Unis en l'absence d'une inculpation et d'un mandat d'arrêt en bonne et due forme que la Justice n'était pas à même de fournir. Une solution provisoire, préconisée par Paul Quaglia, alors chef de l'antenne de la CIA à Khartoum[2], aurait pu consister en

1. Lorsque la bombe explosa, les militaires américains étaient déjà partis. Elle tua deux touristes autrichiens.

2. Barton Gellman : « Sudan's Offer to Arrest Militant Fell Through After Saudis Said No », *The Washington Post*, 3 octobre 2001.

une arrestation par les Soudanais, suivie d'une remise aux autorités saoudiennes. Mais l'affaire ne parut pas plus viable et Ben Laden se vit expulser vers l'Afghanistan, le 18 mai 1996, soit trois mois avant la prise de pouvoir par les talibans. La CIA avait caressé l'idée de faire abattre l'avion privé le transportant avec plusieurs de ses lieutenants et membres de sa famille, mais s'abstint de proposer, au départ, cette « solution » au président Clinton[1]. Finalement, l'éventualité fut envisagée, mais trop tard[2]...

Le 25 juin de cette même année, toujours en Arabie saoudite, un camion piégé fit exploser un immeuble abritant des personnels de l'US Air Force, les Khobar Towers, non loin de Dharan, provoquant une hécatombe : 19 morts, tous américains, et près de 400 blessés... Énorme affaire qui amena le FBI – chargé des enquêtes sur les décès d'Américains à l'étranger – à envoyer sur place cent vingt-cinq enquêteurs, plus son directeur, Louis Freeh, et l'adjoint de celui-ci, Robert B. Bryant. Mais le FBI fut accueilli par les Saoudiens comme un éléphant dans un magasin de porcelaine, et la collaboration sur place se révéla exécrable. Cinq ans après les faits, donc trois mois avant les attentats de septembre, un grand jury d'Alexandria (Virginie) inculpa quatorze militants du hezbollah chiite pro-iranien – dont treize Saoudiens et un Libanais, mais pas Ben Laden –, pour avoir « conspiré dans l'intention de tuer des citoyens américains », ainsi que l'énonce l'acte d'accusation[3]. Bien qu'il n'ait pas été démon-

1. « Sudan's Offer... », art. cit.
2. Barton Gellman : « Broad Effort Launched After'98 Attacks », *The Washington Post*, 19 décembre 2001.
3. Site Internet : http://www.fbi.gov/pressrel/pressrel01/khobar.pdf.

tré que le chef d'Al-Qaida ait été directement impliqué dans cette opération, il a clairement indiqué qu'il soutenait ses auteurs en déclarant : « J'ai un grand respect pour eux. C'est un grand honneur que d'y avoir participé, ce que j'ai manqué[1] ». Mais il va se rattraper ! L'attentat des Khobar Towers marque en effet le véritable début de la guerre entre Ben Laden et les États-Unis ; deux mois après cette attaque, il publie le 23 août sa *fatwa* (décret religieux) proclamant « le *jihad* (guerre sainte) contre les Américains occupant le pays qui abrite les Lieux saints ». C'est alors qu'une équipe spéciale de la CIA, la « Ben Laden Station », est mise sur pied au sein du Counterterrorism Center, indiquant ainsi que la menace est prise au sérieux. Plusieurs dizaines d'agents y sont affectés, qu'ils soient analystes de la Direction du renseignement (Directorate of Intelligence), officiers traitants de la Direction des opérations (Directorate of Operations) ou scientifiques de la Direction scientifique (Directorate of Science and Technology). Ils sont renforcés par des éléments venus de tous les services de la communauté américaine du renseignement, qui les rejoignent avec les éléments dont ils disposent sur Al-Qaida et son chef, et entament dès cette époque de nouveaux contacts intensifs avec les services européens considérés comme possédant une véritable expertise en matière de terrorisme islamique : la DGSE et la DST françaises, le MI6 britannique, le BND (BundesNachrichtenDienst) et le BfV (Bundesamt für Verfassungsschutz) allemands, la DIGOS (Divisione Investigazioni Generali e Operazioni Speciali) italienne. Dès cette époque, sans même attendre les attentats les plus meurtriers qui surviendront après la mise en

1. *Holy War, Inc.*, *op. cit.*, p. 88.

place de cette structure, l'enquête criminelle lancée contre Oussama Ben Laden et son réseau est l'une des plus importantes de l'histoire américaine.

Dans cette guerre qui va marquer la fin du XXe siècle et le début du XXIe, Oussama Ben Laden va désormais prendre régulièrement l'initiative contre les États-Unis sans que la première puissance militaire du monde soit en mesure ni de connaître à l'avance ses intentions précises ni de lui rendre la monnaie de sa pièce de manière significative. Ce choc disproportionné entre une superpuissance militaire et un groupe multinational intégriste, suicidaire et sectaire, illustre parfaitement ces affrontements « asymétriques » théorisés dès le début des années 90 et dont la pertinence stratégique est devenue évidente après le 11 septembre[1].

En février 1998, dans une nouvelle *fatwa* prononcée au nom du « Front islamique international pour la guerre sainte contre les juifs et les croisés », Oussama Ben Laden affirme que « tuer des Américains et leurs alliés – civils et militaires – est un devoir personnel pour chaque musulman, qui doit le faire dans chaque pays où il le peut ». Le chef d'Al-Qaida officialise ainsi sa guerre privée contre l'Amérique et va lancer six mois plus tard une double opération, extrêmement spectaculaire, contre les ambassades américaines en Tanzanie et au Kenya, de nouveau à l'aide de véhicules bourrés d'explosifs. Ces attentats, qui se déroulent le 7 août, provoquent la mort de deux cent

1. Pour une première approche de ce très vaste sujet, *cf.* Alain Joxe : « Guerre sans fin, guerre sans paix », *Le Débat stratégique*, novembre 2001. François Géré : « La guerre asymétrique », *Libération*, 29 septembre 2001. Colin S. Gray : « Thinking Asymmetrically in Times of Terror », *Parameters*, vol. 32, n° 1, 2002.

cinquante-deux personnes, dont douze Américains, et en blessent plus de cinq mille autres.

Cette fois, Washington va tenter de riposter sérieusement. Tout d'abord – mais on ne l'apprendra que plus de trois ans après –, la CIA va obtenir, dès août 1998, le « feu vert » secret de Bill Clinton pour mettre Ben Laden hors d'état de nuire. Rien d'exceptionnel dans ce geste : le Président agit conformément aux textes, signe un *finding* officialisant son ordre, comme le lui enjoint l'amendement Hughes-Ryan de 1974, et avertit les responsables du Congrès. Par la suite, trois documents complémentaires, connus sous le nom générique de *Memorandum of Notification*, furent signés par Bill Clinton. Tout est certes secret, mais on ne peut plus clair... La presse, qui n'a pas connaissance de cette instruction, sent malgré tout que le fond de l'air a fraîchi, que la Maison-Blanche a changé son fusil d'épaule. Rien donc d'étonnant à ce que les premières discussions publiques sur la manière de lutter le plus efficacement possible contre le terrorisme et ses acteurs, à savoir les premières évocations d'une éventuelle exécution de Ben Laden, interviennent dès les jours qui suivent les attentats contre les ambassades américaines en Afrique. Le *Washington Post* fait alors état de l'existence d'une école de pensée, au sein de la CIA, qui prône ouvertement d'appliquer la formule du légat pontifical Arnaud Amaury avant le massacre des cathares en 1209 : « Tuez-les tous, Dieu reconnaîtra les siens[1] ! »

1. « Kill them all, let God sort'em out », in Tim Weiner : « Rethinking the Ban on Political Assassination », *The New York Times*, 30 août 1998.

Les représailles de Khartoum

Telle est à peu de chose près la position qui sera retenue par la Maison-Blanche lorsqu'il s'agira d'engager des représailles. En matière de terrorisme, les principes classiques de la guerre ne sont pas en vigueur et la démocratie américaine organise en général sa riposte sur le plan juridique en tentant d'appréhender les auteurs de faits pour les traduire devant des tribunaux américains. Une procédure qui n'a guère d'effet et n'a jamais empêché quelque terroriste que ce soit de manier les explosifs. Cette fois, pourtant, après les attentats d'août 1998, le président Bill Clinton va changer d'attitude et choisir une option nettement plus violente et assez inattendue : en tapant dans le tas. Il décide de frapper deux cibles choisies par la CIA : les camps d'entraînement en Afghanistan – nous y reviendrons – et une usine de production chimique au Soudan, non loin de Khartoum. Cet établissement, l'usine al-Shifa, est supposée fabriquer ou avoir fabriqué des armes chimiques pour le compte d'Oussama Ben Laden. Telles sont au moins les explications que fournira la Maison-Blanche, après l'opération, pour tenter de justifier cette attaque. Problème : il est très rapidement apparu que les éléments rassemblés par la CIA à propos de cette usine, sur lesquels le président Clinton s'est basé pour ordonner les frappes, étaient pour le moins sujets à caution. Reposant sur les déclarations d'une source clandestine forgeant ses « informations » de toutes pièces, la quasi-totalité des rapports sur la situation au Soudan avait été mise à la corbeille par la CIA, en janvier 1996, alors que tous les Américains en poste dans ce pays, diplomates et espions compris, en avaient été retirés sur la foi des révélations produites par cette source[1] ! Mais l'Agence affirmait avoir obtenu un prélèvement du sol effectué près de cette usine et contenant des traces d'Empta, un produit « utilisé pour fabriquer un gaz toxique », le VX, ce que le conseiller pour la Sécurité nationale, Sandy Berger, confirmera dans les heures suivant l'attaque. En réalité, apprendra-t-on plus tard, ce produit sert aussi à la fabrication de fongicides : mortels, certes, mais seulement pour les champignons… L'usine est en fait l'une des seules à fabriquer des médicaments en Afrique noire ; elle est si connue qu'on y conduit en visite les enfants des écoles locales et qu'elle fait partie du circuit obligé des hommes d'affaires en voyage au Soudan.

Dès l'annonce des frappes l'ayant visée – à l'aide de treize missiles de croisière Tomahawk à près d'un million de dollars pièce –, il apparaît assez douteux qu'elle ait pu faire partie d'un dispositif au service de Ben Laden. L'opération est si « sensible », elle fait partie d'un plan de la CIA si tortueux que ceux qui devront la conduire – les militaires – ne seront avertis des frappes que la veille en la personne du président du comité des chefs d'état-major, le général Henry Shelton. Celui-ci pense pour sa part que cette frappe est injustifiée, et un militaire se chargera d'expliquer son point de vue à Seymour Hersh : « Quand vous choisissez d'utiliser la force dans le tiers-monde, le jugement porté sur votre action n'est pas produit par un système légal, mais par un ennemi sophistiqué qui, de toute façon, ne vous croit pas. Quand le fort attaque le faible, c'est le faible qui gagne. […]

1. Tim Weiner et James Risen : « Decision to Strike Factory in Sudan Based Partly on Surmise », *The New York Times*, 21 septembre 1998.

Traiter avec les terroristes implique de connaître le séquençage de leurs décisions : pour les influencer, il faut savoir comment ils les prennent[1]. » Sous-entendu : l'attaque contre al-Shifa, nulle et non avenue, n'était pas la réponse pertinente au problème... Le FBI, qui a à l'époque dépêché en Afrique orientale, pour enquêter sur les attentats, quatre cents agents qu'il faudra tous mettre à l'abri en catastrophe, ne sera pas davantage consulté que les militaires.

Après avoir quitté le Soudan et en avoir évacué tous leurs agents, ni les diplomates ni les « services » ne savent plus rien de ce pays. Quelques vagues soupçons, quelques « informations » imprécises ont été jugés suffisants pour détruire une modeste installation industrielle, sans doute, mais dont le propriétaire dément vigoureusement toute implication avec Oussama Ben Laden, en général, et toute fabrication d'armes chimiques pour son compte, en particulier. Pour un terroriste digne de recevoir des missiles sur la tête, il va se défendre avec ardeur ! L'homme, Salah Idris, a quelques moyens et choisit de recourir à Washington aux services d'un cabinet d'avocats réputé, Akin, Gump, Strauss, Hauer & Feld. Trois cents avocats aux dents d'acier dont l'un des patrons, Robert S. Strauss, qui fut ambassadeur en Russie, demeure président du Comité démocrate national. L'un des associés n'est autre que Vernon E. Jordan qui dirigea l'équipe présidentielle de transition de Bill Clinton. Rien que du beau monde, de surcroît du même bord politique que le Président qui a fait lancer les missiles ! Ces redoutables avocats vont aider

1. Seymour Herch : « The Missiles of August », *The New Yorker*, 12 octobre 1998.

Salah Idris à engager une double action. Tout d'abord, il s'assure les services de Thomas D. Tullius, recteur de la faculté de chimie de l'université de Boston, dont l'équipe va prélever des échantillons sur le site de l'usine détruite et n'y découvrir aucune trace du moindre produit toxique. Par ailleurs, les défenseurs de Salah Idris recrutent le cabinet d'investigations privées dirigé par Jules Kroll, Kroll Associates, qui ne compte pratiquement dans ses rangs que des anciens de la CIA, du FBI, du MI6, et d'ex-magistrats. L'enquêteur de ce bureau, qui va inventorier l'ensemble des dossiers de Salah Idris, n'y découvrira pas la moindre trace de lien avec Oussama Ben Laden. En mai 1999, le gouvernement américain met les pouces : il accepte de lever le gel des avoirs bancaires du propriétaire de l'usine al-Shifa, admettant du même coup que toute cette histoire ne tenait pas debout... En fait, l'administration Clinton affirme qu'elle possède les preuves de la fabrication d'armes chimiques dans cette usine, mais qu'elle ne peut les présenter à la Justice, sauf à mettre en péril ses informateurs et leurs méthodes. Quant à Idris, il attend toujours un dédommagement !

Après le 11 septembre, des membres du Conseil national de sécurité qui avaient participé à la décision de bombarder ces installations ont allégué que l'hostilité de la presse américaine envers cette opération était en partie responsable... des attaques du 11 septembre ! « La présentation de cette action comme une bourde a eu de sérieuses conséquences, y compris l'incapacité du public à comprendre la nature de la menace représentée par Al-Qaida. Ce qui veut dire qu'il n'y a eu aucune espèce de soutien à des mesures décisives en Afghanistan, y compris l'utilisation éventuelle de troupes américaines au sol pour chasser les terroristes. Et, de fait, aucun leader d'aucun parti n'a suggéré publiquement une telle action[1]. » Ce qui revient à pousser le bouchon un peu loin, car les critiques de la presse, en l'espèce, n'ont jamais empêché la CIA, dès cette époque, de chercher à loger une balle entre les deux yeux de Ben Laden. Mais rien de moins simple…

« Tuez Ben Laden ! »

Les missiles contre l'usine de Khartoum n'étaient en effet que l'un des volets des représailles décidées après les attentats africains. L'autre action, pratiquement simultanée, était ouvertement destinée, pour la première fois, à tuer Oussama Ben Laden en expédiant également contre lui des missiles de croisière, ce même 20 août 1998. Plusieurs options avaient été envisagées par le National Security Council, consistant, pour la première, à lancer un raid héliporté par des forces spéciales, lequel se révéla impossible à réaliser pour plusieurs raisons. L'une relève de la difficulté technique : dans tous les cas de figure les hélicoptères auraient eu à effectuer une mission de près de 1 500 kilomètres requérant une lourde logistique et des ravitaillements en vol. Échaudée par le raid raté en vue de libérer les otages américains retenus à l'ambassade de Téhéran en 1980[2], la Maison-Blanche eut tôt fait d'écarter

1. Daniel Benjamin et Steven Simon : « A failure of Intelligence ? », *The New York Review of Books*, 20 décembre 2001.

2. En avril 1980, l'opération EAGLE CLAW, impliquant 44 avions et hélicoptères et plusieurs centaines d'hommes, avait été complètement ratée, provoquant la mort de 8 soldats américains. Le président Jimmy Carter, qui l'avait ordonnée, ne s'en releva jamais.

cette éventualité. Autre idée : lancer des raids aériens massifs autour de Kandahar. Là encore cette solution se révéla impraticable : non seulement l'autorisation de survol qu'il fallait demander à plusieurs pays, dont le Pakistan, était pour le moins hypothétique, mais le risque de pertes civiles était extrêmement élevé[1]. Ce scénario ne se produira finalement qu'en 2001, après les attentats de septembre ; mais, dans ce cas, les circonstances avaient complètement changé : les États-Unis pouvaient accepter les risques et le prix de telles opérations.

À défaut d'une autre solution, la Maison-Blanche et le président Clinton – précisément englué au cours de cette période dans l'enquête sur l'affaire Lewinsky – optèrent donc pour l'option des frappes à distance avec des missiles de croisière. Soixante-six furent tirés dans le cadre de l'opération *INFINITE REACH*, le 20 août 1998 ; des tirs qui se révélèrent inefficaces, le fondateur d'Al-Qaida ayant apparemment quitté le camp d'entraînement de son organisation une heure ou deux avant que les engins n'y tombent. Le chef terroriste fut convaincu, à cette occasion, que ses cachettes et ses points de chute étaient localisés avec précision par les Américains, en particulier grâce aux procédés de localisation des téléphones satellitaires qu'il utilisait ; de fait, ceux-ci, utiles pour communiquer, ne permettent pas seulement aux « grandes oreilles » d'intercepter conversations ou transmissions de données ; ils leur donnent également le moyen de localiser ces émissions, donc le lieu exact d'où

1. Bob Woodward et Thomas E. Ricks : « US Was Foiled Multiple Times in Efforts to Capture Bin Laden or Have Him Killed », *The Washington Post*, 3 octobre 2001.

émet le téléphone et parle celui qui l'utilise. Assez logiquement, il semble qu'Oussama Ben Laden n'utilisa plus ce moyen de communication après septembre 1998 et que les services de renseignement américains ne furent plus en état de le localiser à compter de cette période. Qu'à cela ne tienne : la CIA n'allait pas pour autant lâcher sa piste… bien que la suite n'ait été qu'une succession de tentatives avortées et de volatilisations répétées.

Reprenant le chemin des maquis du nord de l'Afghanistan que les Français ne fréquentaient plus depuis déjà quelques années, si ce n'est de manière indirecte, l'agence de Langley se souvint soudain qu'elle pourrait éventuellement trouver des « ouvertures » auprès d'un homme qu'elle n'avait jamais porté dans son cœur ; elle envoya à son tour des agents auprès du commandant Massoud, chef de l'Alliance du Nord, en lui promettant des monceaux de dollars s'il parvenait à les mettre sur la piste de leur ennemi. Mais l'Alliance du Nord, isolée dans ses zones d'influence, n'avait ni les informations ni les capacités qui lui eussent permis de prendre quelque initiative que ce soit[1]. Qu'à cela ne tienne ! Une autre option, sur le papier plus sérieuse, consista à se tourner une fois de plus vers des alliés de circonstance, ennemis jurés d'Ahmed Shah Massoud et protecteurs des talibans afghans qu'ils avaient installés au pouvoir : les services secrets pakistanais, alors commandés par le général Khawaja Ziauddin. Le Premier ministre pakistanais, Nawaz Sharif, ne vit aucune objection à ce que l'ISI se charge de la besogne en échange de la levée des sanctions économiques américaines frappant

1. James Risen : « US Pursued Secret Efforts to Catch or Kill Bin Laden », *The New York Times*, 30 septembre 2001.

son pays pour cause d'indiscipline nucléaire : l'année précédente, il avait fait exploser simultanément six bombes atomiques pour riposter à des essais nucléaires indiens que la CIA n'avait pas vu venir... Toujours est-il qu'en 1999, Nawaz Sharif accepte que soixante commandos de l'ISI pénètrent en Afghanistan pour aller débusquer Ben Laden dans son gîte. Vrai, faux ? Difficile à savoir, mais Bob Woodward, le journaliste vedette du *Washington Post*, qui sort l'affaire[1], révèle à cette occasion que tout était prêt, en octobre 1999, lorsque, le 12 de ce mois, Nawaz Sharif, aux si bonnes dispositions, fut renversé par un putsch fomenté par le général Pervez Musharaf, chef d'état-major des armées limogé quelques heures plus tôt pour être remplacé par – quelle coïncidence ! – le chef de l'ISI, Khawaja Ziauddin. C'est ainsi que les commandos des services secrets pakistanais ne se lancèrent pas à l'assaut de Ben Laden pour le compte des Américains. Mais la CIA n'eut pas plus de chances avec des Ouzbeks recrutés aux mêmes fins[2]...

C'est également à cette époque, selon le *Washington Post*, que la Special Activities Division de la CIA entra en Afghanistan pour y reconnaître un terrain d'aviation clandestin afin d'en faire partir Ben Laden s'il venait à être intercepté. C'est encore à la fin 1999 que la plus secrète des unités secrètes américaines installa des systèmes d'écoutes sur le sol afghan pour être en mesure d'intercepter les petites radios tactiques à courte portée dont les membres d'Al-Qaida étaient équipés[3]. Cette unité, si clandestine que son existence n'a jamais

1. « US Was Foiled Multiple Times... », art. cit.
2. « Broad Efforts Launched... », art. cit.
3. *Ibid.*

été officiellement confirmée, s'appelle le SCS (Special Collection Service) et associe la CIA et la NSA. Son existence a été révélée à l'occasion d'un des plus fameux « coups tordus » de l'espionnage américain : l'installation d'un dispositif d'interception et de réexpédition de signaux électroniques irakiens au sein des infrastructures mises en place pour accompagner les missions d'inspection de l'UNSCOM[1] en Irak à partir de 1998. Cette violation éhontée des règles les plus élémentaires de non-ingérence dans les missions de l'ONU fut si intense que les Américains exigèrent que les officiers étrangers chargés des transmissions fussent titulaires d'habilitations de la NSA ! En découla un scandale majeur qui ne grandit pas les services américains aux yeux de leurs alliés et pénalisa gravement la mission de l'ONU dans ce pays, Bagdad se saisissant notamment de cette affaire pour refuser de nouvelles inspections[2]. Quoi qu'il en soit, les installations du SCS en Afghanistan ne suffirent à aucun moment à déterminer, avec l'indispensable avance de cinq à six heures nécessaires pour programmer et lancer des missiles de croisière, où se trouvait Oussama Ben Laden. En tout cas, jamais il ne fut à portée d'une frappe américaine. La seule fois où la CIA pensa tenir sérieusement son homme, repéré par satellite parmi un convoi de véhicules tout-terrain à l'intérieur de l'Afghanistan, il fallut interrompre au dernier moment la frappe projetée en urgence : les

1. United Nations Special Commission.

2. Sur la polémique qui éclata à l'ONU, lire Afsané Bassir Pour : « L'UNSCOM a été le jouet des services d'espionnage américains », *Le Monde*, 11 janvier 1999. Sur la mise en place et l'organisation de ce système, lire Jason Vest et Wayne Madsen : « A Most Unusual Collection Agency », *The Village Voice*, 2 mars 1999.

missiles allaient s'abattre sur une innocente partie de chasse au faucon organisée pour un émir du Golfe[1]...

Après les attentats, la CIA fit savoir qu'elle avait en pratique toujours été présente à l'intérieur de l'Afghanistan, à tel point que « des équipes paramilitaires secrètes sont entrées et sorties du pays sans être détectées durant des années[2] ». Vrai ou faux ? Douteux, selon un cadre des services secrets français, l'un de ceux vers lesquels des officiers de l'antenne de la CIA à Paris se tournèrent dès l'après-midi du 11 septembre.

Toujours est-il que les frappes du 20 août 1998 ont introduit un nouvel axe stratégique en matière de lutte antiterroriste : la frappe préventive. Une analyse du Congress Research Service (CRS) relève, peu après ces initiatives militaires de l'été 1998 – le bombardement de l'usine al-Shifa, le raid sur les camps afghans – qu'elles ont introduit trois pratiques inédites. La première est l'assaut lancé contre une organisation terroriste. La seconde : la frappe au Soudan, État qui ne saurait être blâmé pour avoir directement trempé dans les attentats. Troisième nouveauté : la diversité des cibles, nombreuses et situées dans deux pays différents. Le CRS remarque ensuite que les États-Unis ne s'en sont pas pris à un individu, mais à une organisation frappée sous différents angles, avant de remarquer que la décision n'avait impliqué aucun pays allié[3].

---

1. « Broad Efforts Launched... », art. cit.
2. Dan Balz et Bob Woodward: « We Will Rally the World », *The Washington Post*, 22 janvier 2002.
3. Raphael Perl, *Terrorism. US Response to Bombings in Kenya and Tanzania : A New Policy Direction ?*, CRS, Washington, septembre 1998.

5

Monstrueuse NSA

Quand les chefs des services secrets américains, français, israéliens, disent tous, pratiquement dans les mêmes termes, qu'ils pressentaient, avant le 11 septembre 2001, que quelque chose de sérieux se préparait, ils avaient une bonne raison, et pour ainsi dire une seule, de penser de la sorte : le silence qui était progressivement tombé depuis le printemps autour des gens, des groupes, des zones faisant l'objet de leur surveillance attentive. Non seulement les téléphones satellitaires du réseau Al-Qaida s'étaient faits plus discrets, mais les systèmes d'écoute qui fouillent en permanence l'éther avaient brutalement discerné le mutisme de sources naguère ô combien plus loquaces. La NSA (National Security Agency) interceptait les communications émises depuis les camps d'entraînement, mais également depuis les postes publiques des villes voisines, d'où les membres du réseau appelaient leurs proches. Pour écouter Oussama Ben Laden en personne, la NSA n'eut guère de peine dans les années 90 : il avait acquis un téléphone satellitaire américain fonctionnant avec le système Inmarsat et dont le numéro fut communiqué lors de la procédure visant les membres du réseau Al-Qaida ayant participé aux attentats en Afrique en août 1998 : 00873 682505331. Quand la NSA voulait faire une fleur à ses visiteurs, durant cette période, elle leur passait volontiers l'enregistrement de conversations entre le Saoudien et sa maman[1].

Renseignement technique, fallacieuse panacée

L'espionnage technologique, avec ces « grandes oreilles » qui sondent l'espace électronique communiquant, n'est souvent que la capacité de recueillir, parmi le bruit de fond électromagnétique de la planète, ce petit « pic », cette légère anomalie, cette infime nouveauté qui va signaler une évolution. Mais quand ce bruit de fond se réduit, quand ces téléphones, ces fax, ces talkies-walkies, ces sites web, ces échanges d'e-mails se taisent peu à peu, quand des liaisons électroniques ne s'établissent plus, on peut en déduire, jusqu'à preuve du contraire, que « quelque chose » se prépare. Dans cet exercice de surveillance constante de l'infosphère – ou cyberespace –, les Américains sont passés maîtres après avoir mis en place avec la NSA le plus formidable appareil de surveillance qui se puisse concevoir. Celui-ci a sans nul doute contribué à ce que les analystes américains ressentent l'existence d'une menace, mais ses performances ont également donné à croire que l'État pouvait, à peu de chose près, ne plus se reposer que sur lui pour s'informer des intentions de ses adversaires.

S'il ne fait pas de doute que l'une des raisons expliquant l'échec retentissant du 11 septembre réside dans le trop grand

1. *Body of Secrets*, *op. cit.*, p. 410.

recours au renseignement technique, on se figure mal à quel point en est aujourd'hui rendu cet appareillage démesuré, dévorant une grosse majorité des moyens humains et matériels accordés à l'espionnage américain. Emblématique, véritable vaisseau-amiral des agences techniques, la NSA est plus qu'un État dans l'État ; devenue par maints aspects un rouage essentiel à son fonctionnement, elle finit par se confondre avec l'État lui-même. Loin d'avoir été laissée de côté après le 11 septembre, elle a au contraire repris de la vigueur et reçu de nouveaux moyens. Dans la guerre contre Al-Qaida et les talibans cachés sur le sol afghan, elle a joué un rôle important. Dans la traque des cellules terroristes disséminées dans le monde entier, son rôle est même essentiel. Une visite s'impose donc.

Fort Meade, Maryland. Au détour d'une petite route courant à travers bois, une série d'immeubles de verre abrite le siège de la plus secrète agence de renseignements du monde, la National Security Agency. Il est hors de question d'y pénétrer sans les viatiques indispensables, et ceux, journalistes, qui franchissent ses grilles, après force négociations, ne se verront de toute façon servir que la langue de bois la plus épaisse. Seule ouverture : un petit bâtiment tout proche du siège de l'agence, où se retrouvent quelques machines historiques et ces images pieuses qui décorent tous les lieux de culte. Le National Cryptographic Museum, dédié à la guerre électronique secrète, est à l'histoire du renseignement ce qu'Astérix est à la guerre des Gaules : une aimable fantaisie. Pourtant, les espions américains ne sont pas à la fête. Ceux de la NSA se sont vu en quelque sorte reprocher, après le 11 septembre, d'avoir annihilé l'esprit offensif de la communauté du renseignement en la laissant se reposer sur la seule collecte technique de l'information secrète, sa spécialité. La NSA, ce sont les « grandes oreilles » de l'Amérique, un vestige sans cesse modernisé de la Deuxième Guerre mondiale.

À l'issue de la lutte contre le nazisme, les Alliés avaient aussitôt entrepris de tourner leurs « oreilles » vers leur nouvel ennemi potentiel, l'URSS, ainsi que vers l'ensemble du monde communiste. Mais, alors qu'on allait entrer dans la Guerre froide, il n'était question que de surveillance des éventuels préparatifs militaires contre l'Europe de l'Ouest. Pour ce faire, la collaboration la plus étroite allait progressivement se mettre en place entre cinq pays anglophones dont les liens s'étaient renforcés durant la guerre : à savoir, d'une part, les États-Unis et, d'autre part, la Grande-Bretagne, chef de file de trois de ses anciennes possessions du Commonwealth : le Canada, l'Australie, la Nouvelle-Zélande. Par la suite, certains pays membres de l'OTAN et d'autres nations comme le Japon et la Corée du Sud furent partiellement admis dans ce système, mais à un niveau très subalterne. En fait, l'accord UKUSA concerne des partenaires de statuts différents ; à ceux déjà cités s'ajoutent des *parties tierces* : l'Autriche, la Thaïlande, la Norvège, le Danemark, l'Allemagne, l'Italie, la Grèce et la Turquie, auxquelles se sont désormais sans doute associés certains pays d'Europe de l'Est. Le rôle de ces partenaires de second rang se borne à accueillir des stations d'interception. Les termes de l'accord, connu sous ce seul sigle d'UKUSA pour identifier ses deux principaux partenaires, demeurent secrets à ce jour. Ses règles de fonctionnement ont été définies d'entrée de jeu par un document technique, l'IRSIG *(International Regulations on SIGINT)*.

L'accord UKUSA de 1947, négocié dès la cessation des hostilités, en mai 1945, avait en fait été initié à partir de juin 1940 et de l'invasion de la France par les troupes hitlériennes. Le Premier ministre britannique Winston Churchill avait alors présenté secrètement des propositions au président américain Franklin D. Roosevelt par l'intermédiaire de communications exclusivement orales de l'ambassadeur britannique à Washington, Lord Lothian. Que proposait Londres ? D'échanger les travaux secrets menés en Grande-Bretagne sur les radars, les contre-mesures antiradar, les sonars sous-marins et les interceptions radioélectriques, contre d'autres informations techniques tout aussi « sensibles » recueillies par les forces armées américaines. Pourtant, lors de ces premiers contacts, les Britanniques ne firent pas état devant les Américains des travaux alors embryonnaires, mais prometteurs, lancés par l'équipe du mathématicien Alan Turing sur le « cassage » de la machine de chiffrement allemande Enigma[1] réalisé au GCCS (Government Code and Cypher School) de Bletchley Park[2].

La NSA est une vigoureuse quinquagénaire née en 1952 de la nécessité de porter remède à la dispersion des moyens techniques d'interception mis en œuvre durant la Seconde Guerre mondiale. En mai 1944, les deux armées existantes avaient été priées de regrouper leurs capacités au sein de

---

1. Les premiers travaux sur la machine allemande avaient été réalisés dès 1938 par des cryptanalystes polonais bénéficiant de renseignements transmis par des officiers de renseignement français disposant d'une source privilégiée dans l'entourage d'Adolf Hitler. *Cf.* Paul Paillole, *Notre espion chez Hitler*, Robert Laffont, Paris, 1985.

2. James Bamford, *The Puzzle Palace. Inside the National Security Agency, America's Most Secret Intelligence Organization*, 1982. Penguin Books 1988, p. 392.

l'ANCICC (Army-Navy Communications Intelligence Coordinating Committee), transformé l'année suivante en ANCIB (Army-Navy Communications Intelligence Board), puis, après agrégation des cryptanalystes du département d'État, en STANCIB (State-Army-Navy Communications Intelligence Board) ; et enfin, en 1946, en USCIB (United States Communications Intelligence Board). En mai 1949 naissait l'AFSA (Armed Forces Security Agency). C'est le 24 octobre 1952 que le président Harry S. Truman signa une directive secrète de huit pages supprimant l'AFSA et créant la NSA (National Security Agency). Elle ne changea dès lors de nom qu'en 1971 pour devenir NSA/CSS (NSA/Central Security Service). La seconde partie de son sigle (CSS) indique que la NSA a vocation à valider et à soutenir toutes les opérations d'interception électromagnétique et d'analyse de signaux conduites par les autres agences de la communauté du renseignement, de même que par les armées.

L'actuelle organisation peut être perçue comme un système exclusivement américain, et c'est de cette manière que la perçoivent nombre de ses opposants. Le réseau organisé par l'accord UKUSA est – techniquement et politiquement – dirigé par la communauté américaine du renseignement, mais cette réalité ne doit pas faire oublier l'axe transatlantique autour duquel il est bâti. Dès 1943, lorsque les Britanniques se résolurent enfin à révéler aux Américains le succès qu'ils avaient rencontré dans la plus extraordinaire opération d'interception de l'histoire, en « cassant » Enigma, les liens se firent beaucoup plus étroits avec l'appareil de renseignement technique d'outre-Atlantique. Le GCCS avait dès lors changé de nom pour devenir GCHQ (Government

Communications Headquarters), et c'est de cette époque que date l'imbrication totale des équipes américaines et britanniques. Dès le 17 mai 1943 fut signé l'accord BRUSA (British-US Communications Intelligence Agreement), socle du futur UKUSA ; l'intégration des Britanniques dans le système de renseignement américain, cruciale tout au long de la Guerre froide, le reste aujourd'hui.

Étrange est l'attitude qui consiste, pour les Britanniques, à devenir et demeurer membres de l'Union européenne tout en œuvrant secrètement avec les États-Unis en matière d'espionnage technique. C'est pourtant bien ce qui se passe selon tous les spécialistes européens de l'espionnage que nous avons pu interroger. Chef de file du réseau ÉCHELON, la NSA possède à la fois le personnel, les techniques, les procédures et les budgets qui lui permettent d'assumer ce rôle. Le nombre de ses employés est tenu secret mais était compris, à la fin de l'année 2001, entre 20 et 25 000, selon certaines sources, jusqu'à 40 000 selon d'autres ; le flou sur ces chiffres est savamment entretenu par la communauté américaine du renseignement en général, par le pouvoir exécutif et par la NSA elle-même. Les autres services intégrés au réseau ÉCHELON sont, outre le GCHQ (Government Communications Headquarters) britannique, le CSE (Communication Security Establishment) canadien, le GCSB (Government Communications Security Bureau) néo-zélandais, le DSD (Defense Signals Directorate) australien. C'est ce dernier service qui envoya en Irak, dans le cadre de l'UNSCOM, un spécialiste des interceptions bénéficiant de niveaux d'habilitation suffisants pour travailler clandestinement au profit de la NSA à l'insu de l'ONU et de ses inspecteurs.

Les principaux avantages permis par l'intégration dans le dispositif des services secrets de quatre États distincts sont d'ordre géographique. De fait, la NSA a divisé le monde en cinq parties dont chaque service a la charge, ce qui n'empêche pas les autres de chercher eux aussi à obtenir des informations sur ces zones :

NSA : Amérique centrale et du Sud ; Asie ; Russie asiatique ; Chine.

GCHQ : Europe continentale, dont la Russie à l'ouest de l'Oural ; Afrique.

CSE : Russie septentrionale.

GCSB : Pacifique occidental.

DSD : Asie du Sud-Est ; Chine méridionale.

Les cinq pays intégrés dans le pacte secret UKUSA disposent d'un système d'échange très élaboré qui permet en particulier à chacun des partenaires d'être en quelque sorte « abonné » aux informations recueillies par les autres. Mais, en vertu d'une règle intangible en matière d'échange de renseignement, chaque partenaire n'est alimenté par les autres qu'au prorata des informations qu'il leur apporte[1]. Il faut aussi souligner que seuls les « produits » récoltés par les stations d'interception terrestres sont échangés, ceux provenant des moyens d'interception spatiaux américains demeurent stricte propriété nationale, moyennant une dérogation en faveur des Britanniques.

1. Nicky Hager, *Secret Power ; New Zealand's Role in the International Spy Network*, Craig Potton, Nelson NZ, 1996, pp. 206-208.

Réseau d'interception global

Les moyens les plus visibles mis en place dans le cadre de l'accord UKUSA ne sont autres que les grandes antennes paraboliques implantées – éventuellement sous des radômes – sous toutes les latitudes. Ces installations seraient au nombre de 140, voire davantage, sur toute la surface de la planète. Elles visent tous les satellites de communication commerciaux émettant sur des fréquences non protégées, notamment ceux des consortiums internationaux Intelsat, Eutelsat, Arabsat, etc. Initialement, ces satellites étaient écoutés par deux stations principales, celles de Morwenstow en Angleterre et de Yakima aux États-Unis. Le rétrécissement progressif des cônes de diffusion des satellites Intelsat, à partir des modèles 701 et 703, mais aussi la multiplication de ces engins ont imposé que de nouvelles stations soient implantées, notamment en Australie (Geraldton) et en Nouvelle-Zélande (Wahopaï). La station de Morwenstow (Cornouailles, Grande-Bretagne) traite les satellites couvrant l'Atlantique Nord et l'océan Indien, transmettant vers l'Europe, l'Afrique et une partie du Moyen-Orient. Toujours en Grande-Bretagne, la station de Menwith Hill demeure la plus importante de la NSA en territoire étranger et accueille en permanence près de 1 500 agents américains. Ceux-ci opèrent à partir d'une trentaine d'antennes sous radômes destinées à recueillir les interceptions, à les traiter et à les interpréter sur place.

La station de Menwith Hill est également le principal RSOC *(Regional Sigint Operations Center)* dépendant de la NSA. Il opère administrativement sous l'autorité de l'US Army (Army 713th Military Intelligence Group) et intègre en outre une structure de renseignement de l'US Air Force, le 451st. Intelligence Squadron de l'Air Intelligence Agency. Cette militarisation permet au Pentagone de prétendre officiellement que Menwith Hill est une station de communication œuvrant pour le compte de l'OTAN, quand il est clair qu'il s'agit bien d'un centre de la NSA, celle-ci en ayant pris la direction dès 1966. En 1984, une extension a été réalisée pour abriter le système de traitement des interceptions connu sous le nom de STEEPLEBLUSH. Il abrite également le système PUSHER de radiogoniométrie HFDF (*High Frequency Direction Finder*) surveillant les bandes HF entre 3 et 30 MHz.

Sur le territoire même des États-Unis, la station de Yakima (Washington) abrite les satellites couvrant le Pacifique Nord et l'est de la Russie, tandis que celle de Sugar Grove (Virginie) s'intéresse aux satellites couvrant les trois Amériques. Cette station, gérée par l'US Navy, traite également les entrées et sorties des communications par câbles sous-marins, et se révèle particulièrement utile pour le contrôle de l'Internet. Dans l'hémisphère Sud, les stations de Geraldton (ouverte en 1993), Shoal Bay (ouverte en 1979) et Pine Gap (1980), toutes trois en Australie, de même que la station de Wahopaï (Nouvelle-Zélande), ouverte en 1989, surveillent l'Asie, le Pacifique Sud, la Polynésie. Il s'agit notamment d'épier à partir de ces dernières stations les communications gouvernementales françaises, nord et sud-coréennes, japonaises, indiennes et pakistanaises. Gageons que ces stations ont vu leurs activités croître après le 11 septembre.

Interceptions spatiales

Pour être très repérables en raison des grandes antennes d'interception et des radômes qui les abritent, les stations d'interception au sol ne sont pourtant que l'un des multiples moyens disponibles. Les Américains mettent également en œuvre des systèmes en orbite et se sont lancés dans la mise au point de ces engins dès les premières heures de la conquête spatiale, puisque le lancement du premier satellite d'interception, le minuscule GRAB *(Galactic Radiation And Background)* fut secrètement décidé par le président Dwight Eisenhower en mai 1960, soit cinq jours après la destruction en vol au-dessus de l'URSS de l'avion-espion U2 piloté par Gary Powers. Ce petit satellite financé par l'US Navy dans le cadre de son programme spatial Vanguard fut effectivement placé en orbite quelques semaines plus tard, le 22 mai 1960, pour recueillir des informations sur les systèmes radar environnant les missiles stratégiques soviétiques. Le premier vol dura cinquante minutes et généra un flot d'informations traitées ensuite par la NSA et le SAC (Strategic Air Command). Ce premier lancement fut suivi de quatre autres durant les années 60. L'existence de ce programme, qui n'avait pas été identifié par les observateurs utilisant des sources ouvertes, n'a été révélé qu'en juin 1998, soit trente-huit ans après la première mise en orbite…

Suite à cette première expérience, les Américains lancèrent de nombreux satellites SIGINT de types différents, aux capacités souvent très proches les unes des autres, et mis au point en fonction des besoins spécifiques de l'US Navy, de l'US Air Force et de la CIA (RHYOLITE, puis AQUACADE). Le premier satellite, spécialisé dans l'interception des communications (COMINT), de la série CANYON, fut lancé en 1968. Il fut suivi par CHALET, ultérieurement rebaptisé VORTEX[1], qui justifia une « mise à niveau » considérable de la station de Menwith Hill, chargée de la réception et du traitement des informations recueillies. Depuis plusieurs années, c'est la NSA qui est responsable du traitement du renseignement recueilli par ces moyens, et elle a désormais à sa disposition des satellites aux performances uniques au monde, notamment par leurs capacités d'évolution en orbite et leur faculté de faire varier leur altitude de plusieurs centaines de kilomètres pour se rapprocher de la terre et des zones précises intéressant le gouvernement américain. Les Soviétiques – et donc aujourd'hui les Russes – disposent également de capacités de ce type, gérées par le FAPSI, mais la philosophie en est très différente puisque ces engins ont une durée de vie très courte (parfois de quelques jours seulement) et ne sont apparemment mis en orbite que lorsque le besoin s'en fait sentir. Depuis le milieu des années 90, le système est d'ailleurs pratiquement tombé en déshérence.

Selon des informations de sources diverses, mais toutes recueillies par des réseaux d'amateurs passionnés qui surveillent les annonces de lancement de satellites et repèrent leurs fonctions à partir de leurs orbites publiées par les organismes spécialisés, les satellites d'interception américains en état de marche au 11 septembre 2001, et qui

1. Le changement de nom d'un programme d'espionnage spatial est systématique dès lors que la presse en a découvert l'existence. Cet élément rend souvent difficile l'identification des différents éléments du segment spatial.

n'ont été complétés par aucun lancement dans les mois qui ont suivi, étaient au nombre de cinq et appartenaient à l'une ou l'autre des familles suivantes :

• MERCURY (Advanced VORTEX) : successeur du VORTEX (aussi connu sous le nom de CHALET), mis au point dans les années 70, le satellite MERCURY est mal identifié. Il est fabriqué par Hugues et ses spécifications ont été définies par l'US Air Force pour le NRO Sigint Directorate qui l'exploite au profit de la NSA. La plus étonnante caractéristique du MERCURY, dont quatre exemplaires seraient actuellement en orbite, éventuellement dans des versions plus évoluées lancées à partir de 1994 et 1995, n'est autre que son antenne déployable en orbite, qui atteint un diamètre de cent mètres. Il s'agit en fait d'une « voile » tendue grâce à un fin treillage métallique. Ce satellite est spécialisé dans l'interception des communications (COMINT) militaires.

• MAGNUM (ORION) : il s'agit d'un satellite COMINT à large spectre, incluant la collecte des communications par radiotéléphone (y compris pagers et transmission de données). Opérant dans des bandes de fréquences supérieures à 100 MHz, celles des radiotéléphones analogiques, il est capable d'intercepter les communications de bornes GSM (900, 1800, 1900 MHz). Bien que les détails manquent sur ses capacités, certains spécialistes estiment que cet engin pourrait également effectuer des collectes dans la bande des 2 GHz, celle des liaisons terrestres hertziennes à haut débit (communications téléphoniques), également utilisée par les satellites de communication.

• TRUMPET : adapté aux interceptions de communications stratégiques russes et pour le contrôle des essais de missiles, ils opèrent sur des orbites très fortement elliptiques afin de disposer de bonnes capacités d'interception dans les régions polaires.

À l'avenir, l'ensemble des moyens aériens et spatiaux de collecte d'informations électroniques s'effectuera dans le cadre du programme IOSA *(Integrated Overhead SIGINT Architecture)* comprenant à la fois des drones stratégiques et des satellites. Une organisation spécifique a été mise sur pied, le NSSAO (National Security Space Architect Office), pour conduire ces programmes. À ce jour, les données disponibles sur cette nouvelle architecture d'interception globale sont très rares, mais le directeur du NRO a pu expliquer qu'il s'agissait de « réduire les coûts tout en consolidant les systèmes, en utilisant aussi souvent que possible des lanceurs spatiaux de milieu de gamme, enfin en ayant recours à un nouveau type de satellites[1] et à de nouvelles technologies informatiques[2]. »

Tout surveiller, tout collecter

Les interceptions assurées par la NSA ne concernent pas seulement les communications transitant par l'espace, même si ces dernières représentent désormais une part croissante des liaisons internationales. La NSA surveille également tous les ILC *(International Leased Carriers)*, grands réseaux de communication commerciaux par lesquels transitent les communications voix, fax et données de toutes les entreprises

1. Dont le nom pourrait être *Intruder*.
2. Keith R. Hall : « US National Security Space Programs and Issues », Senate Armed Services Committee, Strategic Forces Subcommittee, 11 mars 1998.

de communication internationales, utilisant notamment les câbles sous-marins. Il est acquis que toutes ces communications passant par les États-Unis et/ou la Grande-Bretagne, mais aussi sans nul doute par l'Australie, le Canada et la Nouvelle-Zélande, sont contrôlées par la NSA. Les conventions passées entre les opérateurs américains et la FCC (Federal Communication Commission) pour l'ouverture de stations terrestres de réception, sur les côtes atlantique et pacifique, stipulent en toutes lettres que les intérêts américains doivent être majoritaires dans le capital des entreprises concernées et que ce sont des citoyens américains qui doivent y exercer les responsabilités opérationnelles.

Durant toute la Guerre froide, mais encore aujourd'hui, l'appareil de renseignement américain a tiré un large profit de l'indiscrétion des liaisons terrestres par faisceaux hertziens qui parsèment les campagnes du monde entier depuis les années 50. Les stations d'émission et de réception sont installées sur de grandes tours, elles-mêmes placées sur des sites élevés, car les antennes paraboliques de dimensions relativement importantes – supérieures au mètre – doivent demeurer en liaison optique les unes par rapport aux autres afin de permettre un relais efficace malgré la courbure de la Terre. Du point de vue de la sécurité, le grand problème de ces liaisons vient de ce que les faisceaux ne sont pas suffisamment étroits et perdent une part de leurs émissions dans l'éther. Les premiers succès de la NSA en matière d'interception de ces liaisons sont apparus dans les années 70 quand les capacités des premiers systèmes spatiaux de collecte ont permis de capter ces parts d'émissions « perdues » par les stations hertziennes installées en territoire russe et dans les pays satellites.

Ses liens avec les diverses armées permettent à la NSA de mettre en service nombre de plates-formes d'interception souvent fortement spécialisées, la quasi-totalité des moyens militaires SIGINT pouvant être placée à sa disposition. L'une des plus extraordinaires missions d'espionnage technique de la NSA demeure sans doute celle qui fut confiée à plusieurs submersibles spécialisés, dont le *USS Halibut* et le *USS Parche*, qui procédèrent dès le début des années 70, dans les régions polaires, à l'installation de systèmes d'interception sous-marins sur les câbles transmettant des communications militaires entre les états-majors centraux de l'Union soviétique et leurs quartiers généraux extrême-orientaux. Ces « travaux », menés dans le cadre du programme IVY BELL à partir de petites capsules de sauvetage transformées, ont été révélés en 1991 par Bob Woodward[1] et détaillés ensuite dans un ouvrage spécialisé[2]. On pourrait penser que ce genre de techniques exotiques ne sont que de peu d'utilité dans la guerre contre le terrorisme, mais, en l'occurrence, on ferait une lourde erreur : le problème des « grandes oreilles », c'est qu'elles doivent être capables de ne négliger aucun moyen de communication, aussi sophistiqué soit-il.

S'ils peuvent, le cas échéant, être mis à la disposition des analystes de la NSA, les moyens d'interception spécifiquement militaires sont toutefois privilégiés dans la collecte d'informations très techniques, et ressortissent le plus souvent à la catégorie des moyens MASINT (*Measurement and Signature Intelligence*). Ceux-ci sont utilisés pour le

1. Bob Woodward, *Chefs de guerre*, éd. Calmann-Lévy, Paris, 1991.
2. Sherry Sontag et Christopher Drew, *Blind Man's Bluff : the Untold Story of American Submarine Espionage*, Public Affairs, New York, 1998.

repérage de stations d'émissions, pour l'analyse générale du spectre radioélectrique, pour la constitution de « bibliothèques » de signatures de radars de surveillance navale ou aérienne et de conduite de tir, ou de tous moyens électroniques utilisés par des forces armées. Identification, localisation ou fréquence : la description de ces divers éléments peut être d'une grande utilité pour la NSA ; elle permet de repérer des téléphones mobiles, des radars, des sources laser, infrarouge ou optiques actives. La NSA n'a véritablement abandonné son leadership en ce domaine qu'en 1993, pour le confier à un service spécialisé de la DIA, le Central MASINT Office (CMO) ; celui-ci met désormais à la disposition de la NSA, en vertu de son « droit de tirage », ses moyens de classification et d'archivage techniques. Au début de l'année 2001, l'incident aérien qui a opposé l'armée de l'air chinoise et un avion EP-3 *Aries* de l'US Navy, contraint de se poser sur le sol chinois, concernait ce type d'activités d'interception.

Un secret bien gardé, ÉCHELON

L'existence même du réseau ÉCHELON est l'un des secrets d'État les mieux protégés des États-Unis, qui n'ont jamais confirmé officiellement son rôle. Les premiers journalistes à avoir révélé son existence furent Keith C. Epstein et John S. Long, employés par un quotidien de Cleveland (Ohio), le *Plain Dealer* ; ils publièrent en juillet 1988 une information explosive selon laquelle les communications du sénateur républicain Strom Thurmond avaient été interceptées par la station de Menwith Hill. En fait, un ingénieur informaticien employé par la firme Lockheed, Margaret Newsham, qui avait travaillé à partir de 1974 sur la conception des logiciels d'analyse des produits d'interception de la NSA, Silkworth et Sire[1], avant d'être licenciée en 1984[2], avait décidé de parler des interceptions illégales – car visant un citoyen américain – dont elle avait été témoin lorsqu'elle était elle-même employée à Menwith Hill.

Depuis cette date, c'est-à-dire depuis près de vingt ans, Margaret Newsham demeure la source « primaire » de toutes les informations disponibles sur ÉCHELON, et le seul ingénieur ayant effectivement travaillé sur ce réseau à avoir parlé à des journalistes de même qu'à des enquêteurs de commissions parlementaires américaines. En avril 1988, Margaret Newsham avait demandé et obtenu la permission de témoigner devant le Permanent Select Committee on Intelligence de la Chambre des représentants que présidait alors Louis Stockes, représentant de l'Ohio. Cette session secrète – pour laquelle Mme Newsham demanda et se vit octroyer une garantie de protection parlementaire – fut consacrée par l'ingénieur à la révélation des pratiques illégales de la NSA concernant l'interception des communications de citoyens américains ; mais on n'en sait pas davantage à ce jour. L'intervention de Mme Newsham a été retranscrite, mais les éléments qu'elle contenait n'ont

1. Les autres logiciels connus sont Monpenny, Runway et Steeplebush.
2. Son départ serait lié à des tentatives de corruption ainsi qu'à un harcèlement sexuel dont elle aurait été la cible. Elle avait révélé aux enquêteurs travaillant sur ses plaintes que les superordinateurs Vax de Menwith Hill étaient notamment utilisés par les ingénieurs pour calculer des probabilités de... résultats de matchs de football !

toujours pas été dévoilés. Aucune des demandes d'information introduites depuis une dizaine d'années n'a connu de suite positive. Pas plus d'ailleurs que les renseignements transmis aux parlementaires, qui n'ont pas souhaité pousser plus loin leurs investigations. Mme Newsham n'a accordé que très peu d'interviews ; la dernière, fin 1999, donnée à un journal électronique danois, n'apporte pas de nouvelles révélations[1].

En 1988, la première évocation du traitement informatique d'un système tentaculaire d'interceptions radioélectriques serait passée inaperçue si un journaliste britannique spécialisé dans les questions du renseignement technologique, Duncan Campbell, ne l'avait reprise dans un article[2] le mois suivant. C'est dans ce texte qu'apparaît pour la première fois le vocable « ÉCHELON ».

Problèmes techniques

La part prise par la NSA dans la crise du renseignement américain telle qu'elle a éclaté au grand jour le 11 septembre n'est pas mince. Elle a en effet connu ces dernières années de très sérieux problèmes qui se sont traduits par un engorgement de ses systèmes de collecte et d'analyse. Le basculement massif des communications analogiques vers les communications numériques rend de

1. Bo Elkjær et Kenan Seeberg, « ECHELON var mit barn », *Ekstra Bladet*, Copenhague, 17 novembre 1999.
2. Duncan Campbell, « Somebody's listening », *New Statesman*, 12 août 1988.

plus en plus difficile le traitement des signaux. Les contributions de la NSA au *Daily Intelligence Briefing* de la Maison-Blanche auraient été réduites de 20 % au cours des mois précédant l'attentat. Le développement et la généralisation de nouveaux systèmes cryptographiques rendent les opérations d'interception plus ardues. Bien que ces équipements ne soient pas encore massivement répandus, il est clair qu'il s'agit là d'une des menaces les plus sérieuses que la NSA ait à affronter[1]. Le développement des communications sur Internet, dont le courrier électronique, accroît les difficultés auxquelles se heurte le contrôle du réseau. En janvier 2000, les ordinateurs de la NSA ont ainsi connu un problème majeur qui a duré trois jours pleins ; dans un communiqué tout ce qu'il y a d'inhabituel montrant qu'elle se trouve aujourd'hui dans une position défensive, la NSA a admis cet accident tout en indiquant qu'il avait affecté l'analyse des flux de données, et non leur collecte[2].

Assez bon exemple de ces difficultés : l'explosion de la téléphonie cellulaire. Les Américains ont résolu les problèmes techniques posés d'emblée par l'interception des communications par téléphones portables analogiques et GSM, et entendent d'ailleurs conserver un avantage compétitif en la matière. La NSA refuse ainsi que soient exportés des États-Unis des matériels d'interception très élaborés, techniquement supérieurs et d'utilisation plus

1. Seymour Hersh, « The Intelligence Gap. How the Digital Age Left Our Spies Out in the Cold World », *The New Yorker*, 6 décembre 1999.
2. Walter Pincus, « NSA System Inoperative for Four Days : Computer Glitch Halted Data Interpretation », *Washington Post*, 30 janvier 2000.

simple, semble-t-il, que ceux fabriqués par les industriels européens. Pour autant, être capable d'enregistrer des communications ne veut pas nécessairement dire qu'on soit à même de les traiter en temps réel, et il paraît bien que tel est le problème rencontré en l'occurrence par la NSA.

Il serait sans doute illusoire de penser que la NSA soit en mesure d'intercepter toutes les communications GSM d'un pays comme la France qui compte plus de 35 millions de téléphones mobiles. Mais on ne peut en revanche exclure que, désireuse d'atteindre une « cible » qu'elle aura identifiée, elle puisse se donner les moyens de le faire, singulièrement, en « accrochant » les bornes de rediffusion. Les travaux portant sur ces questions sont notamment aidés aux États-Unis par la Strategic Systems Division de la firme Rockwell[1], l'un des contractants historiques de la NSA, qui finance ainsi le WNSG *(Wireless Network Security Group)* de l'université de l'Iowa. Aux États-Unis, la NSA s'est d'ailleurs vu accuser par des experts de bloquer les progrès en matière de sécurisation du système de protection CAVE *(Cellular Authentication and Voice Encryption)* destiné aux téléphones GSM.

Pourtant, les succès de la NSA en matière d'interception des communications demeurent mitigés. L'information utile, c'est-à-dire exploitable, ne dépasserait pas deux pour mille des données recueillies. Un chiffre qui relativise par exemple son efficacité si elle a tenté de recueillir, comme c'est probable, toutes les communications émises depuis,

1. Les autres entreprises collaborant avec la NSA sur ces sujets sont, entre autres, Watkins-Johson, Raytheon, Applied Signal Technology, Rhode and Schwartz (entreprise allemande), etc.

vers ou à l'intérieur de l'Afghanistan. Mais c'est là que la considérable avance américaine en matière d'informatique de puissance entre en jeu.

La NSA a toujours été le premier et le meilleur client des industriels américains leaders dans le domaine des supercalculateurs, indispensables en cryptanalyse. Les capacités exactes de la NSA en la matière sont mal connues, mais elle continue de se battre activement contre toute libéralisation des règles proscrivant l'exportation de cryptosystèmes puissants, et elle est revenue à la charge, dès l'après-midi du 11 septembre, de conserve avec le FBI, pour obtenir une nouvelle législation. Ses vœux ont été exaucés et la loi Patriot[1] en tient compte.

Impliquée depuis le début de l'informatique dans l'utilisation des ordinateurs pour casser les codes de chiffrement, la NSA continue de financer largement les développements les plus avancés en matière d'informatique de puissance. La firme Cray fondée par Seymour Cray a été rachetée par SGI (Silicon Graphics Inc.), et la NSA a interdit l'introduction sur le marché américain des machines de fabricants étrangers. Les firmes japonaises NEC et Fujitsu, principales concurrentes de SGI, voient ainsi leurs machines frappées de droits de douane prohibitifs (452 % !) au prétexte que leurs prix relèveraient de la pratique du dumping… C'est dans le cadre du programme ASCI que SGI a mis au point pour le Los Alamos National Laboratory le supercalculateur Blue Mountain, doté d'une puissance de calcul de 3,2 teraflops[2]. La NSA a financé pour 100 millions

1. Voir infra, chap. 7.
2. 1 teraflop : mille milliards d'opérations à virgule flottante par seconde.

de dollars la génération suivante, le Cray SV2, doté de processeurs utilisant la technologie CCNUMA développée par SGI, et qui permettra d'atteindre la vitesse de 50 teraflops. John R. Volnik senior, vice-président de SGI, déclara en septembre 1999 que « les États-Unis considèrent les supercalculateurs comme une activité militaire stratégique, car si vous ne disposez pas des ordinateurs les plus rapides possible, vos fantassins se trouvent en mauvaise posture… ». En annonçant qu'elle participerait à ce programme, la NSA – en la personne de son responsable scientifique, George Cotter – a précisé que « les États-Unis entendaient maintenir et consolider leur avance dans leur position traditionnelle de leader global dans les supercalculateurs. Ces machines sont absolument vitales pour les intérêts de la sécurité nationale des États-Unis. Le SV2 intègre des technologies développées en commun avec le gouvernement américain ».

Le cas particulier d'Internet

Actuellement confrontée à un problème majeur, la surveillance de l'intégralité des flux de données informationnelles transitant par Internet, et simultanément submergée par le développement des communications mobiles, la NSA semblait avoir renoncé, depuis quelques années, à opérer des contrôles en temps réel tant sur le courrier électronique que sur les groupes de discussion et les *chatrooms* sur le web. Des appels d'offres lancés à cette fin auprès d'industriels américains de l'informatique semblent n'avoir pas suscité de soumissions répondant exactement à ses exigences, tant et si bien que la NSA a dû se tourner vers des entreprises étrangères qui n'ont pas été davantage en mesure de lui donner satisfaction. Le problème consiste, pour elle, à traiter toutes les informations que livrent les ordinateurs en réseau. Les industriels qui n'ont rien à lui refuser ne manquent pas de chercher à l'aider : premier fabricant mondial de microprocesseurs, la firme américaine Intel a commercialisé pour la première fois un processeur, le Pentium 3, doté d'un PSN *(Processor Signal Number)* originellement prévu pour vérifier l'identité d'une machine à distance, notamment lors des connexions avec un serveur sur l'Internet. Mais le problème auquel la NSA doit faire face s'est trouvé tragiquement illustré par la facilité avec laquelle les terroristes du 11 septembre ont utilisé Internet durant les semaines et les mois qui ont précédé leurs actions. L'accès de ses ordinateurs et de ses techniciens aux données brutes transitant sur les réseaux n'est pas ici en cause : via les centres de répartition des grands opérateurs de télécommunication et des fournisseurs d'accès Internet gérant les dizaines de millions de comptes des internautes, elle peut tout voir passer. Mais, très prosaïquement, l'énormité des données à traiter – pour peu qu'on veuille le faire en temps réel – exige des moyens informatiques qui ne sont pas actuellement disponibles.

La solution réside non pas dans un contrôle visant l'ensemble des échanges informatiques, mais dans la concentration des moyens sur certaines « cibles », un choix qui pose d'ailleurs un problème juridique complexe dès lors qu'on examine les critères permettant de discriminer lesdites cibles : la race ? la langue ? la religion ? Toujours est-il qu'il faut alors analyser des flux d'informations que l'on rend intelligibles en les triturant au sein de gros ordinateurs. Il convient de rechercher l'information pertinente à partir de mots-clés, mais de savoir également distinguer les cas où les correspondants dissimulent sous des métaphores la nature exacte de leurs échanges : les linguistes doivent alors avoir recours à l'analyse de concept et à la « corrélation généralisée » des flux d'informations. Or, dans ce cas, les puissances de calcul exigées sont considérables, et la NSA a besoin de temps. C'est en particulier le cas lorsqu'elle doit traiter des langues étrangères. Il lui faut alors disposer de moyens de stockage de l'information hors de proportion avec ceux qui étaient jusque-là proposés par l'industrie. Ainsi, pour surveiller l'Internet, c'est en stockant l'ensemble des données disponibles en vue de les traiter *off-line*, « à tête reposée », qu'elle a passé des contrats avec des industriels ravis de l'aubaine. Parmi les centaines de programmes de recherche classifiés, générateurs de gros contrats passés avec des universités ou des industriels nationaux, la NSA a par exemple lancé le programme Sombrero VI, capable de stocker un petabyte[1] de données, puis le projet PetaPlex visant à traiter en quelques fractions de seconde 20 petabytes d'informations stockées sur des machines en réseau, autour d'architectures informatiques dites « massivement parallèles ».

Bien que la NSA s'en défende, le système de relations qu'elle a tissé avec les industriels permet de considérer qu'il existe une véritable interpénétration entre, d'une part, l'appareil qui lui sert de support technique, et, d'autre part,

1. Un million de gigaoctets. Un PC ordinaire dispose d'un disque dur de quelques dizaines de gigaoctets.

ses propres équipes, travaillant sur les projets de pointe. On sait que les industriels de l'informatique – notamment ceux qui, tel Seymour Cray dès les années 60, ont travaillé sur l'informatique de puissance – ont toujours eu la NSA pour premier client. En matière de technologies appliquées aux interceptions, comme, plus globalement, pour la plupart de celles, émergentes, qui sont utilisées par la communauté américaine du renseignement, la NSA fait figure de chef de file et de maître d'œuvre des projets les plus performants, tous classifiés. Parmi ces programmes de recherche que finance la NSA et sur lesquels ses équipes travaillent en permanence, on peut citer ceux concernant l'analyse des transmissions vocales en temps réel, le traitement du signal (visant en particulier à effacer les bruits de fond), l'identification automatique des locuteurs (un tiers de seconde suffirait déjà pour atteindre ce résultat[1]) et leur classification. Depuis plus de trente ans, la NSA a également lancé et financé des programmes de traduction automatique du langage parlé ou des messages écrits, et s'est, de même, révélée leader en matière de *tracking* de moyens de communication mobiles en cours de déplacement. Elle s'est en outre fait une spécialité des représentations graphiques de quantités considérables de données informatiques et de l'analyse des flux massifs d'information. Autant d'éléments ayant directement à voir avec le système UKUSA.

De très intéressantes études ont été publiées sur les capacités, réelles ou supposées, de la NSA de reconnaître

1. The New Horizon : *Transferring Defense Technology to Law Enforcement*, The Rome Laboratory Law Enforcement Technology Team, avril 1996.

automatiquement les « perles » qu'elle recherche parmi les monceaux d'informations, notamment vocales, qu'elle est en mesure de collecter. Était posée la question de savoir si elle serait ou non capable d'utiliser pour de bon de tels monceaux de données dont l'analyse serait absolument inconcevable avec les méthodes traditionnelles d'analyse des interceptions de sécurité. Dans sa remarquable étude sur le réseau ÉCHELON, commandée par le STOA[1] et présentée au Parlement européen en février 2000, Duncan Campbell considère que les techniques de reconnaissance vocales basées sur la méthode statistique du HMM *(Hidden Markov Modelling)* sont sujettes à caution dans la mesure où les mots-clés demeurent très difficilement reconnaissables : « Si mille mots-clés apparaissent en l'espace d'une conversation d'une heure, au moins trois cents seront manqués, auxquels s'ajouteront deux cent vingt fausses alertes[2]. » C'est également l'opinion de Jeffrey Richelson qui estime lui aussi que les capacités techniques et logicielles permettant ces analyses ne sont pas au point[3].

En fait, si des progrès de grande ampleur peuvent encore être attendus en ce domaine qui exige des ordinateurs d'une puissance considérable, c'est parce que la puissance publique américaine – à savoir le département de la Défense et la communauté du renseignement – sont très impliqués dans ces recherches. Dès 1994, la DARPA a lancé les

1. *Development of Surveillance Technology and Risk of Abuse of Economic Information*, STOA, Luxembourg, octobre 1999.
2. Duncan Campbell : « Interception capabilities 2000 », vol. II, nº 5 du rapport du STOA.
3. Jeffrey Richelson : « Desperately Seeking Signals », *Bulletin of the Atomic Scientists*, vol. 56, n° 2, mars-avril 2000.

travaux d'un atelier spécialisé[1] associant des laboratoires universitaires, des unités de recherche appartenant à l'industrie, des spécialistes des services de renseignement, dont des chercheurs de haut niveau de la NSA. Ces travaux sont spécifiquement orientés vers l'analyse du langage parlé et – concernant la communauté du renseignement – vers l'utilisation politico-stratégique de ces moyens[2]. La question de la faisabilité de la reconnaissance vocale, c'est-à-dire de la transcription du langage parlé en langage compréhensible par les ordinateurs, ne se pose plus.

Nombre de travaux portent sur la transcription écrite du langage parlé. Celle consacrée aux émissions radiophoniques commerciales – émanant donc d'émetteurs identifiables, au langage pour partie cohérent et relativement homogène – a connu d'énormes avancées au cours de ces dernières années. Une certaine ingénuité conduirait à penser que des avancées aussi significatives ne porteraient que sur des recherches géostratégiques « honorables ». Mais si la capacité de traiter des quantités considérables d'informations stratégiques a évolué de manière aussi significative, rien n'interdit à l'évidence que ces méthodes soient appliquées à n'importe quelle thématique. Si des analyses préventives peuvent être réalisées sur l'irruption d'un conflit armé dans une zone aussi complexe que le Moyen-Orient,

1. David S. Pallett : « Overview of the 1997 DARPA Speech Recognition Workshop », *NIST*, 1997. Voir aussi sur ce sujet : *Proceedings of ARPA Speech and Natural Language Workshop*, Morgan Kaufman, 1995.

2. Philip A. Schrodt : « Early Warning of Conflict in Southern Lebanon Using Hidden Markov Models », Meeting of the Annual Political Science Association, Washington DC, 1997. Du même auteur, « Pattern Recognition of International Crises Using Hidden Markov Models », juin 1997.

rien n'empêche que des études soient lancées sur des négociations internationales de contrats commerciaux à partir de l'analyse de communications téléphoniques dont on sait que, malheureusement, les négociateurs internationaux persistent à penser qu'elles demeurent sûres...

Pour l'heure, les travaux portent essentiellement sur la langue anglaise, mais d'autres recherches, bénéficiant également de gros financements publics, portent sur les systèmes de traduction automatique (pratiquement tous vers la langue anglaise). Initialement mis en route – dès le début des années 60 – pour la traduction en anglais de documents écrits en langue russe, ces travaux tendent donc à s'orienter désormais vers la traduction du langage parlé en langage écrit. Récemment, le laboratoire spécialisé d'IBM a produit en ce domaine des travaux de grande qualité, et les publications relèvent que le système de transcodage vocal peut faire face à des interviews réalisées dans des conditions difficiles, y compris dans un environnement bruyant[1]. Reste que le problème de la décomposition des divers ingrédients du langage parlé – malgré accents, qualité sonore médiocre, bruits parasites, etc. – en langage écrit continue à poser des problèmes difficilement solubles[2]. La relation entre linguistique et ordinateurs est des plus difficile à traiter : « La raison ? Les systèmes construits sur des structures de

1. Raino Bakis, Scott Chen, Ponani Gopalakrishnan, Ramesh Gonipath, Stéphane Maes, Lazaros Polymenakos, Martin Franz : « Transcription of Broadcast News Shows with the IBM Large Vocabulary Speech Recognition System », Human Language technologies, Computer Science Department, IBM, 1997.

2. Rebecca F. Bruce et Janyce M. Wiebe : « Decomposable Modeling in Naturel Language Processing », *Computional Linguistics*, MIT Press, vol. 25, n° 2, juin 1999.

compétence linguistique n'atteignent que des performances lamentables. On a des exemples d'expériences de reconnaissance de langage parlé aboutissant à des résultats ne dépassant pas 15 % dans la reconnaissance des mots-clés, des systèmes d'analyse syntaxique qui ne reconnaissent que 60 % des phrases prises dans les journaux, ou des traducteurs automatiques qui ne fonctionnent pas sans interprète spécialisé... Les études linguistiques ne parviennent pas à se marier positivement avec les compétences scientifiques de l'ingénieur. Celles-ci ne répondent pas à la question de savoir pourquoi la communication linguistique est rapide, à toute épreuve, sans le moindre effort pour le locuteur[1]... »

Les recherches se poursuivent donc sur grande échelle, associant des spécialistes de l'intelligence artificielle et des sciences de l'ordinateur, des linguistes, des psychologues, des mathématiciens et des statisticiens, des experts en gestion des bases de données. Il ne nous a pas été possible d'évaluer quels sont les montants financiers engagés dans ces travaux.

L'attitude américaine en matière d'espionnage électronique et d'interception est constitutive d'une « culture du renseignement » très ancrée dans l'histoire du pays et dans l'esprit de ses dirigeants. Dès qu'une réelle politique en matière d'interceptions a pu être définie – à savoir le 1er juillet 1948, dans une « charte », la NSCID directive n° 9 –, son propos a été tout à fait explicite : analyser le « renseignement fourni par l'étude des communications étrangères », à savoir « toutes les télécommunications et

1. Mark Huckvale : « Learning from the Experience of Building Automatic Speech Recognition Systems », University College London, 1997.

produits associés émanant d'un gouvernement étranger et/ou de ses ressortissants, de toute force aérienne, navale ou terrestre, faction, parti, ministère, agence ou bureau d'un pays étranger, et de toute personne ou groupe de personnes agissant ou se préparant à agir dans ce cadre. [Les interceptions] concerneront toutes les autres télécommunications de, vers et venant d'un pays étranger, susceptibles de contenir des informations d'intérêt militaire, politique, scientifique ou économique ». La volonté d'assurer aux États-Unis une maîtrise globale de l'information et une supériorité totale en ces domaines a été nettement réitérée par nombre de leurs représentants officiels.

Il est acquis depuis plusieurs années que les services de renseignement utilisent abondamment les talents de délinquants informatiques, les « pirates » ou *hackers* ; ces derniers se voient proposer, lorsqu'ils sont pris, le choix entre faire l'objet de poursuites judiciaires et travailler au service du gouvernement, notamment avec les *red teams* regroupant les « pirates » de la NSA chargés des intrusions dans les ordinateurs des administrations et entreprises étrangères. La NSA est passée maître dans ce type de pratiques et les plus experts de ces pirates sont récupérés par elle. Elle a ainsi pris le leadership dans les opérations offensives testées en 1998 lors de la manœuvre d'entraînement Eligible Receiver. Cet exercice visait en fait à lancer des rumeurs à l'intention de groupes d'études spécialisés, notamment en vue de prétendre que le service national d'alerte d'urgence, le « 911 », pouvait être mis hors-service par des *hackers* particulièrement malintentionnés. La NSA escomptait un tel afflux d'appels qu'ils auraient effectivement mis le « 911 » en dérangement. L'exercice ne semble pas avoir eu les effets escomptés, mais la NSA n'a pas refusé de fournir des détails à ce sujet, notamment à l'occasion de la déposition d'Ellie Padgett, chef de l'ODIW *(Office of Defensive Information Warfare)* de la NSA, devant les parlementaires du Senate Judiciary Committee's Subcommittee on Technology, Terrorism and Government Information[1].

Crise de confiance majeure envers la NSA

Les politiques ont senti depuis plusieurs années qu'ils ne pourraient pas défendre impunément la manière de fonctionner de la NSA. Dès sa prise de fonctions en 1994, le président Bill Clinton, soucieux de satisfaire le lobby des internautes et celui des industriels du logiciel réunis, dont Microsoft, s'est ingénié à rejeter toutes les demandes de la NSA en matière de cryptologie ; et celle-ci a subi en décembre 1999 de nouveaux revers en ce domaine quand l'administration Clinton a annoncé qu'elle acceptait de libéraliser les exportations de cryptosystèmes « solides ». Depuis plus d'une décennie, la NSA est de plus en plus ouvertement accusée de constituer la plus sévère menace contre l'un des fondements de l'idéologie américaine : l'intimité *(privacy)*. En novembre 1999, le Congrès a de nouveau réclamé des explications à la NSA sur la nature des textes régissant son fonctionnement et sur ses procédures. La NSA a cependant refusé aux parlementaires de répondre à leurs questions, citant pour se justifier le *client-attorney*

1. Susann Ellis : « Defense Exercises Test US Ability to Deter Cyber Attack », USIA, 12 juin 1998.

privilege, à savoir la faculté pour un avocat de ne pas dévoiler la teneur des discussions qu'il a avec son client. Fâché, le Select Committee on Intelligence de la Chambre des représentants a exigé qu'un texte lui soit remis à la fin de janvier 2000 et a bien voulu feindre, en conséquence, de s'attendre à recevoir « une analyse détaillée des principes légaux sur lesquels se basent certains éléments de la communauté du renseignement dans la conduite des opérations de renseignement d'origine électromagnétique ("signal intelligence" ou SIGINT), y compris en matière de surveillance électronique ».

La question des auditions des dirigeants de la NSA par les parlementaires est cruciale. Le républicain Porter Goss (Floride), président de la commission, a cherché, durant les semaines suivant cette demande, à contenir les auditions de la NSA dans un cadre secret, celui de sa commission. Mais, par ailleurs, le président du House Government Reform Committee, Dan Burton, a exigé que les auditions des responsables de la NSA se déroulent dans le cadre des travaux de son propre groupe. Il a été poussé en ce sens par le républicain Bob Barr (Georgie), très hostile à la NSA ; ancien employé de la CIA, et, à ce titre, très au fait des pratiques de la communauté du renseignement, celui-ci est également un ancien attorney US, très « à cheval » sur le respect du droit, et il n'a pas dissimulé les motivations inspirant sa démarche : « Tous ceux qui accordent une grande importance à notre droit à la *privacy* doivent se sentir encouragés par le fait que la Chambre des représentants a entamé une procédure visant à demander à la communauté du renseignement de faire la preuve que les dispositions adéquates sont mises en œuvre pour respecter ce droit. » Il a demandé au CRS *(Congressional Research Service)* de vérifier dans quelle mesure les activités de la NSA pourraient être illégales, tant à l'intérieur qu'à l'extérieur des États-Unis.

Les choses se sont accélérées à la fin de février 2000 dans un contexte marqué par l'initiative du Parlement européen qui a lancé sans aucun succès une mission d'études sur la NSA[1] et par de nouveaux coups de boutoir aux États-Unis mêmes. Le principal coup porté à la NSA l'a été par la prestigieuse émission de télévision, *60 Minutes,* diffusée le 27 février sur le réseau NBC[2], et qui a présenté pour la première fois à un très large public les activités de la NSA sous un jour très sévère. L'émission reposait principalement sur les interviews d'un ancien fonctionnaire du CSE canadien, Mike Frost, qui a révélé comment il avait participé à l'interception de communications de membres du gouvernement britannique à la demande du Premier ministre, Margaret Thatcher[3], mais aussi – pour la plus grande horreur du public américain – comment les *babies monitors*, systèmes d'interphones surveillant pour le compte des parents les chambres d'enfants, pouvaient également être interceptés. Il a également révélé que les systèmes de

1. Parlement européen : Rapport sur l'existence d'un système d'interception mondial des communications privées et économiques, 11 juillet 2001.

2. « ECHELON : Worldwide Conversations Being Received by the ECHELON System May Fall into the Wrong Hands, and Innocent People May Be Tagged As Spies ». *60 Minutes*, CBS, 27 février 2000.

3. Le GCHQ n'étant pas autorisé à opérer sur des officiels britanniques, et les risques de fuites étant trop élevés, ce sont des fonctionnaires canadiens qui ont mené l'opération. Ces échanges de bons procédés paraissent être une constante entre partenaires de l'accord UKUSA qui évitent ainsi d'être accusés d'écouter leurs ressortissants respectifs.

contrôle par mots-clés sont relativement peu efficients en ce qu'ils ne permettent pas de discriminer les conversations de dangereux malfaiteurs et celles de bons citoyens : tous sont écoutés, y compris si des gens évoquent le fait qu'ils ont « fait la bombe » avec des amis la veille au soir… « Ce n'est pas seulement possible, ce n'est pas seulement probable : c'est un fait ! » a ajouté Mike Frost.

Dès l'annonce de cette émission, la NSA s'est déchaînée dans les milieux médiatiques et parlementaires, son directeur, le général d'aviation Michael V. Hayden, se fendant pour la première fois d'une déclaration publique[1]. À cette occasion, il s'est vivement défendu d'employer les systèmes d'interception de son agence pour espionner les citoyens américains. Relevant qu'il peut arriver que ces derniers se conduisent comme des traîtres au service d'une puissance étrangère, il a expliqué que, dans ce cas, la NSA sollicite les autorisations judiciaires nécessaires. Il a aussi réclamé une forme de « droit à l'erreur » lorsque la NSA intercepte incidemment les communications d'un Américain : « Quand cela arrive, les procédures exigent que la NSA réduise le temps de rétention et la dissémination d'une telle information[2]. »

Refusant d'intervenir au Congrès comme il lui était demandé, le chef du bureau des Affaires parlementaires de la NSA, Kenneth A. Heath, a préféré envoyer un courrier à chacun des élus, détaillant les moyens de contrôle des activités de l'agence dont ceux-ci disposent, conjointement

1. Michael V. Hayden : « Adress to Kennedy Political Union of American University », 17 février 2000.
2. *Ibid.*

avec la Maison-Blanche, et affirmant : « Nous tenons à vous assurer que les activités de la NSA sont conduites dans le respect des plus hauts impératifs constitutionnels, légaux et éthiques, et en accord avec les lois et règlements conçus pour protéger la vie privée des citoyens américains. Les employés de l'agence sont formés à ces règles, et, pour s'en assurer, un système de contrôle extensif, incluant des enquêtes internes et externes, a été mis en place[1]. » Le problème est que les articles de la presse américaine qui ont suivi la publication de ce courrier ne se sont pas départis d'un scepticisme certain...

Cette attitude des parlementaires, qui étaient allés jusqu'à menacer de réduire d'un tiers le budget de la NSA si satisfaction ne leur était pas donnée, avait constitué la première tentative sérieuse du pouvoir législatif américain pour obtenir de vrais éclaircissements sur le fonctionnement de l'agence, et n'a pas manqué d'être perçue par cette dernière comme une agression. De surcroît, la procédure très inhabituelle des questions parlementaires est venue renforcer de manière notable le camp de ceux qui, aux États-Unis, estimaient que la NSA cachait aux yeux de tous – y compris des décideurs politiques – des pratiques coupables, car antidémocratiques. Quelques semaines après que les tensions se furent accrues entre la NSA et le Congrès, le responsable des fonctionnaires de la commission du renseignement de la Chambre des représentants, John Millis, se suicidait dans un motel de Virginie. Plus encore que son patron Peter Goss, il comptait parmi la demi-douzaine

1. Lettre de Kenneth A. Heath aux membres de la Chambre des représentants, 24 février 2000.

d'hommes les mieux renseignés des États-Unis en raison de son rôle d'interface entre la communauté du renseignement et les parlementaires. Il semble qu'il ait été accusé, quelques jours avant sa mort, d'avoir évoqué les critiques adressées à la NSA devant au moins un journaliste. Mais les adeptes de la théorie du complot ne se sont pas intéressés à son cas…

Dans un document datant du début de l'année 2001, le service de documentation du Congrès estime que « le succès futur de la NSA n'est en aucun cas garanti (…). On ne saurait exclure qu'elle ne puisse s'adapter ni aux changements radicaux en cours dans les communications internationales, ni à l'émergence déconcertante de groupes terroristes précédemment inconnus. Un très large public pourrait en revanche considérer les activités de la NSA comme des menaces préjudiciables à la vie privée surpassant en coût la valeur des informations recueillies. Il faudra bien prêter attention au rapport entre coûts et profits dans l'octroi de rallonges budgétaires à la NSA dans une période où d'autres demandes méritent d'être examinées[1] ». Les attentats du 11 septembre ont certes permis de jeter ces critiques aux oubliettes, mais la NSA a toujours chaud… Dévoreur de budgets colossaux, le monstre technologique devra faire la preuve qu'il sert à quelque chose. Par exemple : à éviter des attentats !

1. Richard A. Best, « The National Security Agency: Issues for Congress », Congressional Research Service, Washington, janvier 2001.

6

Imagerie et guerre secrète

Il est 9 h 05, ce 11 septembre. George W. Bush est assis dans une salle de classe de l'école primaire Emma E. Booker de Sarasota (Floride). Son chef de cabinet, Andrew Card, vient lui glisser à l'oreille qu'un second avion s'est écrasé, deux minutes plus tôt, contre la tour sud du World Trade Center, et ajoute : « L'Amérique est la cible d'une attaque. » Une photographie montre à cet instant précis un homme, le président des États-Unis, lèvres pincées, regard au loin, qui sait dès ce moment, alors même qu'il n'a encore vu aucune image des attentats, qu'il va devoir se transformer en chef de guerre. Lui, le terne pilote de Convair F-102 *Delta Dagger* de la garde nationale du Texas, qui n'avait trouvé que ce moyen, en 1968, pour échapper à une guerre, celle du Vietnam, qui tuait chaque jour cinquante de ses jeunes concitoyens, lui, fils d'un pilote de la Seconde Guerre mondiale que sa conduite héroïque avait rendu inaccessible, lui, le pistonné, le planqué, le « fils d'archevêque », qui avait traîné durant sa campagne électorale de l'année précédente ses complexes de tire-au-flanc devant tous les vétérans du pays, va enfin faire parler la poudre. Comme il le déclarera quelque temps plus tard à deux journalistes : « Il nous ont déclaré la guerre et je me suis fait aussitôt à l'idée que nous la ferions[1]. »

Il faudra encore quelques jours pour que les choses se mettent en place et que la machine militaire américaine tourne à bonne vitesse. Mais, dès cet instant, sans trop s'attarder à chercher pourquoi ils n'ont pas vu arriver ces raids terribles, les services de renseignement, émergeant soudain de leur torpeur, mettent les bouchées doubles. S'ils n'ont pas été bons, s'ils se sont même révélés franchement exécrables dans l'ordre du renseignement humain, les espions américains sont incomparables dans la collecte du renseignement technique. Et ils ont même parfois de la chance…

Surveillance globale

Trois jours avant les attentats, le National Reconnaissance Office, chargé de l'espionnage spatial, avait lancé un premier satellite secret d'observation de la Terre, seulement connu sous le nom de *USA 160* : sans doute un engin de surveillance des océans[2] utile dans une guerre contre le terrorisme en ce qu'il permet le contrôle de la navigation sur toutes les mers du globe. C'est ainsi que les expéditions de missiles nord-coréens ou chinois à destination du Moyen-Orient sont surveillées. Mais, le 5 octobre, soit avec plusieurs semaines d'avance sur le programme prévu, le

1. Dan Balz et Bob Woodward : « America's Chaotic Road to War », *The Washington Post*, 27 janvier 2002.

2. L'engin appartiendrait au système SB-WASS (*Space Based Wide Area Surveillance System*).

NRO est surtout capable de lancer un second engin, *USA 161*. Selon toute vraisemblance, il s'agit cette fois d'un satellite KH-12 *Improved Crystal*, le cinquième de la série, sans doute ce que la technologie fait de mieux en matière d'espionnage technologique. Lorsque *USA 161* est lancé, deux KH-12 se trouvent déjà dans l'espace ; ils ont été respectivement lancés le 5 décembre 1995 et le 22 mai 1999. Moins d'une semaine après le lancement de *USA 161*, le NRO place en orbite *USA 162*, un engin sans doute destiné à servir de relais de communication entre les différents satellites de prise de vues et la Terre. Le satellite KH-12 *Improved Crystal* (KH pour *key hole*, trou de serrure), version améliorée du KH-11 *Kennan*, pèse plus de 16 tonnes – dont 7 tonnes de carburant qui lui permettent d'évoluer en orbite pour un diamètre de plus de 4 mètres et une longueur de 14 mètres. La précision des images numériques transmises par lui serait d'une douzaine de centimètres : il peut distinguer depuis l'espace des détails de cette dimension ; c'est un peu juste pour déchiffrer les plaques minéralogiques d'une voiture, mais suffisant pour distinguer si une personne lit un quotidien ou un magazine ! Et parfaitement efficace pour analyser avec la plus grande précision l'évolution d'une situation tactique, repérer des convois de véhicules, vérifier si un 4 × 4 a changé de place entre deux passages du satellite… L'architecture générale de l'engin est bien connue, puisqu'il s'agit de celle du télescope spatial *Hubble*, à cette différence près que le satellite-espion tourne les yeux sur la Terre et non vers les profondeurs de l'espace ; la taille du miroir est également différente (4 mètres pour le KH-12 contre 2,5 pour *Hubble*), et *Improved Crystal* dispose de capacités supplémentaires en imagerie thermique qui lui permettent de repérer des traces de chaleur, y compris la nuit.

Ce que les observateurs savent des KH-11 et KH-12 repose essentiellement sur l'analyse technique de leurs paramètres de vol, observables depuis la Terre par des amateurs avertis. Ceux-ci fonctionnent en réseau grâce à l'Internet, déterminent assez rapidement la fonction précise de satellites photographiques dont le périgée[1] se doit d'être exceptionnellement bas (entre 100 et 400 kilomètres), et photographient même parfois leur passage dans l'espace. Ces *satellites watchers* sont si performants qu'ils analysent et publient les orbites et heures de passage des satellites-espions dans les heures qui suivent leur lancement. Des logiciels spécialisés, disponibles gratuitement sur l'Internet, permettent de calculer les passages d'un satellite d'observation au-dessus d'un point donné. Les scientifiques militaires indiens ont pu cacher de la sorte tous les préparatifs des six explosions nucléaires simultanées auxquelles ils procédèrent en juin 1998, infligeant ainsi à la communauté américaine du renseignement, qui n'avait su les prévoir, l'un de ses plus cuisants camouflets de la décennie. Dans les jours et les semaines suivant les attentats du 11 septembre, les autorités américaines ont demandé et obtenu sans difficulté la fermeture de dizaines de sites, soit ceux proposant des images satellites de la zone englobant l'Afghanistan, soit ceux permettant de recueillir des données précises sur les orbites des satellites.

1. Point de l'orbite le plus proche de la Terre.

Les cinq cercles

Les moyens techniques d'espionnage ne sont pas suffisants pour déterminer les intentions d'un groupe terroriste dont les membres évoluent discrètement sur l'ensemble de la planète. Mais quand il s'agit de surveiller un espace géographique, de discerner les emplacements où se trouvent les dirigeants d'un État, aussi déliquescent soit-il, voire de repérer les infrastructures à détruire pour disloquer une communauté humaine, la technologie est idéale. Sauf quand les services de renseignement se trompent et fournissent des informations erronées au Pentagone : c'est ainsi que l'ambassade de Chine à Belgrade fut détruite par un missile de croisière, le 8 mai 1999, lors de l'opération ALLIED FORCE, du fait d'une erreur de la CIA. Un analyste de l'Agence fut ensuite sanctionné pour avoir confondu le bâtiment diplomatique avec celui d'un organisme appartenant à l'appareil militaro-industriel serbe.

Dès les premières semaines suivant les attentats, alors qu'une intervention militaire se préparait contre l'Afghanistan, les services de renseignement américains ont entrepris de rassembler les informations nécessaires à la conduite de la riposte à venir, à la fois en mettant en œuvre la panoplie complète du renseignement technique et en équipant les groupes de résistance aux talibans afghans. Dès la fin septembre, ceux-ci reçurent des Américains les instruments nécessaires pour transmettre de précieuses informations : téléphones satellitaires et caméras numériques furent ainsi remis aux partisans d'Abdul Haq et à ceux d'Hamid Karzaï, deux Pachtounes dont les amis évoluaient dans la zone contrôlée par les talibans. Ces informations étaient indispensables pour « traquer » physiquement le mollah Mohammed Omar et Oussama Ben Laden, mais elles se sont surtout révélées utiles dans la première phase de la guerre – jusqu'à la chute de Kandahar, le 7 décembre 2001, soit exactement deux mois après les premières frappes – pour mettre les talibans en déroute.

Pour connaître la stratégie et les moyens employés par les militaires américains dans la phase initiale du conflit, il n'était point besoin d'être grand clerc. Tout est dit, tout est écrit dans un article datant de la fin des années 90 qu'un colonel de l'US Air Force, John Warden III, avait intitulé « L'ennemi est un système[1] ». L'auteur y expose sa théorie, dite des « cinq cercles », ou « cinq anneaux » (*rings*) concentriques. C'est ce plan qui a été appliqué sans dévier d'un millimètre. L'idée consiste à décomposer le « système » ennemi en cinq éléments imbriqués que l'arme aérienne va devoir frapper à distance de sécurité, c'est-à-dire en prenant des risques minimaux pour les soldats amis. À l'extérieur, les forces combattantes ennemies représentent la puissance de feu et l'élément le plus directement lié à l'effort de guerre ; elles forment le « cinquième cercle ». Puis, dans le quatrième cercle, la population civile assure à la fois la protection et le soutien des politiques qui dirigent la force. Le troisième cercle est constitué par les bases de l'État ennemi, essentiellement ses structures de communication physiques (routes, aérodromes, etc.). Le deuxième cercle est l'ultime protection du noyau dur, les « éléments organiques essentiels » : production d'énergie, carburant,

1. John Warden III, « The Ennemy as a System » (www.aipower.maxwell.af.mil/airchronicles/apj/warden.html).

nourriture et finances. Enfin, au centre du dispositif, le premier cercle, celui du commandement : en l'espèce, le mollah Mohamed Omar, le « Seigneur des anneaux », et son entourage que les Américains avaient voulu contraindre, dans un premier temps, à leur remettre Oussama Ben Laden. Pour Warden, le problème ne consiste pas à détruire successivement tous ces cercles, mais bien à les frapper simultanément : « Notre cible, c'est l'ensemble du système, pas ses forces militaires. Si nous l'attaquons convenablement, ses armées deviendront un appendice inutile qui ne reçoit plus de soutien, ni du commandement, ni des éléments organiques essentiels, ni des infrastructures, ni de la population. Ce qui ne veut pas dire que nous ne devons pas penser à la manière de vaincre directement une force armée ennemie. »

Dans ses opérations contre l'Afghanistan, le Pentagone s'en est tenu à cette théorie : au début du conflit, il s'en est pris aux infrastructures (les troisième et deuxième cercles) ; puis il a concentré ses feux directement contre les forces armées, le cinquième cercle. Autre combat, autres moyens : les effets des armes « intelligentes » (missiles de croisière, bombes guidées, etc.) ont été accentués par un largage massif de bombes lâchées par les B-52. La population (quatrième cercle) a elle aussi été frappée ; non pas par la destruction des villes, comme ce fut le cas durant la Seconde Guerre mondiale[1] – ce que les opinions publiques américaine et internationale n'auraient pas admis, mais par la frappe, fin octobre 2001, des centrales électriques et des stocks de nourriture. Le Pentagone et le secrétaire à la

1. La stratégie appliquée alors était celle définie dans les années 20 par le général italien Giulio Douhet.

Défense Donald Rumsfeld nous expliquèrent que des bombardiers avaient frappé « par erreur », à deux reprises, les mêmes entrepôts alimentaires de la Croix-Rouge à Kaboul… Par erreur ? Relisons Warden : « Sans électricité, sans capacité de production civile ou militaire, sans distribution de nourriture et autres, les communications civiles et militaires et la vie en général deviennent difficiles. » Warden ne nie pas qu'il y ait un problème : « Même en mettant de côté les objections morales, il est difficile d'attaquer directement la population. Les cibles sont trop nombreuses et, bien souvent, surtout dans un État policier, la population peut souffrir durement avant de s'en prendre à son gouvernement… » Patrick Facon, professeur de stratégie aérienne au CID (Collège interarmées de défense, ex-École de guerre), connaît bien les théories de Warden et note qu'elles « consistent moins à détruire l'adversaire qu'à le paralyser. Il faut le contraindre à s'asseoir à une table de négociations ; frapper la population représente un objectif indirect visant à conduire le pouvoir politique à résipiscence. Mais l'exercice est difficile, car les chocs médiatiques dans la presse amie peuvent finir par poser un problème… En ce sens, Warden est un clausewitzien, pensant que la guerre cherche un objectif politique par d'autres moyens. Il ne conçoit les opérations militaires qu'en tant que moyen d'informer l'adversaire sur nos intentions. Et reste fondamentalement attaché à la notion du "zéro mort". Du côté ami, bien sûr[1]… ».

1. *In* Jean Guisnel : « La stratégie des cinq cercles », *Le Point*, 9 novembre 2001.

Un tel système de pensée, une telle organisation tactique ne peuvent fonctionner sans un constant recours au Renseignement. Mais, comme tout théoricien qui se respecte, John Warden affiche sur la question un point de vue nuancé : « Nous avons découvert durant la Guerre du Golfe que la méthodologie des “cinq cercles” fait fonctionner le Renseignement de bien meilleure façon, en ce sens qu'il nous dit là où doivent se trouver les choses et, conceptuellement, là où elles se trouvent. Aussi bien dans le milieu militaire que dans les affaires, un travail classique de renseignement se pratique selon le principe de l'“aspirateur” ; ce qui conduit les hommes du Renseignement à dépenser une énergie considérable pour collecter tous les éléments qu'ils peuvent trouver, dont la majorité tendent à n'avoir aucune pertinence. Quand vous utilisez le modèle des “cinq cercles”, en revanche, la communauté du renseignement peut concentrer ses efforts sur ce que vous savez être important. En réalité, moins vous en savez sur un ennemi, plus le modèle des “cinq cercles” devient pertinent, car tous les systèmes lui sont conformes[1]. » Deux jours après le début des frappes contre l'Afghanistan, et alors que des interrogations sur la stratégie américaine se faisaient déjà jour chez les commentateurs, Warden approuvait les choix du Pentagone : « Parce que les ripostes américaines aux attentats contre les ambassades US en Afrique n'avaient frappé à chaque fois qu'un seul point – un camp d'entraînement de Ben Laden, une usine au Soudan –, elles ne pouvaient que convaincre, du côté des talibans et des terro-

1. Correspondance de John Warden avec l'auteur, 2002.

ristes, qu'ils pouvaient s'en prendre impunément aux États-Unis. Ce n'est plus le cas[1]. »

Révolution dans les affaires militaires

La guerre aérienne, dans une première phase, puis la guerre terrestre, « à la fourchette à escargot », dans une seconde, ne peuvent se concevoir aujourd'hui sans un recours constant, global, au renseignement le plus précis possible. Cette donnée n'est certes pas nouvelle car, de tout temps, le tacticien n'a pu agir sans connaître, au moins dans leurs grandes lignes, les positions et les intentions de ses adversaires. Mais les nouvelles technologies de renseignement, de communication et de positionnement auront amené la puissante Amérique à mettre en œuvre pour la première fois sur le territoire afghan – à une telle échelle – la « révolution dans les affaires militaires » ou RMA (*Revolution in Military Affairs*), sur laquelle le Pentagone travaillait depuis la fin de la Guerre du Golfe, une décennie plus tôt. Cette RMA fut théorisée pour la première fois en 1993 par un conseiller visionnaire et non conventionnel du Pentagone, patron de l'Office of Net Assesment, l'alerte octogénaire Andrew Marshall ; le sens politique de cet apôtre de la suprématie américaine, travaillant au cœur du complexe politico-militaro-industriel américain depuis le début des années 60, a permis que ses idées se diffusent du haut jusqu'en bas de l'appareil

1. John Warden : « Terrorists Are More Vulnerable Than Most Realize », *USA Today*, 9 octobre 2001.

militaire national. Après la Guerre du Golfe, celui-ci s'est rapidement adapté à l'intégration dans un ensemble cohérent de toutes les armes faisant appel aux technologies « émergentes », telles que les bombes guidées par laser, les systèmes de positionnement par satellite permettant de localiser précisément les cibles – et, accessoirement, de les atteindre avec un nombre minimal de munitions –, les moyens de communication assurant rapidement la mise à disposition de l'information utile aux combattants. Enfin, à la base de ce système intégré, communicant, précis et protégé contre les attaques adverses, le ciment qui permet à l'ensemble de la nouvelle organisation guerrière de fonctionner : le Renseignement.

L'objectif, que les armées américaines seront partiellement parvenues à atteindre dans la guerre menée contre le terrorisme sur le sol afghan, consistait à conduire ce type de batailles avec le moins de monde possible. Au sol, les troupes à pied ne furent mises en place qu'au compte-gouttes : des forces spéciales qui ne furent engagées qu'après que le terrain eut été « nettoyé » par les bombardiers des menaces adverses les plus sérieuses. À terre, le rôle de ces petites poignées de soldats des forces spéciales consistait pour l'essentiel à renseigner les pilotes venant effectuer leurs frappes ; quand les choix de cibles provenaient d'autres sources, les pilotes recevaient instructions et coordonnées de tir directement de Tempa, en Floride, siège de l'état-major du général Tommy Franck, celui-ci commandant l'opération ENDURING FREEDOM depuis une base située dans le désert d'Arabie saoudite, voire directement d'une salle de commandement au Pentagone. En mars 2002, de retour aux États-Unis et présent lors d'une audition de ses chefs à la Chambre des représentants, le sergent Matthew Lienhard, affecté à une unité de Rangers, raconta comment, dans le nord de l'Afghanistan et passant à cheval d'un point d'observation à un autre, il guida par radio[1] les bombardiers lourds de l'Air Force et de la Navy lors de l'assaut de l'Alliance du Nord contre Mazar-e-Sharif. Mais la RMA n'est pas une mince affaire, et le renseignement tactique se doit d'être excellent, sauf à tolérer d'insupportables erreurs. Le 5 décembre 2001, au nord de Kandahar, un officier de guidage transmit sa propre position au B-52 qui devait larguer une bombe sur un poste des talibans situé à quelques centaines de mètres de lui ; le problème résulta apparemment d'un changement de piles du récepteur GPS en plein milieu de l'opération ! Bilan : 3 morts et 20 blessés américains... Le futur Premier ministre Hamid Karzaï, témoin de la scène, vit passer bien près de lui les éclats d'acier.

La CIA sur le terrain

Sur le terrain, à pied, à cheval, en voiture (de préférence des 4×4 japonais dernier cri), on aura vu se mêler soldats en uniforme des unités de forces spéciales et agents secrets en civil, ces derniers si présents sur le sol afghan – lunettes Ray Ban sur le nez, casquette de base-ball sur la tête, barbes

1. Les connaisseurs jugeront de la qualité de son équipement, développé dans le cadre du programme JEDI (*Joint Expeditionary Digital Information*) : SOF Laser Marker, de Litton, pour « éclairer » la cible ; jumelles télémétriques Viper Laserangefinder pour déterminer les coordonnées de la cible ; Récepteur GPS Garmin pour le positionnement ; émetteur-récepteur AN/PRC-117 pour les liaisons.

fournies – que l'on put y discerner une nouvelle organisation de l'agence de Langley envoyant même sur le terrain, une fois n'était pas coutume, quelques analystes du Counterterrorism Center. La CIA ne se sera sans doute jamais engagée avec une telle intensité dans un conflit strictement militaire, retrouvant là en quelque sorte la réputation qu'elle avait perdue en Amérique latine ou en Asie du Sud-Est durant la guerre du Vietnam. Ce rôle n'est pas seulement dû à la personnalité de George Tenet dont les avis ont été particulièrement écoutés par le président Bush lorsqu'il s'est agi de mettre au point la stratégie à employer contre les talibans et le réseau Al-Qaida. Comme il se doit au sein de tout appareil politico-militaire, des tensions se firent rapidement jour entre, d'une part, les représentants du Pentagone, qui souhaitaient faire valoir leurs propres options auprès de l'hôte de la Maison-Blanche, et, d'autre part, les dirigeants de la CIA, qui poursuivaient le même but. En réalité, si l'on en croit une enquête particulièrement fouillée du *Washington Post*, tout fut scellé dès le 15 septembre, soit quatre jours après les attentats, lorsque le directeur central du Renseignement arriva à une réunion de cabinet consacrée à la riposte avec une sacoche bourrée de documents dont le premier était intitulé « Partir en guerre », et le second « Détruire Al-Qaida, boucler le sanctuaire[1] ».

Dans la préparation des opérations militaires de grande envergure contre l'Afghanistan, les premières forces armées américaines engagées dans le pays furent des soldats sans uniforme d'une unité secrète de la CIA, la Special Activities

1. Dan Balz et Bob Woodward : « At Camp David, Advice and Dissent », *The Washington Post*, 31 janvier 2002.

Division, elle-même intégrée au Directorate of Operations, dont les premières équipes, composées d'une demi-douzaine d'hommes issus pour la plupart des forces spéciales, rejoignirent les forces de l'Alliance du Nord, fin septembre[1], en vue de préparer les raids de l'aviation, censés intervenir quinze jours plus tard. La CIA fit également entrer dans le pays des officiers traitants spécialistes de la région pour assurer les liaisons avec les chefs locaux, vivement incités, à coups de valises de dollars, à abandonner les talibans et à rejoindre le camp américain.

Pour ces chefs de guerre afghans, le soutien de la CIA n'a pas toujours été une garantie de survie : Abdul Haq l'a appris à ses dépens... Ce chef de clan pachtoune, combattant héroïque durant la guerre contre les Soviétiques, avait ensuite bâti une solide fortune, réfugié au Pakistan ; peu après les premiers bombardements américains, il avait décidé de regagner son pays, moins pour convertir les chefs de guerre locaux aux vertus de l'alliance avec les États-Unis que pour les engager à ses côtés dans une marche vers le pouvoir. Il était déjà engagé dans ce projet avant les attentats du 11 septembre, mais, depuis cette date, faisait figure de prétendant sérieux à la direction du pays, une fois les talibans évincés. Fin octobre, alors qu'il était rentré en Afghanistan avec une petite troupe, à bord de quelques voitures, dans l'intention de trouver des interlocuteurs chez les talibans pour les convaincre d'abandonner le mollah Omar, il fut intercepté par les milices intégristes. Aussitôt, ses accompagnateurs prévinrent un de ses amis américains, installé au Pakistan, lui

1. Bob Woodward : « Secret CIA Units Playing a Central Combat Role », *The Washington Post*, 18 novembre 2001.

demandant du secours. Mais, pour poursuivre les talibans qui l'encerclaient, la CIA ne voulut envoyer qu'un avion automatique (drone), *Predator*, certes armé, mais aussi peu adapté que possible à ce type d'engagement. Le 26 octobre, Abdul Haq était pendu haut et court par les talibans.

Pour n'avoir pu empêcher l'arrestation et la mise à mort d'Abdul Haq, le drone muni de missiles utilisé en l'occurrence n'en demeure pas moins l'une des plus étonnantes initiatives de la CIA durant cette guerre qui aura vu le premier emploi de cette arme révolutionnaire. Le drone existe depuis des décennies sous différentes formes, mais la fin du XXe siècle a vu apparaître quantité de nouveaux engins de ce type dont les Israéliens firent naguère grand usage. Depuis la fin de l'année 2000, la CIA avait mis en œuvre à partir de l'Ouzbékistan des drones de type I-GNAT dont un exemplaire fut détruit au-dessus de l'Afghanistan le 28 septembre 2001. La caractéristique la plus étonnante de cette machine consiste en un radar de type Lynx, capable de discerner des détails de 4 centimètres ! Ce qui lui permet de repérer les ornières provoquées par le passage d'un camion ou d'une voiture, mais aussi des traces de pas dans la neige ou le sable. Les spécialistes de l'interprétation photographique sont ainsi en mesure, en comparant deux images d'une même zone prises à quelques heures d'intervalle, de jour comme de nuit, de déterminer si des mouvements y sont intervenus. La CIA met également en œuvre les drones RU-38A *Twin Condor* et des RG-8A *Condor*, ces derniers présentant la particularité d'être très silencieux, et donc de pouvoir être utilisés discrètement au-dessus d'une ville. Dans une opération secrète qui n'a toujours pas été confirmée ni documentée à ce jour, la CIA aurait utilisé au moins un *Condor* dans la préparation et le soutien de l'assaut mené le 22 avril 1997 par les unités d'élite des forces péruviennes contre l'ambassade du Japon à Lima (Pérou), occupée par le groupe terroriste d'extrême gauche MRTA (*Mouvement révolutionnaire Tupac Amaru*), depuis le 17 décembre précédent, libérant 72 otages[1].

Un lustre plus tard, le drone est devenu un outil de renseignement irremplaçable en zone de conflit, et la CIA n'a pas cessé d'investir dans de tels engins. Lorsque les attentats se produisent, elle met déjà en œuvre à titre expérimental le plus moderne des appareils de cette famille, le RQ-1 *Predator*, équipé de caméras vidéo transmettant en direct, par l'intermédiaire d'un satellite de télécommunications, leurs images à la station de contrôle. Celle-ci peut aussi bien se trouver à quelques dizaines de kilomètres de lui ou à Tempa. Durant la guerre, des images d'une attaque menée par un *Predator* dans une obscure vallée de la montagne afghane ont même été transmises en direct… à la Maison-Blanche ! De même, des officiers d'état-major ont assisté depuis le sol américain, en temps réel, à la mort d'un Navy SEAL[2] durant l'opération ANACONDA qui se déroula en mars 2002 à la frontière pakistano-afghane… Il faudra sans doute encore un certain temps pour comprendre en quoi cette forme de guerre télévisée en direct et l'agonie

1. Les 14 membres de Tupac Amaru avaient été tués durant l'assaut, de même que deux soldats et un otage.

2. SEAL, pour Sea, Air, Land ; les Navy SEALS (jeu de mots avec *seal*, le phoque) sont des petits groupes de combat hyper-spécialisés maîtrisant l'ensemble des techniques des forces spéciales, avec une compétence aquatique particulière.

d'un soldat observée par ses chefs à 20 000 kilomètres devant un écran vidéo constituent un progrès !

Tactiques novatrices

Toujours est-il que, bien que le *Predator* construit par la firme General Atomics ait encore été considéré par l'US Air Force comme inachevé[1] à l'automne 2001, et certainement inapte à entrer dans une phase opérationnelle selon les critères militaires habituels, il a néanmoins été admis au service actif dès qu'il s'est agi de l'utiliser au-dessus de l'Afghanistan. Le fait qu'il soit capable d'effectuer un vol de 800 km, de rester sur la zone durant quatorze heures à 4 500 mètres d'altitude, puis de refaire 800 km en sens inverse vers sa base, a pesé dans le choix des décideurs. Mais, pour la CIA, prenant de court tous les circuits militaires de validation technique, l'idée novatrice a consisté à utiliser des *Predator* armés de missiles antichars AGM-114 Hellfire conçus initialement pour équiper l'hélicoptère de combat AH-64 *Apache,* ce qui transformait soudain cet engin lent, pataud et vulnérable en redoutable moyen de destruction. Les tout premiers essais de ce système de combat d'un type nouveau avaient été conduits avec succès en février 2001, mais il aura fallu attendre que George W. Bush signe, le 17 septembre, un *Memorandum of Notification* modifiant le *finding* antiterroriste paraphé par

1. À la fin de l'année 2001, l'US Air Force avait perdu le tiers des 60 *Predator* qui lui avaient été livrés.

Ronald Reagan le 12 mai 1986, pour que la CIA puisse utiliser ses *Predator* armés[1].

L'utilisation de cette arme nouvelle, sans pilote, n'a pas été sans poser de redoutables problèmes de coordination entre la CIA et les militaires. Il se trouva qu'un *Predator* de la CIA avait repéré une cible considérée comme appartenant au réseau Al-Qaida, que l'image vidéo en fut transmise en direct à Tampa (Floride), et que les généraux, aux États-Unis, y virent l'opportunité d'envoyer un avion de combat pour détruire cette cible. Mais trop long, pas le temps... La CIA prit sur elle de pointer directement les missiles du drone et de faire feu. Les militaires s'en scandalisèrent, considérant que la chaîne de commandement n'avait pas été respectée[2]. Qu'importe ! La CIA ne s'arrête plus à ce genre d'argutie : sa chaîne de commandement est on ne peut plus courte puisqu'elle parvient jusqu'au National Security Council sans pratiquement aucun intermédiaire... Le jeu, risqué, peut certes coûter fort cher. Mais, dans cette phase de la guerre, pas question de chipoter.

D'autant moins que, dès le premier soir des bombardements sur l'Afghanistan, le 7 octobre, une magistrale bévue est intervenue : naviguant à la nuit tombée au-dessus de Kaboul, l'un des *Predator* de la CIA repère un convoi de plusieurs véhicules 4×4 fuyant la capitale, images qui donnent la certitude, à ceux qui les observent en direct depuis la Floride, qu'il s'agit d'un déplacement du mollah

1. Dan Balz et Bob Woodward : « Combating Terrorism : 'It Starts Today », *Washington Post*, 1er février 2002.

2. John Donnelly : « CIA Takes on Major New Military Role », *The Boston Globe*, 20 janvier 2002.

Mohamed Omar, chef des talibans. Problème : aux termes de l'accord complexe qui, au moins jusqu'à cette date, régit les relations entre la CIA et le Pentagone, les agents secrets ne peuvent déclencher le feu de leur seule initiative. Seuls en ont l'autorisation les officiers de l'US Central Command à Tempa, en Floride. Là, c'est le conseiller juridique dont il est constamment flanqué qui incite le général Tommy Franck à refuser l'ouverture du feu. Finalement, la CIA en recevra l'autorisation, mais sur les voitures vides[1]... La révolution dans les affaires militaires ne sera jamais un remède à l'incompétence militaire !

Suite à cette bévue, les choses se sont néanmoins rationalisées, et, en novembre, ce sont des informations initialement recueillies par un *Predator* de la CIA qui conduisirent à la destruction d'un bâtiment abritant plusieurs chefs du réseau Al-Qaida, dont Mohamed Atef, l'un des bras droits d'Oussama Ben Laden.

Nous sommes dans la dernière semaine de novembre 2001. La guerre au sol se poursuit, menée par les hommes de l'Alliance du Nord avec le soutien des Américains. Depuis quelques semaines, à coups de dollars fournis par la CIA, les soldats de feu et le commandant Massoud ont enfin obtenu ce qu'ils réclamaient : des munitions et des pièces de rechange pour leurs armes de fabrication russe (certaines remontant à la Seconde Guerre mondiale), du carburant, des uniformes, et des selles pour leurs chevaux que le Pentagone a trouvées on ne sait où... Mais le plus important, qui n'a jamais fait défaut à l'Alliance, est une volonté farouche d'en

1. Seymour Hersh : « King's Ransom », *The New Yorker*, 22 octobre 2001.

découdre avec leurs ennemis talibans. Dès que le train logistique enfin lancé a pu contribuer à faire tourner leur machine militaire, les soldats et leurs chefs ont entrepris leur marche vers le pouvoir. Celle-ci a d'abord consisté pour eux à conquérir du terrain et occuper des villes : les prises de gages territoriaux sont la mesure du succès des armes. De ce point de vue, les résultats ont été patents : le 11 novembre, la ville de Mazar-e-Sharif tombait aux mains des adversaires des talibans, tout comme Kaboul le lendemain. Une semaine plus tard, des milliers d'hommes fidèles au mollah Omar et au service de Ben Laden, regroupés autour de la ville de Kunduz, dans le nord du pays, cédaient aux assauts de l'Alliance du Nord et des forces spéciales américaines et britanniques. Des centaines de prisonniers confiés au chef de guerre ouzbek Abdul Rashid Dostom étaient alors regroupés dans des conditions inhumaines, non loin de Mazar-e-Sharif, dans les geôles de son quartier général, installé dans l'antique forteresse de Qala-e-Jangi. Dostom est l'un de ces chefs de guerre aux allégeances évolutives. Durant la guerre contre les Soviétiques, il avait combattu aux côtés de ces derniers avant de rejoindre le camp d'en face, après sa victoire, et de s'associer à Ahmed Shah Massoud, puis de trahir à son tour ce dernier au profit de son rival Gulbuddin Hekmatyar, avant de s'en revenir du côté de l'Alliance du Nord, et ainsi de suite… Pour l'heure, jouant invariablement sa propre carte, il s'était mué en gardien de prison, non sans avoir permis aux Américains d'« approcher » ses 400 détenus : dans une guerre comme celle-ci, tout se vend, surtout quand le client possède des valises pleines de dollars.

Carnage dans la forteresse

Quel est alors le problème des Américains que tentent de régler sur place, dans la forteresse, une poignée d'hommes de la Special Activities Division ? Identifier les prisonniers, mettre un nom sur chacun de ces combattants d'Al-Qaida éventuellement prêts à fomenter de futures actions terroristes après que la vie aura d'une manière ou d'une autre repris son cours. Pour l'heure, les hommes de la CIA cherchent donc à les photographier, une image étant aujourd'hui indispensable pour faire fonctionner les moyens d'identification automatique modernes, notamment ceux faisant appel aux ressources de la biométrie, technologie savante permettant par exemple de mettre un nom sur l'image électronique d'un passager se préparant à embarquer à bord d'un avion. Comment, dans quelles conditions exactes les hommes de Langley ont-ils agi à Qala-e-Jangi ? On l'ignore... Mais une chose paraît certaine : lorsque « Mike », de son vrai nom Johnny Micheal Spann, 32 ans, officier de la CIA depuis 1999, recruté dans le Marine Corps, commence à interroger les prisonniers, ces derniers l'encerclent. « Pourquoi vous trouvez-vous ici ? » demande Spann. « Pour te tuer », répond l'un de ses interlocuteurs que Spann liquide aussitôt d'un coup de pistolet[1]. Son collègue de la CIA qui l'accompagne, « Dave », se sert quant à lui d'un fusil AK-47 pour tirer dans le tas tandis que d'autres prisonniers se jettent sur Spann, qu'ils tuent à mains nues avant d'envahir un magasin d'armes dans des circonstances qui ne seront sans doute

1. Alex Perry : « Inside the Battle at Qala-I-Jangi », *Time Magazine*, 1er décembre 2001.

jamais établies avec précision et que les déclarations des prisonniers survivants n'éclairent en tout cas nullement[1] : aucune enquête n'a été menée.

L'équipe de la CIA avait à l'évidence improvisé ses interrogatoires sans prendre la précaution élémentaire qui s'impose à toute force armée confrontée à des prisonniers de guerre pour le moins vindicatifs : s'assurer qu'ils ne sont pas libres de leurs mouvements et n'auront pas accès à des armes, notamment en arrachant celles de leurs gardiens. De manière fort surprenante, les agents de la CIA semblent n'avoir pas disposé de moyens de communication autonomes, à tel point que « Dave » dut utiliser le téléphone-satellite d'une équipe de télévision allemande pour appeler son ambassade à Tachkent et demander qu'on lui envoie des renforts. Quelques heures plus tard, d'autres hommes de la CIA, au nombre de neuf, renforcés par des SAS[2] britanniques, pour leur part au nombre de six, que des équipes de télévision présentes sur place filmèrent pour la première fois en opérations de guerre, tentèrent d'appuyer les soldats de Dostom pour réduire dans le sang la révolte, sans y parvenir, avant que l'US Air Force n'envoie des avions larguer des bombes sur la forteresse. Bilan : 234 morts recensés par la Croix-Rouge. Beaucoup plus, sans doute.

Le décès de Johnny Spann est symbolique à plus d'un titre : tout d'abord, il est le premier Américain mort au

1. Sophie Shihab : « Retour sur le massacre de Qala-e-Jangi », *Le Monde*, 16 février 2002.

2. *Special Air Service* : unité d'élite britannique opérant en uniforme ou en civil, dont les opérations, le plus souvent clandestines, ne sont jamais commentées par le gouvernement.

combat sur le sol afghan. Il est en outre annoncé avec une exceptionnelle rapidité par la CIA qui ne s'est jamais montrée aussi loquace depuis sa création. Dans le hall d'entrée de Langley, une plaque de marbre porte 77 étoiles[1], une pour chaque agent de la CIA tué en service, mais 29 d'entre eux seulement voient leur nom rendu public. Intrigué par cette découverte faite en 1991, un journaliste a écrit à ce sujet un livre étonnant portant le nombre d'agents identifiés à 65, mais jetant surtout un éclairage saisissant sur ces incroyables histoires d'espions engloutis dans une mort anonyme sur tous les fronts clandestins de la Guerre froide, le plus souvent pour des opérations d'importance ou de signification dérisoires, ne valant en tout cas pas que la vie d'un homme ou d'une femme ne leur soit sacrifiée[2]. L'étonnement n'en sera donc que plus grand lorsque, après avoir d'abord menti en identifiant « Mike » comme un « contractuel », la CIA admettra officiellement, le 28 novembre, après la découverte de son corps dans le charnier de la forteresse, que l'homme en civil tué à Qala-e-Jangi comptait bien parmi ses effectifs, George Tenet considérant même qu'il était devenu un « héros américain ».

Un mort américain pour combien d'afghans ? Là, il y a problème…

1. 79, après la mort de Spann et celle d'un agent féminin anonyme en 1996.

2. Ted Gup : *The Book of Honor. The Secret Lives and Death of CIA Operatives*, Doubleday, New York, 2000.

Pertes civiles démesurées

La révolution dans les affaires militaires, l'intégration constante du Renseignement provenant de toutes les sources – humaines, un peu ; techniques, davantage – dans la chaîne opérationnelle, poursuivent un double but : réduire le coût matériel d'un conflit, pour atteindre avec le plus d'efficacité possible l'objectif poursuivi, et restreindre les pertes humaines. Du côté ami, cela va de soi, mais aussi du côté « ennemi » où, s'il est convenu que l'on frappe les forces armées en se posant le moins de questions possible, on renonce parallèlement aux massacres aveugles de populations civiles innocentes qui prévalent depuis que l'homme est sur terre. C'est qu'en principe le Renseignement opérationnel, en « discriminant » les cibles, permet de refuser celles qui causeraient trop de pertes parmi la population civile. Certes, une guerre sans mort n'existe pas, et bien peu de voix se sont élevées, aux États-Unis ou ailleurs, pour réclamer que cette guerre sur le sol afghan ne se produise pas. Non seulement parce que ce pays représentait le seul espace géographique où il paraissait envisageable d'atteindre physiquement Oussama Ben Laden, mais, en outre, parce que nul n'aurait compris que les États-Unis ne cherchent pas à frapper d'une manière ou d'une autre celui considéré comme l'initiateur des attentats du 11 septembre avant même que Al-Quaida les revendique le 17 avril 2002. Malgré tout, selon diverses estimations qui ne tiennent pas compte des (lourdes) pertes subies par les talibans et les troupes « arabes » d'Al-Qaida, les civils afghans auraient payé un sérieux tribut à cette guerre, les évaluations s'élevant déjà à près de 4 000 morts civils au 1er janvier

2002, selon les calculs de l'économiste Marc Herold[1], à moitié moins selon d'autres sources[2]. Ce qui a permis à quelques plumes de s'interroger : « Pour faire court, aurions-nous demandé que le gouvernement trouve une alternative aux bombardements si nous avions su que notre campagne aurait tué davantage de civils afghans que les terroristes du 11 septembre ont tué d'Américains[3] ? » Doit-on s'étonner que, lorsque les Américains ont reconnu avoir tué par erreur des civils, ils ont dédommagé les familles à raison de mille dollars par victime, soit 1 800 fois moins que pour une victime des attentats sur le sol américain[4] ? Sans même évoquer les 32 millions de dollars payés par Washington à Pékin en 1999 après la mort de trois diplomates chinois dans leur ambassade bombardée par erreur… Mais c'est là un autre débat !

Reprenons : lorsque les forces américaines s'engagent dans la guerre, elles poursuivent un but, et un seul : attraper Oussama Ben Laden mort ou vif, et, subsidiairement, le mollah Mohamed Omar dans les mêmes conditions. Tout l'énorme système technique de collecte du renseignement mis en place par le NRO, la NSA, la DIA, etc., sera utilisé à cette fin ; quant au renseignement humain, il n'est pas seulement recueilli par les Américains de la CIA ou des forces

1. Site Internet : http ://www.cursor.org/stories/civilian_deaths.htm

2. Carl Conetta : *Operation Enduring Freedom : Why a Higher Rate of Civilian Bombing Casualties ?*, Project on Defense Alternatives, Cambridge, MA, janvier 2002.

3. Jack Beatty : « Warring Doubts », *The Atlantic Unbound*, 13 février 2002.

4. Kenneth Feinberg, rapporteur de la commission chargée de la répartition des fonds fédéraux, a précisé le 7 mars 2002 que chaque famille de victime recevrait un dédommagement minimum de 1,8 million de dollars.

spéciales sur le terrain, mais obtenu auprès des différentes factions, généralement contre espèces sonnantes et trébuchantes versées aux chefs de clan. Comment ces factions trouvent-elles les informations vendues aux Américains ? Quelle est leur fiabilité ? Avec quelle précision les coordonnées d'un objectif sont-elles transmises, dans quel délai et avec quelles arrière-pensées ? Dans leur volonté d'atteindre l'entourage et les troupes des deux fugitifs les plus recherchés, les forces américaines ne font pas dans la dentelle : des maisons abritant des familles sans histoires sont visées, des convois de paisibles voyageurs frappés sur les routes, un village « taliban » écrasé sous les bombes parce que les Américains n'ont pas compris que cette communauté avait déjà « viré sa cuti » et fait allégeance au nouveau gouvernement. L'extraordinaire débauche de moyens techniques engagés sur ce théâtre d'opérations pour acquérir du renseignement n'a donc pas eu les effets escomptés... Mais, au fond, quelle importance ?

Défaits par les attentats, les Américains ont acquis dans cette guerre une conviction : celle de la nécessité de *dominer complètement* et, espèrent-ils, *définitivement* les moyens de contrôle et de redressement militaires d'une situation terriblement compromise. Ils s'y sont pris en déployant peu d'hommes, mais appartenant tous à leur élite guerrière, et une débauche de moyens techniques de renseignement : drones, satellites, avions de tous types, « senseurs » de tous modèles, capables de mesurer les pas d'un homme pour en déterminer la direction et la transmettre à distance, de repérer les sources de chaleur les plus infimes, de discerner les échos d'une vie souterraine, de « respirer » l'atmosphère pour sentir, toujours à distance, la présence de gaz toxiques, ont tous été testés au combat dans leurs versions les plus modernes, les plus expérimentales, sur le sol afghan. La famille des *Unattended Ground Sensors* rassemble par exemple de minuscules capteurs sismiques, acoustiques, infrarouges, optiques, magnétiques[1] qui n'avaient pas été testés en vraie grandeur jusqu'alors. Résultat ? Plus de six mois après les attentats, et alors même que « le succès dans la guerre moderne est rapidement devenu une question de localisation[2] », donc de renseignement, Ben Laden courait toujours dans les montagnes, insaisissable et invisible ! Ce n'était certes pas une raison pour empêcher les Américains, à la bataille sur le sol afghan, convaincus qu'ils mettraient un jour la main sur le fugitif, de se lancer sur un autre front pour gagner des points non plus sur terre, ni dans les cieux, mais dans le cyberespace. Quelle autre puissance au monde aurait eu l'audace, en pleine guerre, de se lancer dans une incroyable bataille politique et diplomatique contre ses propres alliés ? Aucune... C'est bien pourtant ce qu'a fait le Pentagone en décembre 2001 pour tenter de faire capoter un programme européen stratégique, le système GALILEO... !

1. David Windle et Damian Carrington : « Silent Sensors Lie in Wait of Bin Laden », *New Scientist Online News*, 21 novembre 2001.

2. Daniel Goure : « Localisation, Localisation, Localisation... », *Jane's Defense Weekly*, 27 février 2002.

Guerre à GALILEO

Depuis le début des années 90, un système unique d'informations géographiques, reposant sur une série de satellites en orbite et sur des récepteurs au sol, le Global Positionning System (GPS) américain, est opérationnel. De manière volontariste, cohérente, explicitement destinée à imposer la suprématie américaine en la matière, le GPS a été financé, étudié, industrialisé et produit sur fonds publics militaires, d'abord pour guider très précisément missiles et bombes jusqu'à leurs cibles[1] tout en permettant à tous les « vecteurs » (avions, bateaux, blindés, fantassins et même nageurs de combat sous la mer) de savoir avec précision où ils se trouvent, de même que leurs objectifs. D'abord et avant tout destiné aux armées, le GPS est progressivement devenu un système civil à part entière. Il équipe la plupart des taxis et bus parisiens qui indiquent ainsi automatiquement à leur standard l'endroit où ils se trouvent, ce qui leur permet, en retour, d'éviter les embouteillages ; les routiers ne pourraient plus s'en passer pour préparer les livraisons « juste à temps », garantie de la limitation des stocks dans l'industrie et le commerce. Aucun navigateur de plaisance, aucun randonneur en montagne ne saurait plus s'en dispenser. Il équipera bientôt les voitures de série, comme un vulgaire autoradio, et enverra directement la position de la voiture aux services de secours en cas d'accident. De plus, ces constellations de satellites permettent de donner sur l'ensemble de la planète une heure fiable et unique, au millionième de seconde près.

1. Les bombes JDAM, massivement utilisées dans la guerre contre l'Afghanistan, sont guidées par GPS.

Bref, le « positionnement » est devenu indispensable ; circonstance aggravante : il est gratuit... Alors que, pas davantage en matière de relations internationales ou de commerce que dans la vie en général, il n'existe d'acte gratuit ! En fait, dès les années 70, les Américains avaient compris – c'est même le secret de leur force incomparable actuelle – qu'ils se devaient de préparer l'émergence d'une société nouvelle basée sur l'échange d'informations de tous types. Ils avaient prévu que le fournisseur d'informations, en l'espèce de données géographiques, prendrait le pouvoir et s'y maintiendrait aussi longtemps qu'il serait seul sur ce créneau. Il ne s'agit là ni de bonté ni de philanthropie, encore moins de la dévolution d'un appareil militaro-technique au bien commun, mais bien de solide politique liée à un concept clair, celui de « domination informationnelle ».

C'est justement pour ces raisons que les Européens ont à juste titre considéré que leur indépendance stratégique était mise en cause par la suprématie du GPS, et qu'il convenait d'y remédier en lançant leur propre programme, appelé GALILEO et composé de 30 satellites. Après des années de tergiversations, de négociations communes souvent chaotiques, les Européens sont enfin parvenus à une position cohérente, mise au point à partir de décembre 2001, avant d'aboutir à un accord le 26 mars 2002. Dès que ce projet est entré dans sa phase active, les États-Unis, où la gestion de la politique en la matière a été confiée au Conseil national de sécurité et au directeur central du Renseignement dès 1996 (position affichée dans un document officiel[1]), ont

1. National Security Council, *US Global Positionning System Policy*, 29 mars 1996.

commencé à donner des coups de pied dans la fourmilière. Car si l'Europe a mis du temps à comprendre les enjeux stratégiques du positionnement, on est parfaitement au courant, à Washington, de leurs intentions, et prêt au combat depuis des années[1].

Dans ces conditions, il ne faut pas s'étonner que le secrétaire adjoint à la Défense et numéro 2 du Pentagone, Paul Wolfowitz, ait écrit à ses homologues de plusieurs pays européens, en pleine guerre, pour leur signifier l'inquiétude de son gouvernement. Paul Wolfowitz n'est certes pas le premier venu : dans l'équipe gouvernementale américaine, il fait partie du premier cercle des « durs de durs », ceux qui ont défini la politique de sécurité avec Donald Rumsfeld. Si cette équipe était un organisme masculin, Paul Wolfowitz y occuperait une position bien précise, le siège supposé de la virilité, auquel les Américains l'ont identifié dès qu'il s'est agi de mettre au point la riposte aux attentats, puisqu'un journal a pu le qualifier de « testostérone de Bush[2] » ! Pour lui, sans aucune hésitation, information ni réflexions particulières, il convient de frapper l'Irak. Et c'est avec la même ardeur qu'il milite contre GALILEO, projet dont il veut explicitement obtenir de l'Europe qu'elle y renonce. Dans sa lettre adressée le 1er décembre 2001 à tous les ministres européens de la Défense dont les pays font partie de l'Alliance atlantique, Wolfowitz leur expose à quel point il serait néfaste de lancer un système satellitaire dont les

1. Jean Guisnel : *Les Pires Amis du monde. Les relations franco-américaines à la fin du XXe siècle*, Stock, Paris, 1999, pp 233-238.

2. David Plotz : « Paul Wolfowitz, Bush's Testosterone Man at Defense », *Slate*, 12 octobre 2001.

fréquences d'émission interféreraient avec celles de la composante militaire du futur système GPS, le GPS-M, mode réservé aux armées américaines et à leurs alliées. Wolfowitz ne va certes pas jusqu'à se demander pourquoi ce sont les Européens qui devraient renoncer à leur système, et pas le Pentagone… En revanche, il souligne dans son courrier qu'il ne serait pas convenable de confier la gestion de GALILEO à des structures civiles, incapables de « mesurer pleinement les implications de sécurité de ce type de programme ». En clair : nous entendons rester seuls dans ce secteur, et vous êtes priés de dégager le terrain !

En procédant de la sorte, en dirigeant tout au long de l'année 2001 une action concertée de la communauté américaine du renseignement pour convaincre certains dirigeants européens de céder aux arguments de Washington et de se prononcer en leur faveur, Wolfowitz réactive une politique cohérente mise en œuvre en 1996, nous l'avons vu, mais qui s'est trouvée relancée en 2000. Le 1er mai de cette année-là, toujours à la demande du Conseil national de sécurité, le président Bill Clinton avait annoncé que les restrictions pesant sur les informations GPS reçues par des récepteurs civils seraient levées ; autrement dit, que les coordonnées d'un point précis pourraient être connues avec une précision de 36 mètres, le « zoulou » de ce point, à savoir son altitude, ne demeurant précis qu'à 150 mètres près. Cette première initiative visait à contester la future supériorité du système GALILEO, lequel aurait proposé d'emblée une précision de 4 mètres. Le 18 octobre 2001, soit cinq semaines après les attentats de New York et Washington, mais surtout deux mois avant des échéances cruciales pour GALILEO, les Américains garantirent que le signal serait envoyé en permanence, alors qu'ils s'étaient auparavant réservé la possibilité de le couper ou de le dégrader à leur convenance et sans préavis. On a le droit de les croire… mais aussi bien de ne pas les croire !

Les seuls à s'être indignés publiquement de l'attitude américaine et de l'arrogante missive de Paul Wolfowitz ne sont autres que Loyola de Palacio, la commissaire européenne en charge des Transports, qui a reconnu que « les pressions américaines ont augmenté depuis le 11 septembre », et le président français, Jacques Chirac, qui a estimé quant à lui que « ne pas réagir conduirait immanquablement nos pays à une vassalisation scientifique et technique, puis naturellement industrielle et économique ». En fin de compte, les dirigeants européens ont fini par comprendre que ce qu'ils feraient pour GALILEO n'est que la réédition de ce qui avait été fait en son temps pour Airbus, voire pour la fusée Ariane, deux emblèmes de l'indépendance industrielle et stratégique européenne que les États-Unis avaient eux aussi vigoureusement combattus. Car, sauf à accepter que le GPS américain devienne le seul et unique système de positionnement disponible de par le monde, les Européens ont compris qu'ils n'avaient pas le choix : leur indépendance est à ce prix. Imagine-t-on ce que deviendrait notre continent si, accidentellement ou volontairement, les États-Unis dégradaient ou interrompaient soudain le signal GPS qu'ils nous « offrent » pour prix de l'acceptation de leur domination technologique ? On n'ose imaginer les conséquences pour tous les utilisateurs, abandonnés sans plus aucune possibilité de s'orienter, qu'ils soient en pleine mer, dans le désert ou sur un quelconque terrain d'opération !

Finalement, l'Europe s'est ressaisie et le programme a effectivement été lancé le 26 mars 2002 pour une entrée en service en 2008. C'est une bonne décision : les États-Unis consacrent un budget six fois supérieur à celui de l'Europe en matière de recherche spatiale, mais quand le succès est au rendez-vous, c'est le jackpot pour l'industrie privée. Le marché mondial des récepteurs GPS s'élèvera à 12 milliards de dollars pour la seule année 2002 (trois fois le coût total de GALILEO !), dont plus de la moitié pour l'industrie américaine…

En septembre 2001, une réunion se tenait à l'Office of Space Commercialization du département du Commerce à Washington, qui héberge entre autres le fameux Advocacy Center, lequel coordonne les actions commerciales conjointes à l'étranger – légales ou pas – des entreprises et de l'administration américaines[1]. Or qu'entend-on au cours de cette réunion ? Qu'en ce qui concerne le GPS « la politique américaine consiste à promouvoir la croissance du marché global », notamment en offrant gratuitement le signal et les spécifications techniques des récepteurs ; mais que cette politique volontariste est obscurcie par le projet GALILEO, qui « ouvre de nouvelles possibilités, mais soulève aussi de nombreuses questions, en particulier d'un point de vue commercial[2] ». Wolfowitz travaille moins pour la sécurité du GPS, nullement mise en cause par GALILEO, que pour l'industrie et les intérêts commerciaux de son pays. Le seul problème, c'est qu'il ne le dit pas !

---

1. *Les Pires Amis du monde…*, *op. cit.*, pp. 299-305.
2. Site Internet : http://www.ta.doc.gov/space/library/speeches/2001-09-IAT.ppt.

Des images en or

Bien davantage qu'en temps ordinaire, dans la guerre contre le terrorisme, des images spatiales de grande qualité doivent être transmises à l'échelon politique le plus élevé. Aux États-Unis, en fait, les productions les plus sensibles des satellites d'espionnage ne sont vues que par quelques analystes triés sur le volet au sein de la communauté du renseignement, mais très rarement par le Président lui-même. En matière d'espionnage photographique, on est dans le domaine du secret absolu. Aux États-Unis – mais il en va de même en Russie ainsi qu'en France (laquelle possède, avec les deux satellites *Hélios*, ses propres espions de l'espace) –, les productions des engins spatiaux sont mieux protégées que les stocks d'or des banques centrales. Il s'agit de documents d'une « sensibilité » extrême, dont la communication est impossible pour plusieurs raisons : d'abord parce qu'elle démontrerait, notamment à certains gouvernements étrangers, la nature et l'étendue exactes de la connaissance que l'on peut avoir de leurs activités ; ensuite parce que les États rechignent à exposer les outils les plus précieux entrant dans leur arsenal ; enfin parce que cela ne se fait pas…

Durant la guerre des Malouines, en 1982, le Premier ministre britannique, Margaret Thatcher, sans doute plus reaganienne que le président américain Ronald Reagan en personne, eut un mal de chien à obtenir des services secrets américains qu'ils lui fournissent des informations sur les activités militaires argentines observables depuis l'espace. Autre exemple pris dans les années 80 : durant la crise des euromissiles, le chancelier Helmut Schmidt eut connaissance par le gouvernement américain de photographies spatiales du territoire de l'Allemagne de l'Est montrant plusieurs zones de déploiement de missiles SS 20 soviétiques ; mais ces images étaient charcutées de telle sorte que seuls les engins étaient visibles, mais aucun élément de leur environnement. À la veille du déclenchement de la Guerre du Golfe, François Mitterrand fit l'expérience d'une humiliation similaire lorsque l'officier général américain, venu lui présenter dans son bureau des images des objectifs irakiens, ressortit de son bureau avec les documents sous le bras… au motif que ces images concernaient la sécurité nationale américaine ! En fait, seul le Président américain est destinataire de l'intégralité de ces documents, mais, lors du briefing quotidien préparé par le National Security Council, ce sont essentiellement des synthèses qui lui sont présentées, et non pas des images ! L'existence même de l'agence américaine chargée de la conduite des programmes d'observation militaire, le NRO (National Reconnaissance Office), créé au début des années 60, a été tenue secrète durant plus de trente ans puisqu'elle n'a été connue qu'en 1992.

Toutes les images produites par les systèmes d'espionnage spatial ne sont pas assorties d'un niveau de secret équivalent, car les satellites utilisés par les armées permettent également de recueillir des informations relevant de l'une des priorités militaires essentielles : la cartographie et l'information géographique. Grâce aux technologies numériques, l'information spatiale permet de dresser des cartes et surtout de préparer ces « modèles numériques de terrain » indispensables aux armements modernes tels que missiles de croisière et avions de chasse, qui peuvent caler leurs radars de suivi de terrain sur les cartes numériques chargées dans leur mémoire de bord et atteindre ainsi leur cible sans intervention humaine ou presque. Les commandos et les forces spéciales ont aussi massivement recours aux informations numériques transmises depuis l'espace : les détails sont si précis qu'il est parfaitement possible – cela se fait – de modéliser un objectif et ses approches, par exemple au cœur d'une ville ou dans n'importe quel environnement complexe, puis de préparer une simulation d'opération sur un ordinateur qui reproduira fidèlement toutes ses caractéristiques. Aucune armée moderne ne saurait se priver de ces atouts. Pourtant, sont encore intervenues dans ce domaine des nouveautés majeures qui ont quelque peu bouleversé la donne.

Le 24 septembre 1999, la firme privée Space Imaging lançait avec succès le premier satellite commercial de haute définition (un mètre), *Ikonos*, qui offre depuis, sur le marché international, des images d'une qualité semblable à celle des deux satellites militaires français *Hélios 1A* et *Hélios 1B*, lancés respectivement le 7 juillet 1995 et le 3 décembre 1999. Hasard, loi du marché ? Pas vraiment... D'abord, il n'est pas interdit de penser que les États-Unis ont autorisé le lancement de satellites proposant sur le marché commercial des images d'un mètre de définition du jour où le premier pays étranger non russe, la France, allait enfin accéder à cette technologie. Les firmes « marraines » de la société Space Imaging, créée en 1994, ne sont autres que deux sociétés très au fait des technologies d'observation spatiale, et parties intégrantes du complexe militaro-industriel américain : Lockheed – contractant majeur du NRO, fabricant des KH-11 *Kennan*, KH-12 *Improved Crystal*, entre autres – et E-Systems, filiale de l'un des autres fleurons du complexe militaro-industriel américain, Raytheon. Coup de chance, l'année même de la création de Space Imaging, Bill Clinton décidait soudain de libéraliser la vente des images satellitaires[1], fait jusqu'alors inimaginable avec une définition aussi précise. Et autre miracle : dans le cadre de la *Commercial Imagery Initiative* décidée en mars 1996, l'administration s'engageait à acheter des images de satellites commerciaux pour 40 millions de dollars annuels, de 2001 à 2003, et pour 80 millions ensuite[2]. Le contrat concernait le NRO, mais engageait également une toute nouvelle agence du Pentagone chargée justement d'exploiter les images spatiales, la NIMA (National Imagery and Mapping Agency) ; cette aubaine profitait essentiellement à Space Imaging, dont le président n'était autre que Jeffrey Harris, précédemment directeur du NRO de 1994 à février 1996, date de son éviction consécutive aux pratiques de dissimulation, notamment d'ordre comptable, de son service vis-à-vis du Congrès...

Depuis l'an 2000, n'importe quel gouvernement étranger, voire n'importe quelle entreprise qui en reçoit l'autorisation (on conçoit que Saddam Hussein, lui, puisse avoir du mal !...) peut donc acheter des photos à Space Imaging. Dès mai 2000, la FAS (Federation of American Scientists) et le CDI (Center for Defense Information) ont rendu publiques des images des préparatifs militaires chinois contre Taïwan. De même, furent publiées début 2001 des photos d'Ikonos

1. Presidential Directive Decision 23, du 10 mars 1994.

2. Laurence Nardon : *Satellite Imagery Control : an American Perspective*, Centre français sur les États-Unis, IFRI, Paris, mars 2002, p. 37.

montrant l'avion-espion EP-3 *Aries* de l'US Navy, intercepté par l'armée de l'air chinoise, au parking de l'aéroport de l'île de Hainan. Moins agréable pour le gouvernement américain, la FAS a publié des images de la base secrète de Nellis et d'Area 51, dans le Nevada, où des millions d'Américains croient dur comme fer que l'on tripatouille des cadavres d'extraterrestres depuis cinquante ans ! Les publications sont incessantes, puisqu'on a aussi vu des images des bases nucléaires nord-coréennes : rien qui puisse blesser là le Pentagone. Depuis lors, en octobre 2001, un autre satellite civil américain encore plus précis a été placé sur orbite, QuickBird 2, dont la définition est de 70 centimètres. La vente des images (sauf celles d'Afghanistan) aux clients internationaux a commencé le 11 mars 2002.

On le voit : les diffusions d'images autrefois réservées à quelques généraux et *happy few* de l'espionnage viennent rappeler aux militaires français qu'ils ne peuvent plus compter que sur la qualité de leurs analystes pour « faire la différence ». Mais l'avantage de la détention d'images satellitaires n'en demeure pas moins incommensurable pour le gouvernement français : il dispose d'une source autonome d'informations stratégiques exploitées par la DRM (direction du Renseignement militaire), installée sur la base de Creil, et de la DGSE (Direction générale de la sécurité extérieure). Cet outil a déjà permis des avancées significatives vis-à-vis des Américains, lesquels ont souvent vu contester, notamment dans les multiples crises consécutives à la Guerre du Golfe, leurs arguments sur les menaces militaires qu'auraient fait peser l'Irak sur ses voisins. La France est également beaucoup mieux placée lors des échanges d'informations entre services de renseignement des pays de l'OTAN : les partenaires sont d'autant plus enclins à offrir des « tuyaux » qu'on vient soi-même avec ses propres analyses et ses informations exclusives sous le bras. Tout cela s'est révélé particulièrement efficace lors des crises et des guerres successives dans les Balkans.

L'une des premières décisions prises par les services de renseignement américains après les attentats du 11 septembre a consisté à mettre la main sur l'ensemble de la production civile d'imagerie satellitaire concernant l'Afghanistan, la NIMA, déjà cliente de la société française Spotimage, achetant en outre en bloc toute la production de la société Ikonos sur ce pays et ses voisins pour 1,9 million de dollars par mois. L'avantage stratégique du Renseignement américain s'est donc trouvé garanti contre d'éventuels adversaires préparant des attentats terroristes. Mais fallait-il des images satellites pour lancer des avions contre le World Trade Center et le Pentagone ? On peut en fait douter de l'utilité d'une telle mesure : les clients des sociétés de vente d'images spatiales (hors de prix) sont tous identifiés, et les vendeurs d'une prudence de chats.

Les Américains ne préservent pas leur avantage stratégique en disposant seulement de la capacité « centimétrique » que leur offrent leurs engins KH-11 et KH-12 ; ils sont également les seuls à disposer d'une panoplie de moyens d'imagerie associant satellites, avions pilotés ou automatiques en grande quantité, moyens de transmission en direct, etc. Surtout, ils sont les seuls à posséder les moyens d'observer la Terre *par tous les temps* avec leur satellite-radar *Lacrosse-Onyx*. Sa précision serait de l'ordre du mètre, et quatre exemplaires en ont été lancés depuis 1998 (le dernier le 17 août 2000). Initialement, les Allemands travaillaient sur un radar spatial de même type, *Horus* ; ils y ont renoncé en 1999 pour des raisons budgétaires, et se sont prononcés l'année suivante pour un nouveau programme, SAR-LUPE, qui paraît aujourd'hui pratiquement abandonné, bien qu'il s'agisse d'un système faisant appel à une technologie fort intéressante reposant sur une constellation de deux ou trois petits satellites, beaucoup moins chère que le défunt *Horus*. Exactement comme ce sera le cas deux ans plus tard pour GALILEO, le Pentagone a vu d'autant plus rouge que Français et Allemands paraissaient décidés, avant 1998, à s'associer dans une architecture commune du renseignement spatial : Paris aurait financé et construit un satellite optique de nouvelle génération, *Hélios 2*, tandis que les Allemands auraient fait de même avec SAR-LUPE, tout le monde mettant ensuite l'ensemble des productions en commun. De leur côté, les Américains avaient donc entrepris, avec le NRO et la DARPA, un discret mais intense lobbying auprès des autorités françaises et allemandes pour qu'elles acceptent de renoncer à leur projet de satellite-radar et s'engagent, à la place, dans un programme de satellites-radar de nouvelle génération baptisé *DISCOVERER 2 STARLITE*, censé permettre d'obtenir une couverture permanente de l'ensemble de la planète moyennant une constellation de vingt-quatre satellites. Certainement pas ! répondirent de concert les deux leaders de l'Union européenne qui entendaient bien se débrouiller tout seuls. Les Allemands avaient déjà été échaudés par les Américains qui leur avaient proposé, au début des années 90, d'acquérir un satellite-espion optronique *clés en main*, selon la formule consacrée. Le problème, pourtant, était justement... celui des clés ! Les États-Unis entendaient conserver la haute main sur la distribution des images en s'arrogeant le droit de fermer le robinet quand bon leur semblerait, en fonction des évolutions de la situation internationale ! La leçon a porté, mais les Américains ont finalement dû renoncer, en 2000, faute de financement et sous la pression du Congrès, à leur programme *DISCOVERER 2*. Il est vrai que le Pentagone avait placé la barre très haut en demandant 25 milliards de dollars pour son nouveau système d'espionnage. C'est la raison pour laquelle la Chambre des représentants annula ce projet, le jugeant hors de prix. Même le financement de la phase de définition, s'élevant à 130 millions de dollars, n'a pas été avalisé. Pourtant, les militaires américains rêvent de pouvoir surveiller en permanence toute la surface de la planète. Les attentats du 11 septembre leur ont permis de relancer l'offensive…

Le projet américain consiste désormais à développer l'actuel système d'espionnage en mettant notamment sur pied la nouvelle génération de satellites d'observation intégrée dans une architecture globale, la *Future Imagery Architecture*, pour un budget estimé dans un premier temps à 5 milliards de dollars et dont la responsabilité a été confiée à la firme Boeing. « Big Brother » est déjà là, aujourd'hui…

7

Indispensables réformes

On ne change pas une équipe qui perd… C'est en quelque sorte sur ce principe que le président George W. Bush a déclaré, très rapidement après les attentats, qu'il n'était pas question pour lui d'envisager une réforme « à chaud » de la communauté américaine du renseignement, ni de prendre des sanctions contre un quelconque de ses dirigeants alors que tous devaient n'avoir à l'esprit, dans les semaines et les mois suivants, que leur engagement dans la guerre totale contre le réseau Al-Qaida. Tous les spécialistes – parlementaires, fonctionnaires, universitaires, journalistes et chercheurs, voire membres de la communauté du renseignement – qui s'étaient penchés, depuis plusieurs années – donc bien avant que ne surviennent les attentats – sur le problème de l'inefficacité des services américains, avaient tous appelé de leurs vœux une réorganisation majeure. Elle s'impose plus que jamais et ne manquera pas d'intervenir, mais ce ne sera pas du fait de « Dubya » Bush, lequel ne s'engagera dans cette voie, de toute évidence, qu'à reculons.

Le sommet de l'exécutif américain a affirmé deux choses, après les attentats. La première, comme l'a dit le Président le 26 septembre 2001 en rendant une visite à chaud, à Langley, aux fonctionnaires de la CIA étrillés par la presse, c'est qu'ils n'avaient pas perdu sa « confiance », mais qu'il leur savait particulièrement gré, deux semaines seulement après les attentats, d'avoir accepté de rester au bureau, « de dormir par terre et de manger des pizzas froides[1] ». À ce discours rassurant, George W. Bush a ajouté un postulat : il est interdit de critiquer la communauté du renseignement.

CIA : « Nous sommes fiers de notre bilan. »

Nul ne devrait chercher à soulever la chape de silence qui doit à ses yeux l'entourer, officiellement au nom de la protection de la sécurité nationale, en réalité parce que ce mutisme demeure la meilleure façon de ne pas avoir à la protéger des conséquences de son propre échec. Cette volonté n'est certes qu'un vœu pieux, et le Président est tombé sur un os lorsque, après avoir piqué un coup de sang à la lecture d'un article du *Washington Post*[2], il exigea que seule la « bande des Huit » ait accès aux informations classifiées[3]. Peine perdue : les fuites font désormais partie intégrante de la vie démocratique sans qu'il soit sans doute possible de revenir en arrière… L'ancien directeur de la CIA Stansfield Turner, qui considérait les actions clandestines comme étant « dans la

1. Site Internet : http//:www.cia.gov/cia/public_affairs/speeches/bush_speech_09262001.html
2. Susan Schmidt et Bob Woodward : « CIA Warn Congress of More Attacks As Blair Details Case Against Ben Laden », *The Washington Post*, 5 octobre 2001.
3. Lire *supra*, chap. 1.

plupart des cas un moyen d'action inapproprié de l'État[1] », estime en corollaire que la légitime notification des opérations au Congrès a un prix : « Ce prix, c'est la forte probabilité que si une action est très controversée, elle fera l'objet de fuites et ne pourra plus être conduite clandestinement[2]. » L'autorégulation par la fuite, en quelque sorte…

Comme George Tenet l'a déclaré lors de son audition par le Sénat, le 6 février 2002 – sa première intervention officielle depuis les événements du 11 septembre –, la CIA a toutes les raisons non d'accepter les critiques, mais, bien au contraire, d'être « fière » du travail accompli : « Nous accueillons favorablement l'étude par votre commission de notre bilan contre le terrorisme ; c'est un bilan de discipline, de stratégie, d'attention et d'action. Nous sommes fiers de ce bilan ; nous sommes en guerre contre Al-Qaida depuis plus de cinq ans. Nos succès collectifs à l'intérieur de l'Afghanistan reflètent l'importance que nous avons accordée au problème et démontrent notre volonté de développer nos sources humaines, nos opérations techniques, la fusion du renseignement, la coopération totale avec les militaires. Cela fait cinq ans que nous travaillons très dur là-dessus[3]. » En d'autres termes : pourquoi donc nous chercher des poux dans la tête puisque nous avons été impeccables ?

Tenet a joué finement de sa position : nommé par Bill Clinton après l'échec de la candidature d'Anthony Lake, il n'aurait logiquement pas dû être maintenu à son poste après la

1. Dirty Tricks or Trump Cards…, *op. cit.*, p. 58.
2. *« Stop the covert operation… »*, art. cit.
3. Audition devant le Senate Select Intelligence Committee, 6 février 2002.

victoire de George W. Bush, et en être éjecté à la faveur du changement d'administration au nom du *spoil system* qui fait retourner à leurs chères activités antérieures, à chaque alternance, plus de huit mille dirigeants du pays. En ce qui concerne la CIA, nombre d'observateurs pensaient au départ que le nouveau Président choisirait un parlementaire républicain, ancien fonctionnaire de l'Agence, Porter J. Goss, élu de Floride, président de la commission du Renseignement de la Chambre des représentants, le House Permanent Select Committee on Intelligence (HPSCI). Mais George Tenet a misé très tôt sur le bon cheval. Invoquant la nécessité de ne pas faire entrer les affaires du renseignement dans le jeu politicien, il avait eu l'idée ingénieuse, sous la présidence Clinton, de baptiser le quartier général de la CIA au nom de l'un de ses anciens directeurs, le noble bâtiment devenant ainsi le « George Bush[1] Center of Intelligence ». On ne renvoie pas un aussi bon administrateur, pensa le fils Bush lors de sa prise de fonctions, en janvier 2001, sans changer d'avis après les attentats… Et il ne paraît même pas considérer qu'une investigation de grande ampleur s'imposerait sur les raisons qui ont conduit l'Amérique à l'échec.

Pour autant, les États-Unis ne feront pas à ce sujet l'économie d'une véritable enquête. Passé le temps des premiers chagrins, des premières colères, des premières ripostes, cette perspective s'est faite plus nette. Mais pas question d'aller plus vite que la musique ni d'anticiper sur une clarification précise de la situation militaro-opérationnelle. Bob Graham (démocrate, Floride), qui

1. George H. Bush, père de l'actuel Président, fut directeur central du Renseignement et patron de la CIA de janvier 1976 à janvier 1977.

préside le Senate Committee on Intelligence, de même que son vice-président, Richard C. Shelby (républicain, Alabama), avaient clairement exprimé ce point de vue dès octobre 2001, et leurs homologues de la Chambre des représentants avaient exprimé leur accord pour lancer une enquête, certes, mais pas dans la précipitation. Porter Goss se trouvait lui aussi sur cette ligne, bien que sa vice-présidente, la démocrate Nancy Pelosi, n'ait pas fait mystère de son souhait de voir une enquête s'ouvrir dans un délai plus bref. À la Maison-Blanche, le président du PFIAB (President's Foreign Intelligence Advisory Board), l'ancien sénateur républicain Warren B. Rudman, nommé par Bill Clinton, affichait pour sa part une attitude de grande prudence. Notons au passage que cette commission consultative peu connue ne revêt que l'importance que veut bien lui accorder l'hôte de la Maison-Blanche. Sous Bill Clinton, elle fut pratiquement nulle, et d'ailleurs entachée de soupçons de copinage lors des nominations de ses membres. Rudman avait été désigné au PFIAB par Bill Clinton en 1993, et en fut d'abord le vice-président avant d'en prendre la tête en 1997 ; c'est seulement début octobre 2001 que George W. Bush le remplaça par le général Brent Scowcroft, ancien conseiller pour la Sécurité nationale durant la présidence de son père. Les autres membres qu'il a nommés ce même jour sont Cresencio Arcos (ancien adjoint au sous-secrétaire d'État pour les Affaires latino-américaines), Jim Barksdale (ancien président de Netscape), Robert A. Day (banquier, donateur de 275 000 dollars à la campagne présidentielle républicaine), Stephen Friedman (président de l'université Columbia, membre sortant du PFIAB), Alfred Lerner (banquier), Ray Hunt (pétrolier texan, membre du conseil d'administration de l'American Petroleum Institute), Rita Hauser (juriste spécialiste des droits de l'homme), David Jeremiah (amiral, ancien adjoint au chef d'état-major interarmées du temps de George Bush père), Arnold Kanter (sous-secrétaire d'État de 1991 à 1993 sous George Bush père, membre fondateur de la société de conseils stratégiques Scowcroft Group présidée par… Brent Scowcroft), James Langdon Jr (avocat, membre de la société de lobbying Akin, Gump, Straus, Hauer & Feld, spécialisée dans la représentation des intérêts de l'industrie pétrolière au Congrès), Marie Pate Cornell (spécialiste de la gestion des risques à l'université de Stanford), John Streicker, Pete Wilson, Philip Zellikow (historien de l'université de Virginie, ancien membre du National Security Council de George Bush père, spécialiste de la sécurité européenne). Ces nominations tardives constituent également une manière de remercier des amis fidèles auxquels il sera toujours possible de demander à nouveau des services de temps à autre.

En fait, dans les mois qui ont suivi le début de la guerre, la date charnière est celle de la chute de Kandahar, le 7 décembre 2001, qui marque la disparition politique des talibans afghans. Pour ce qui est du rôle des services américains, la période d'expectative est close dès cette date : l'Amérique a alors commencé à se rassurer sur ses capacités de riposte, elle a d'ores et déjà repris du poil de la bête et peut envisager de regarder son passé en face. Les « hostilités » ne tardent donc pas à être ouvertes : dès le 20 décembre, par deux des plus éminents parlementaires américains, connus l'un comme l'autre pour leur liberté d'esprit, le démocrate Joe Lieberman (Connecticut), fidèle soutien d'Israël, et le républicain John McCain (Arizona), ancien combattant héroïque au Vietnam. Le premier fut le colistier d'Al Gore à la présidentielle de 2000, et McCain tenta pour sa part d'obtenir l'investiture républicaine contre George W. Bush. Dans un texte commun[1], les deux hommes réclament la mise sur pied d'une commission d'enquête *(National Commission on Terrorist Attacks)* de quatorze membres, dont quatre seraient nommés par le président Bush et dix par les commissions du Congrès. Les responsables des services de renseignement ne seraient pas conviés à y siéger. Face aux critiques estimant que sa proposition déboucherait, si elle était acceptée, sur une mise en cause de la Maison-Blanche, McCain a déclaré qu'il envisageait une commission « non partisane et indépendante. Ce doit être une chasse à la vérité, pas une chasse aux sorcières ».

Dans la foulée, une proposition concurrente est présentée par les sénateurs Robert Torricelli (démocrate, du New Jersey) et Chuck Grassley (républicain, de l'Iowa), réclamant pour leur part que la commission d'enquête soit composée de douze membres, dont des parlementaires. Le Président nommerait quatre membres de cette commission, et chacun des quatre leaders du Congrès deux.

Les quatre parlementaires nommés ci-dessus sont donc partisans de l'ouverture d'une enquête rigoureuse, semblable à celles qui avaient été lancées par le passé après l'assassinat de John F. Kennedy[2], le désastre de la navette Challenger[3], ou, plus anciennement, l'attaque japonaise contre Pearl Harbor, le 7 décembre 1941. Sur cette dernière

1. Site Internet : http://mccain.senate.gov/sept11comm.htm
2. http://www.jfk-assassination.de/WCR/. À noter qu'il existe des centaines de sites web et plusieurs milliers d'ouvrages sur l'assassinat du président John F. Kennedy, toujours pas formellement élucidé à ce jour.
3. http://history.nasa.gov/rogersrep/genindex.htm

affaire, neuf commissions d'enquête successives travaillèrent entre décembre 1941, quelques jours après le désastre, et mai 1946, date de la fin des travaux de la commission des deux assemblées parlementaires chargée de synthétiser l'ensemble de ces travaux et dont le rapport compte vingt-trois volumes, soit 25 000 pages[1]. C'est bien un travail de ce type, intégral et sans connivence, qu'a réclamé dès février 2002 Robert Torricelli, au motif que « laisser le soin de cette enquête aux commissions spécialisées du Sénat et de la Chambre des représentants ne permettrait pas de lancer l'investigation complète et impartiale dont nous avons besoin. Ces commissions ont exercé des responsabilités continues de contrôle de ces mêmes agences sur lesquelles elles devraient enquêter, et n'offriraient donc pas les points de vue originaux d'un groupe indépendant[2] ».

Si Robert Torricelli se fâche ainsi, ce n'est pas seulement parce qu'il a quelques comptes personnels à régler avec la CIA[3]. C'est aussi que tout le monde – parlementaires, Maison-Blanche, services de renseignement – s'est finalement mis d'accord sur une solution mi-chèvre, mi-chou qui ne lui convient pas. Enquêter ? Mais sans dire trop de mal. Chercher les causes de l'échec ? Mais sans les révéler. Réaménager des structures mal en point ? Mais sans les mettre sens dessus dessous. Désigner des responsables ? Mais sans faire de peine à personne… Telle était la quadrature du cercle, qui s'est trouvée résolue d'une façon

1. Consulter le remarquable site du groupe de travail Pearl Harbor History Associates : http://www.ibiblio.org/phha/links.html

2. Robert Torricelli : « For a "Pearl Harbour" Enquiry », *The Washington Post*, 17 février 2002.

3. Lire *supra*, pp. 92-93.

inattendue : par l'annonce, le 14 février 2002, de la création d'une commission d'enquête commune au Sénat et à la Chambre des représentants, composée de délégués des commissions du renseignement de chacune des deux chambres, ayant pour mission d'identifier les erreurs ayant conduit au désastre du 11 septembre, non sans préparer la nouvelle organisation destinée à remplacer celle en place, pratiquement inchangée depuis 1947. Mais, surtout, la Maison-Blanche et la CIA ont sorti un lapin de leur chapeau en la personne du responsable de cette enquête, chargé de la conduire d'un bout à l'autre, d'organiser les recherches, de convoquer les témoins et de rédiger le rapport final. Qui est cette personnalité rare sur laquelle la présidence, les assemblées parlementaires et la CIA elle-même se sont accordées ? Ce fin praticien du monde des ombres, expérimenté, sans doute, mais également membre du sérail, n'est autre que Britt Snider, qui entama sa carrière comme jeune *staffer* de la commission Church, qui l'aura continuée en dirigeant vingt ans plus tard les travaux de la commission Aspin/Brown[1], avant de la terminer comme inspecteur général de la CIA où il avait été appelé par son ami George Tenet. Ce dernier élément, surtout, pose problème, car il est clair que l'on imagine assez mal comment un travail dirigé par Britt Snider[2] pourrait déboucher sur une mise en cause de son mentor… Comment imaginer que la révision déchirante nécessaire à la remise en route d'une CIA

1. *Commission on the Role and Capabilities of the US Intelligence Community*, GPO, Washington, 1er mars 1996.
2. Avec pour principal collaborateur Rick Cinquegrana qui avait notamment conduit l'enquête interne de la CIA sur la trahison d'Aldrich Ames.

victime d'« inaptitude, d'incompétence, de naïveté, d'erreurs de jugement et de corruption[1] », pour les avis les plus sévères, ou devenue une « bureaucratie gélatineuse[2] », pour l'un de ses anciens cadres dirigeants maniant la cruauté indulgente, sera préparée par un homme qui en fut membre au plus haut niveau jusqu'en janvier 2001 ? Tenet fait débat et, avant même que les auditions et le travail de la Commission n'aient commencé, il s'est trouvé en position d'accusé ; mais, bouc émissaire désigné d'avance, fort malgré tout du soutien de George W. Bush – jusqu'à quand ? –, il paraît prêt à vendre chèrement sa peau alors que personne n'aurait haussé le sourcil si le Président l'avait mis à la porte dès le 11 septembre au soir.

Propositions antérieures

On ne saurait prétendre que l'état de déliquescence des services américains de renseignement n'avait pas été perçu depuis nombre d'années. Bien des médecins se sont penchés sur leur lit de douleurs en donnant l'impression d'être pratiquement tous d'accord sur le diagnostic, mais pas sur les remèdes ni sur la manière de les administrer. En fait, les parlementaires membres des commissions sur le Renseignement martèlent les mêmes questions et proposent à peu de choses près les mêmes solutions depuis une dizaine d'années.

1. Angelo M. Codevilla : « Reforming the CIA Means New Leaders, New Ways of Doing Business and a Truckload of Pink Slips », *Insight on the News*, 15 avril 2002.

2. Frederick Hitz : « Await Findings of the Capitol Hill Probe before Condamning George Tenet », *Insight on the News*, 15 avril 2002.

Lors de la discussion sur le budget 1999 des agences de renseignement, le Sénat[1] considérait comme prioritaires 1) un renforcement dans le domaine Recherche et Développement pour accélérer la modernisation de la CIA et de la NSA ; 2) l'accroissement des efforts en matière de collecte et d'analyse pour améliorer la lutte contre la prolifération des armes de destruction massive, le contre-terrorisme, la lutte antidrogue, le contre-espionnage et les actions clandestines ; 3) un élargissement de la collecte et de l'exploitation des sources MASINT *(Measurement and Signature Intelligence)* ; 4) le développement des systèmes de reconnaissance basés sur des constellations de « petits » satellites, y compris par observation radar ; 5) l'amélioration de la formation des personnes ; 6) l'accroissement des capacités d'analyse ; 7) la rationalisation de la distribution de l'information ; 8) le développement de nouveaux moyens d'information.

Les nouvelles propositions présentées en 2000 et 2001 par différentes commissions d'études reprennent donc ces analyses initiales tout en les complétant et en insistant sur des points dont la pertinence s'est accentuée après les attentats. Elles peuvent être résumées assez simplement : toutes exigent d'abord une refonte des moyens techniques et « politiques » de collecte de l'information ; ensuite, une remise à plat de la ventilation de cette information entre les différents services de recherche ; enfin, une mise à disposition efficace de cette information aux différentes administrations qui n'y ont pas accès à ce jour. Ces différentes propositions de réforme exigent au préalable la redéfinition

1. *Intelligence Authorization Act for Fiscal Year 1999. Conference Report*. Sénat, 8 octobre 1998.

des priorités gouvernementales afin de donner un cadre d'évolution aux services, laissés peu ou prou la bride sur le cou. Le rapport Hart-Rudman[1] suggère que les priorités dans la recherche d'informations secrètes fassent l'objet d'une définition précise, sans doute d'un plan qui serait présenté par le National Security Council au DCI. Ces évolutions ne requerraient pas une transformation institutionnelle profonde dès lors que ces axes sont déjà présents dans le National Security Act de 1947. Le problème vient de ce que le NSC a progressivement abandonné ces impératifs pour se contenter d'un travail de coordination certes utile, mais insuffisant. Chat échaudé craint l'eau froide, et, depuis les errements de l'ère Reagan dans l'Irangate, le NSC était devenu *de facto* le « récepteur » des travaux des services pour le compte du Président. Depuis les attentats, ce rôle a évolué en vue de rendre le NSC plus dynamique sous la houlette de Condoleeza Rice. Le rapport Hart-Rudman insiste sur l'incapacité de la communauté du renseignement à travailler sur les menaces à long terme, comme elle le faisait du temps de la Guerre froide, leur préférant les alertes à brève échéance. La commission admet que l'une des raisons de cet état de fait réside dans la diminution des effectifs et des budgets, mais aussi dans les impératifs induits par les « conflits ethniques » et le terrorisme, avec pour résultat que les services travaillent davantage « à la commande » que de leur propre initiative. En sus d'une planification stratégique, les rapporteurs insistent sur

1. Hart-Rudman Report. US Commission on National Security/21st. century, *Road Map for National Security : Imperative for Change*, 31 janvier 2001.

« l'importance critique de la diplomatie préventive. Ces deux priorités exigent de la communauté du renseignement qu'elle puisse admettre de telles innovations, mais les tendances actuelles la conduisent dans la direction opposée[1] ».

Augmenter les budgets

Bien qu'ils reçoivent une enveloppe globale (classifiée) de près de 30 milliards de dollars par an, les services américains demeurent sous-financés, déclarent les commissions d'étude. Aucun chiffre officiel sur ces budgets n'est plus disponible, les derniers connus remontant à la fin des années 90 : 26,6 milliards de dollars pour 1997, et 26,7 milliards pour 1998. Depuis cette période, le budget des services de renseignement ne fait plus l'objet que d'évaluations succinctes à partir d'analyses nécessairement incomplètes des diverses données budgétaires rendues publiques. C'est ainsi qu'il a été possible de considérer que le budget de l'ensemble de la communauté américaine du renseignement se serait stabilisé durant la seconde présidence Clinton (29 milliards de dollars en 1999, 29,5 en 2000, pour recommencer à grimper en 2001, peut-être jusqu'à atteindre 31,5 milliards[2]). Les attentats de septembre ont provoqué un afflux massif d'argent à destination des

---

1. *Road Map for National Security*, p. 82.
2. Le budget pour 2001 avait été fixé avant les attentats de septembre. Les évaluations sont comprises entre 29,5 et 31,5 milliards de dollars, ce dernier chiffre étant le plus plausible.

services de renseignement : leur budget pour l'année fiscale[1] 2002 est porté à 33 milliards de dollars (en augmentation de 8 %). Ce mouvement ne s'arrêtera sans doute pas de sitôt, puisque l'effort consenti pour 2003, vraisemblablement porté à 41,3 milliards de dollars (soit 47,57 milliards d'euros, ou 312 milliards de francs), connaîtra une augmentation astronomique de 25 %[2] ! Pour bien mesurer l'importance de cet effort, il faut le comparer par exemple au budget français de la Défense pour 2002 (29,27 milliards d'euros), auquel il est supérieur de plus de 60 %. Il faut ajouter que l'augmentation du budget de l'Espionnage américain ne va pas sans s'accompagner d'un accroissement très important du budget de la Défense à proprement parler, au point que les États-Unis consacreront à leurs armées 379 milliards de dollars en 2003, soit l'équivalent du budget militaire de la quasi-totalité des autres pays du monde ! Chaque Américain consacrera 1 029 euros à la Défense, soit trois fois plus que la moyenne des citoyens de quatre grandes nations européennes (Allemagne, France, Grande-Bretagne, Italie)[3].

Les commissions d'étude ne détaillèrent pas les sommes nouvelles à affecter ni les services censés devoir en bénéficier, mais ont signalé plusieurs lacunes à combler d'urgence, en particulier grâce à des financements complé-

1. L'exercice budgétaire américain se déroule d'octobre à octobre. Les 1,5 milliard de dollars accordés en urgence dès les semaines suivant le 11 septembre ont donc été affectés au budget 2002.

2. Daniel Smith : « Intelligence Funding and the War on Terror », *Weekly Defense Monitor*, 14 mars 2002.

3. Laurent Zechinni : « États-Unis et Europe : le grand écart des budgets de défense », *Le Monde*, 5 février 2002.

mentaires : en premier lieu, les technologies de l'information permettant le traitement électronique du renseignement. À propos du terrorisme, la commission Bremer dénonce très explicitement la faiblesse des moyens d'analyse des interceptions électroniques et des ordinateurs des organisations terroristes ou de leurs membres, lesquels disposent pour leur part de cryptosystèmes puissants. Elle remarque que « jusqu'à ce que l'information soit traduite en anglais, il est pratiquement impossible de relever des informations rattachées à une opération terroriste[1] ». De cette constatation inquiétante, mais confirmée par nombre d'observateurs, découle la seconde priorité ; elle concerne les capacités linguistiques. Tous les bons connaisseurs de la communauté américaine du renseignement sont unanimes : les capacités de traduction y sont dramatiquement basses, et les analystes connaisseurs de langues rares en sous-effectifs préoccupants. Cette situation est d'autant plus surprenante que les États-Unis sont très certainement le pays qui dispose parmi ses citoyens, ses résidents permanents ou ses candidats à la naturalisation, de l'éventail le plus complet de toutes les langues parlées du monde. À la critique portant sur l'incapacité des services à recourir aux services de ces personnes, ceux-ci répondent invariablement que le recrutement d'immigrants poserait de trop sérieux problèmes de sécurité et d'accès à des informations classifiées émanant de sources secrètes. De ce fait, il est permis de considérer que les considérations budgétaires avancées par les services pour

1. Bremer Commission. National Commission on International Terrorism, *Countering the Changing Threat of International Terrorism, Pursuant to Public Law 2777, 105th Congress*, 5 juin 2000, p. 13.

justifier leurs insuffisances en matière de maniement des langues étrangères manquent de pertinence. En fait, la communauté a elle-même reconnu que son vrai problème en la matière réside dans son incapacité à « apprendre à reconnaître la valeur de la diversité[1] », mais sans proposer pour autant de réelle solution.

La question de la pratique des langues étrangères est désormais considérée comme centrale, à tel point que le GAO a produit trois rapports sur la question en janvier 2002. Deux concernant les capacités en matière de langues étrangères au sein de la NSA et du FBI, demeurent classifiés[2] ; un seul a été rendu public, qui offre quelques aperçus intéressants, révélant en particulier que les problèmes viennent en partie de la disproportion entre le volume des données recueillies[3], en augmentation considérable, et le nombre de traducteurs disponibles, qui se réduit : « Au FBI, par exemple, les carences en personnels parlant des langues étrangères se sont traduites par l'accumulation de milliers d'heures de bandes magnétiques audio et de milliers de pages de texte qui n'ont été ni examinées, ni traduites [...]. Divers diplomates et responsables des services de

1. Assistant Director of Central Intelligence for Analysis and Production, *Strategic Investment Plan for Intelligence Community Analysis*, DCI, janvier 2000.

2. *Foreign Languages : Five Agencies Could Use Human Capital Strategy to Handle Staffing and Proficiency Shortfalls*, GAO, 31 janvier 2002. Également inaccessible : *Foreign Languages : Staffing Shortfalls and Related Information for the National Security Agency and the Federal Bureau of Investigation*, GAO, 31 janvier 2002.

3. Singulièrement par le réseau ÉCHELON, les interceptions de téléphones portables et les divers systèmes de surveillance et d'interception de l'Internet. Le volume des interceptions augmente actuellement de 30 % par an !

renseignement ont fait valoir que ce manque de personnel a affaibli la lutte contre le terrorisme et le trafic de drogue, et réduit la représentation des intérêts diplomatiques américains à l'étranger[1]. » On apprend au passage que le FBI disposait en 2001 de 415 postes budgétaires de traducteurs et interprètes à temps plein, dont 360 étaient occupés, et qu'il demandait 96 postes supplémentaires.

Vilipendée après les attentats, la relative faiblesse des services américains, singulièrement de la CIA, en matière de renseignement humain (HUMINT), avait été soulignée au cours des mois précédents par les « panels » officiels. Dans sa recommandation 37, le rapport Hart-Rudman précise : « Le DCI devrait mettre l'accent sur le recrutement de sources humaines en matière de terrorisme, l'une des priorités les plus criantes de la communauté du renseignement, en insistant sur le fait que les directives opérationnelles tiennent compte de l'équilibre entre impératifs de sécurité et respect des valeurs et des principes américains[2]. » Ces considérations font allusion, nous l'avons vu, à l'interdiction faite aux services de renseignement américains, notamment à la CIA, de recruter des informateurs ou des agents étrangers qui se seraient rendus par le passé coupables de violation des droits de l'homme. Sur ce point, la commission Bremer se montre très nette, liant explicitement les nombreuses démissions de personnels expérimentés à l'« excessive aversion au risque » qu'ont introduite les nouvelles règles de fonctionnement mises en œuvre à partir de 1995 : « l'adoption de ces règles a

1. *Foreign Languages : Human Capital Approach Needed to Correct Staffing and Proficiency Shortfalls*, GAO, janvier 2002, p. 2.
2. *Road map…*, *op. cit.*, p. 83.

contribué à un déclin notable du moral de l'Agence, sans équivalent depuis les années 70[1] ». Lors de la conférence de presse suivant la présentation de son rapport en juin 2000, l'ambassadeur Bremer avait déclaré : « Mettez-vous à la place d'un officier traitant travaillant dans un poste de la CIA à l'étranger, au contact avec un gars appartenant à un groupe terroriste et qui aspire à travailler pour vous. Vous avez vraiment besoin de lui donner une réponse rapide. Il met sa vie en jeu. Vous ne pouvez pas attendre deux ou trois mois pour obtenir une réponse émanant de la jungle bureaucratique ! »

Mais, en matière de renseignement humain, ce serait une erreur que de voir dans ce problème la seule difficulté existante. Dans son excellent rapport commandé par Bill Clinton, la commission Aspin/Brown avait reproché son « insularité structurelle » à la Direction des opérations en charge du renseignement humain, lui faisant grief de fonctionner en vase clos, de recruter de « jeunes diplômés de l'université formés par la CIA aux affaires d'espionnage et partant à la retraite trente ans plus tard en ayant passé le plus clair de leur vie outremer [...]. Sous prétexte de protéger ses sources, la DO s'est trop souvent isolée du reste de la communauté du renseignement. Cet isolement a souvent été perçu comme de l'arrogance et du dédain, et d'autres secteurs de la communauté y ont réagi avec hostilité[2] ». Et la commission de réclamer que les agents secrets chargés du contact avec les « sources » quittent régulièrement le confortable giron de la DO pour tourner partout, aussi bien à l'intérieur de la CIA, qu'ils connaissent mal, qu'en

1. *Countering the Changing Threat*..., *op. cit.*, p. 11.
2. *Commission on the Role and Capabilities*..., *op. cit.*, p. 67.

d'autres services, au Congrès, dans des entreprises, etc. Non sans se tourner vers le secteur privé pour y recruter des contractuels… Six ans après la rédaction de ce texte, les maux semblent avoir peu évolué : les remèdes proposés ne risquent pas d'avoir le moindre effet puisque personne n'a jamais souhaité les administrer. Avant les attentats…

Office of Homeland Security

Annoncée le 8 octobre par la publication de l'Executive Order 13228, la création d'un nouveau service opérationnel, le Office of Homeland Security (OHS), a été perçue à juste titre comme l'illustration de la volonté du président George W. Bush de prendre personnellement en main les questions relatives à la sécurité intérieure. L'originalité de cette structure réside dans son rattachement direct à la Maison-Blanche. Le patron de l'OHS, le gouverneur de Pennsylvanie Tom Ridge, se trouve en effet placé au sein de l'Executive Office du Président au même titre que les patrons du Conseil pour les Affaires économiques et du Conseil de sécurité nationale. Cette création a été accueillie de manière mitigée, les observateurs craignant souvent que l'OHS « doublonne » avec d'autres bureaux et agences, et que la mission de coordination qui lui revient ne soit en réalité impossible à assurer en raison des réticences bureaucratiques et du poids des habitudes. Comment effacer les concurrences, mettre tous les acteurs de la sécurité intérieure au travail ensemble ? C'est toute la question, et l'incontestable autorité de Tom Ridge ne sera pas de trop pour mener à bien cette tâche. Après quelques initiatives discrètes et des interventions médiatiques destinées à personnaliser le combat contre le terrorisme sur le sol américain, Tom Ridge est entré dans le vif du sujet à la fin décembre 2001. Le 23 de ce mois, il a en effet ouvert un Centre national de coordination prévu pour être complètement opérationnel à la fin 2002 ; le rôle de cet établissement consistera à centraliser toutes les informations des agences fédérales concernant les menaces planant sur le territoire, tout en relevant ses vulnérabilités. Il aura également en charge la définition des ripostes à apporter en cas de crise. C'est en ce lieu que les informations opérationnelles de la CIA et du FBI, par exemple, seront centralisées et rediffusées. Le service d'immigration (IMS) aura également à rendre des comptes sur sa gestion des « individus à risques » en commençant par remettre au FBI une liste – sous forme de base de données – des 314 000 individus considérés à la fin de 2001 comme « disparus » sur le territoire américain.

Si l'Office of Homeland Security n'a pas tardé à œuvrer en réorganisant – ou en tentant de le faire ! – la sécurité sur les aéroports, il aura pu puiser des conseils éclairés dans les travaux de la commission Gilmore[1] qui avertissait en ces termes, fin 2000, le Président des États-Unis : « Les phénomènes terroristes, quoique tragiques, se sont produits si rarement dans notre pays que les fondations de notre société ou notre forme de gouvernement n'ont pas été menacés. Néanmoins, la plausibilité

1. Cette commission, composée d'experts de haut niveau, remet tous les ans, depuis 1999, un rapport sur le terrorisme. Voir sa dernière édition : *Third Annual Report to the President and the Congress of the Advisory Panel to Assess Domestic Response Capabilities for Terrorism Involving Weapons of Mass Destruction,* Rand Corporation, Arlington, VA, 15 décembre 2001.

d'une attaque terroriste à l'intérieur des États-Unis constitue une menace émergente sérieuse. Il n'existe pas de garantie que notre sanctuaire domestique demeure aussi sûr. En raison de l'énormité des enjeux, nos dirigeants doivent prendre au sérieux l'éventualité d'une escalade de la violence terroriste contre notre pays[1]. »

L'un des premiers effets de l'existence de l'OHS aura été de faire apparaître sur le devant de la scène des centaines d'industriels vivotant naguère de projets un peu fumeux ou se gavant déjà de contrats militaires, mais qui se sont tous retrouvés à courtiser Tom Ridge avec des ardeurs adolescentes pour lui proposer des systèmes-miracles, visant à protéger le sol américain de nouvelles attaques terroristes. Cela va des portes de cockpit blindées, pour protéger les pilotes, aux systèmes biométriques pour mesurer les caractéristiques physiques (iris, oreille, voix, etc.) des individus afin de les identifier avec précision, en passant par les « renifleurs » d'armes biologiques, les systèmes d'information géographique pour les pompiers, les blindés pour la police, les portiques pour les aéroports, les bases de données pour les gardes-côtes, des radars plus performants pour les contrôleurs aériens, etc. Beau sujet que celui-là pour les partisans des théories de la conspiration qui en viennent çà et là à penser que le gouvernement américain aurait lui-même organisé les attentats du 11 septembre[2], et qui pourront gloser sur le

1. Commission Gilmore : *Towards a National Strategy for Combatting Terrorism*, Rand Corporation, Arlington, Va, 15 décembre 2000.

2. Ces théories farfelues sont évoquées dans un pamphlet : Thierry Meyssan, *L'Effroyable imposture*, éd. Carnot, Paris, 2002.

fait que tous les industriels de l'armement, et ceux qui aspiraient à le devenir, vont pouvoir se reconvertir dans la production de systèmes en tout genre pour assurer la protection de la citadelle nationale. Il est vrai que les seuls budgets confiés à Tom Ridge – qui récupère tous ceux naguère éparpillés entre différentes administrations – ont de quoi donner le tournis aux industriels avides de contrats profitables avec l'État fédéral : de 19,5 milliards de dollars pour 2002, leur montant va passer à 37,7 milliards en 2003…

Patriot attitude

Dans la chaleur du choc consécutif aux attentats, les services de renseignement ont lancé d'urgence une première vague de réformes organisationnelles, la réponse initiale de la CIA consistant à renforcer le Counterterrorism Center avec des personnels de l'Agence ainsi qu'avec des agents du FBI et des militaires des forces spéciales. Longtemps considéré comme une instance essentiellement bureaucratique, le centre a vu ses effectifs doubler et des opérationnels ont été adjoints aux analystes[1]. Il a fallu pour cela « dégarnir » nombre d'autres services, notamment celui chargé des opérations antidrogue. Mais le directeur central du Renseignement a opportunément saisi l'occasion pour tenter de remettre un peu d'ordre dans la maison, notamment en réclamant une cessation immédiate

1. Walter Pincus : « CIA Steps up Scopes, Pace of Efforts on Terrorism », *The Washington Post*, 9 octobre 2001.

de la guerre picrocholine contre les frères ennemis du FBI. Les consignes de George Tenet ont été diffusées dans un mémorandum classifié au ton très dur, intitulé *« We are at war »*, dont la presse américaine a pu connaître quelques bribes[1]. Le directeur y met l'accent sur l'absolue nécessité d'en finir avec les conflits internes à la CIA, mais également de partager « complètement les idées et les capacités » avec les autres agences. Depuis lors, deux réunions quotidiennes ont été organisées entre le directeur du Counterterrorism Center, Cofer Black, et le directeur du FBI, Robert S. Mueller, accompagné de ses principaux adjoints. Objet de ces rencontres : le partage des informations.

Vieille histoire ! Triste rengaine ! L'incapacité des différentes administrations recélant des informations secrètes à les partager ne date pas vraiment d'hier : Ferdinand Eberstadt, très haut fonctionnaire qui avait joué un rôle considérable dans l'organisation de l'effort de guerre durant le second conflit mondial, s'était vu confier en 1949 une mission d'étude sur l'organisation des services de renseignement[2] dans le cadre d'une étude plus ample sur le réaménagement de l'administration, confiée à l'ancien président Herbert Hoover. Or que recommande Eberstadt dans son rapport ? « Que des efforts significatifs soient faits pour encourager les relations de confiance mutuelle entre la CIA et les nombreux ministères et agences qu'elle sert[3]. »

1. « CIA Steps up Scope… », *op. cit.*
2. *Task Force on National Security Organisation.*
3. Cité par Richard E. Best et Herbert A. Boerstling, *Proposal for Intelligence Reorganization, 1949-1996*, Congressional Research Service, 28 février 1996.

Un demi-siècle plus tard, les récriminations n'avaient pas varié, bien que des voix se fussent élevées avec une vigueur de plus en plus accentuée pour protester contre le fait que les informations recueillies par le FBI au cours d'une enquête sur des actes terroristes ne pouvaient être consultées par la CIA dans le cours d'une autre enquête que l'Agence aurait menée avant qu'elles n'aient été présentées au tribunal. Cette forme du secret de l'instruction, qui risquerait fort de prêter à sourire en France, a eu le don d'exaspérer des juristes proches des services d'espionnage qui estimaient que l'on se privait ainsi d'éléments pouvant se révéler cruciaux dans le cadre d'enquêtes secrètes ; ils estimaient que, ce faisant, on protégeait outrancièrement les suspects, de même que les prérogatives des juges et celles du FBI : « Pensons-nous vraiment que ces catégories protégeront mieux les droits des suspects que des analystes de la CIA qui, après tout, ont pour fonction de protéger des secrets autrement plus importants[1] ? » s'interrogeait l'ancien conseiller juridique de la NSA alors que la discussion sur la nouvelle législation antiterroriste battait son plein.

En fait, le législateur a dû bon gré, mal gré accepter les exigences de la CIA, puissamment épaulée par l'exécutif. En ces temps notoirement perturbés où il serait possible de faire passer le chien du voisin pour un terroriste pourvu qu'il aboie la nuit, cette suppression de la confidentialité dont jouissaient les suspects en cours d'enquête est passée comme une lettre à la poste. Or les enquêtes menées dans le

1. Stewart Baker : « Grand-Jury Secrecy Rules Help the Terrorists », *The Wall Street Journal*, 5 octobre 2001.

cadre d'une procédure déclenchée par un grand jury comptent parmi les moyens d'investigation les plus puissants et les plus larges dont dispose la Justice américaine. Que la CIA y ait accès à la condition que ces enquêtes concernent des cas relevant de l'espionnage ou du contre-espionnage, et c'est la fameuse interconnexion entre les différents fichiers d'investigation qui fait un pas de géant. Les agences de sécurité vont être ainsi en mesure d'échanger entre elles des quantités d'informations qui restaient jusque-là confidentielles, des relevés des comptes bancaires aux interceptions téléphoniques, de la surveillance des navigations électroniques sur Internet aux dossiers médicaux. Autant d'échanges de renseignements qui faisaient peut-être défaut dans la période précédant les attentats – ce qui reste à démontrer –, mais dont il est acquis qu'ils seront désormais monnaie courante. Fallait-il en passer par là pour éviter que de telles attaques terroristes ne se reproduisent ? Possible. Mais on ne peut s'empêcher de penser que les mesures introduites par le vote de la loi USA Patriot Act[1], texte de 342 pages paraphé par George W. Bush le 26 octobre 2001, reviendront à autoriser ce qui ne l'avait encore jamais été dans l'histoire américaine, et à légitimer à peu de chose près les pratiques liberticides reprochées à la CIA et au FBI dans les années 70 dans le cadre des opérations CHAOS et COINTELPRO, toutes deux artificiellement raccrochées à de prétendues menaces extérieures – communistes, émanant de l'URSS en l'occurrence – masquant en

1. *Uniting and Strengthening America by Providing Appropriate Tools Required to Intercept and Obstruct Terrorism Act of 2001.*

réalité des troubles intérieurs liés à la protestation contre la guerre du Vietnam.

Le Patriot Act a été voté avec précipitation, dans la foulée des attentats, par des parlementaires qui n'en avaient souvent même pas lu le texte, et pose de très graves problèmes pour la défense et la protection des libertés individuelles ; il jette à bas des siècles de tradition judiciaire qui permettait notamment aux avocats d'assurer la défense des prévenus dans des conditions correctes. Cette fois, c'en est bien fini, et n'importe qui est devenu un terroriste en puissance : dès lors que la détention d'un « instrument dangereux » permet à elle seule de ranger un individu dans cette catégorie, on frémit à l'idée – mise en application sur des milliers de suspects – qu'il suffise qu'un étranger soit considéré par le ministre de la Justice comme constituant une menace pour la sécurité nationale pour qu'il soit incarcéré sans autre forme de procès aussi longtemps que tel sera le bon plaisir de John Ashcroft. Et si cela convient au FBI, on interceptera sans aucun problème les communications entre l'avocat et son client. Pour ne pas parler des tribunaux militaires dont la création est envisagée pour juger les suspects arrêtés en Afghanistan, envoyés sur la base cubaine de Guantanamo sans qu'aucun texte international prévoie ce mode de détention.

Le gouvernement américain a beau jeu de prétendre que ces mesures antiterroristes visent des suspects qui ont souvent le malheur d'être musulmans ou de porter des noms à consonances moyen-orientales, et que les citoyens ordinaires n'ont rien à redouter de telles lois. Argument recuit en faveur de tous les textes répressifs !... Les Américains n'ont pas assez perçu que les libertés ne se divisent pas, et que les leurs sont également mises à mal. C'est particulièrement vrai pour toutes celles concernant les échanges d'information en ligne. Dans l'interminable bataille que se livrent les cyber-libertaires et les services de sécurité – au premier rang desquels la NSA et le FBI –, les seconds ont longtemps prétendu que le réseau Al-Qaida et les amis de Ben Laden utilisaient massivement l'Internet pour communiquer en utilisant de puissantes techniques de cryptage. Ces théories, massivement reprises au lendemain des attentats, reposent sur des bases dont la fausseté a été finalement admise par le FBI lui-même, lequel a estimé que si les auteurs des attentats ont, de fait, abondamment utilisé l'Internet pour échanger des *e-mails*, jamais ils n'ont eu recours à la cryptographie et encore moins à une technologie de dissimulation sophistiquée, la stéganographie.

Cryptographie, sténographie, fantasmagorie

Cette méthode d'un usage assez simple permet de cacher des messages dans un fichier informatique d'une autre nature (par exemple, des images dans un fichier son, du son dans de la vidéo, du texte dans une image), et se trouve de ce fait très sûre, particulièrement difficile, voire impossible à détecter par des systèmes de surveillance du réseau. Dès le début de 2001, une information publiée initialement dans *USA Today*[1] prétendait que les terroristes islamistes utilisaient des groupes de discussion sur la pornographie pour

1. Jack Kelley, « Terror Groups Hide Behind Web Encryption », *USA Today*, 5 février 2001.

insérer des fichiers de données à l'intérieur d'images obscènes, les transmettant ainsi de manière invisible. Bien que ces assertions n'aient jamais été démontrées, bien que maints articles documentés aient précisément fait litière de ces bobards[1], bien que le FBI lui-même ait fait savoir dès le 18 septembre qu'il avait pu, à cette date, vérifier les *e-mails* émis ou reçus par les dix-neuf terroristes au cours des quarante-cinq jours précédant les attentats, et que si ces hommes avaient « utilisé et bien utilisé l'Internet[2] », ils n'avaient eu recours à aucune technique de chiffrement, il s'est trouvé nombre de médias réputés sérieux[3] pour accréditer cette rumeur après les attentats, en sorte que de tels racontars finissent par passer pour autant de vérités.

Dans l'examen de conscience collectif qui a suivi les attentats, il s'est trouvé des journalistes pour prétendre que le grand militant de la cryptologie pour tous, développeur d'un remarquable logiciel qui fit à partir de 1991 les beaux jours de centaines de milliers d'internautes, Philip Zimmerman[4], se trouvait « submergé par la culpabilité » pour avoir permis à des terroristes de fomenter des attentats grâce au chiffrement de leurs communications. En fait, il n'en a rien été. Non seulement les terroristes n'ont nullement utilisé la technologie mise au point par Zimmerman, mais ce dernier

1. Jean-Marc Manach : « Terrorisme : les dessous de la filière porno », *Transfert*, 27 septembre 2001.
2. James Vicini : « Ashcroft : FBI Probes if Other Planes Were Targeted », *Reuter*, 18 septembre 2001.
3. Notamment la chaîne de télévision qui a redonné vie à ce sujet ; Brian Ross : « A Secret Language ; Hijackers May Have Used Secret Internet Messaging Technique », *ABC News*, 4 octobre 2001.
4. Jean Guisnel, *Guerre dans le cyberespace, services secrets et Internet*, éd. La Découverte, Paris, 1997, pp. 70-82.

revendique haut et fort sa création dont il estime – à juste titre – qu'elle a constitué un considérable progrès dans la société de l'information : « La question de savoir s'il fallait interdire la cryptographie puissante a été débattue durant toutes les années 90. La Maison-Blanche, la NSA, le FBI, la Justice, le Congrès, l'industrie informatique, les chercheurs universitaires, la presse en ont débattu. Cette discussion a pris pleinement en considération l'éventuelle utilisation de la crypto par les terroristes, qui est même devenue l'un des noyaux durs du débat. Néanmoins, à l'encontre du FBI, la décision collective de la société a consisté à dire que nous vivrions tous mieux avec une cryptographie solide, sans *back doors*[1] du gouvernement. Les contrôles à l'exportation ont été levés et aucun contrôle domestique n'a été imposé. Je pense que cette décision a été la bonne, car nous avons eu le temps de la prendre en bénéficiant d'une large expertise[2]. »

Au fil de la bataille pour le contrôle des réseaux de communication par les services de sécurité, le FBI tout comme la CIA et la NSA avaient subi défaite sur défaite tout au long de la décennie 1990, ainsi que le rappelle Philip Zimmerman. Depuis le début du développement massif d'Internet au début des années 90, tous les services de renseignement, qui avaient compté parmi les premiers à anticiper le développement massif du réseau, entendaient voir la pratique des interceptions se développer. Vieille

1. Système de déchiffrement intégré au logiciel de cryptage à l'insu de son utilisateur.

2. Philip Zimmerman : « No Regrets About Developing PGP », www.philzimmerman.com, 24 septembre 2001.

affaire ! Les espions ont toujours fait preuve d'une remarquable capacité à trouver les moyens d'accroître leur pouvoir de surveillance au fur et à mesure de l'apparition de technologies nouvelles. Dès la mise en place des premiers réseaux téléphoniques à la fin du XIXe siècle, les services de police ont eu massivement recours à ces méthodes avant que la loi ne les encadre, parfois des dizaines d'années plus tard[1]. Mais, dans les années 1990, la révolution de l'information et le développement inimaginable de la « société en réseau » ont généré des pratiques sociales nouvelles que les services de renseignement – américains, mais aussi bien européens – ont entrepris de contrôler massivement. Quoique avec les plus grandes difficultés…

Beaucoup moins sensible aux arguments des « services » qu'à ceux des défenseurs des libertés électroniques qui comptent davantage d'électeurs démocrates dans leurs rangs, l'administration Clinton avait donné satisfaction à ces derniers de manière pratiquement systématique. C'est ainsi qu'une bataille épique pour la liberté de la cryptographie fut remportée par ses partisans. En contrepartie, l'ex-président Clinton mena de rudes batailles parlementaires pour obtenir le droit d'organiser plus aisément des écoutes téléphoniques, notamment après l'attentat d'Oklahoma City en 1995 et celui des Jeux olympiques d'Atlanta l'année suivante. Mais le Congrès rejeta

1. En ce domaine, la France n'a pas été en reste puisque les écoutes administratives, qui n'ont été encadrées par la loi qu'en 1991, étaient déjà pratiquées contre le général Boulanger en… 1889 ! Lire à ce sujet Adrien Dansette, *Le Boulangisme*, Librairie académique Perrin, Paris, 1938, p. 299.

systématiquement ces requêtes au nom de la défense des libertés individuelles. Les attentats de septembre 2001 ont naturellement changé la donne de fond en comble, et le FBI n'a pas attendu une semaine pour réintroduire pratiquement toutes ses demandes de contrôle des réseaux, de surveillance des flux d'information électronique, de pénétration des ordinateurs lors de la discussion sur la loi PATRIOT. À de rares exceptions près, toutes ces demandes ont été acceptées.

De « CARNIVORE » à « Magic Lantern »

Résumons la situation : en 2000, les associations de défense des droits des usagers étaient entrées en campagne contre un programme lancé par le FBI pour intercepter non seulement les *e-mails* d'éventuels suspects, mais encore surveiller toutes leurs navigations sur le web. Au départ joliment nommé CARNIVORE[1], avant d'être rebaptisé, de manière plus sibylline, DCS-1000, ce programme consiste en un ordinateur installé dans un bureau du FBI, relié par un réseau aux serveurs du fournisseur d'accès Internet (FAI) de la personne concernée par l'écoute du service. Ce système, qui porte l'indiscrétion policière, le profilage inquisitorial d'un suspect et le viol total de la vie privée à des extrémités encore jamais atteintes, pose un problème d'autant plus sérieux que le FBI doit « renifler »

1. Pour une documentation complète et des séries de liens, voir sur le site de l'EPIC (Electronic Privacy Information Center) : www.epic.org/privacy/carnivore/.

l'ensemble du trafic du FAI pour surveiller les activités de son suspect, et que la confidentialité des échanges de l'*ensemble* des clients du FAI s'en trouve totalement compromise. Dans l'ambiance actuelle, et compte tenu de la priorité absolue donnée aux exigences des services de sécurité, pratiquement accordées avant même que d'avoir été formulées, on ne voit pas ce qui pourrait empêcher CARNIVORE de rechercher des informations sur à peu près n'importe qui pour un stockage et une utilisation ultérieure.

Levées en bloc par les attentats, les réticences des parlementaires face aux précédentes exigences du FBI ont été mises à mal par CARNIVORE et la Justice se voit contrainte de livrer des informations permettant des « évaluations techniques » par des experts « indépendants », cependant que le service fédéral a obtenu de pouvoir intercepter tous les appareils de communications (fax, mobile, ligne fixe) d'un suspect, de même que son trafic Internet et son courrier électronique. Plus étonnant : au cas où un suspect pénètre dans un lieu public, un cybercafé par exemple, tous les téléphones et toutes les liaisons numériques de cet établissement pourront être interceptés. Même chose s'il visite une librairie : le commerçant sera contraint de dévoiler les achats de son client… Lorsque les attentats se sont produits, la lutte contre CARNIVORE s'était organisée depuis plus d'un an et les défenseurs des libertés sur le réseau pensaient avoir tout vu en matière d'exigences des services de renseignement sur la transparence des liaisons électroniques entre citoyens. Erreur !

Nicodemo Scarfo, plus proche de la Mafia que du culte de sainte-nitouche, soupçonné d'en connaître un rayon sur les paris clandestins, était suspecté par le FBI de ne pas toujours respecter la loi. Il a appris au début de l'année 2002 que les règles de droit avaient changé dans son pays. Précisément quand le bureau de contre-espionnage est allé perquisitionner son ordinateur pour voir si son disque dur n'abritait pas des preuves d'activités délictueuses. Mais Nicodemo est suspecté d'être un délinquant moderne, et ses fichiers étaient cryptés avec PGP. Le FBI n'a pu y avoir accès. C'est pour cette raison qu'il a demandé à un juge de lui accorder l'autorisation d'entrer subrepticement dans le local où se trouvait l'ordinateur afin d'y installer un renifleur clandestin. « D'accord », a dit le juge. « Parfait », a répondu le FBI. « Ma che ! » s'est indigné Nicodemo quand il apprit que le dispositif avait enregistré le mot de passe composé sur son clavier, permettant au FBI de décrypter ses fichiers apparemment débordant de preuves sur des activités proscrites par la loi… Le FBI avait-il le droit de procéder de la sorte ? Un juge fédéral a rendu en janvier 2002 une décision en ce sens, et les fichiers litigieux seront examinés par un tribunal. Cette grande nouveauté, parfaitement conforme au Patriot Act, va permettre au FBI de développer avec zèle sa nouvelle invention : Magic Lantern ! Plus besoin d'intrusion physique : ce cheval de Troie – en fait, un virus informatique – est envoyé clandestinement à la machine d'un suspect et réexpédie ensuite à la police tout ce qui s'y passe, singulièrement les « mots de passe » tapés sur le clavier et permettant d'accéder à des fichiers cryptés. Le gros problème, pour le FBI, consiste à obtenir l'accord des fabricants d'antivirus pour qu'ils ne bloquent pas Magic Lantern. Or là, bien peu se mouillent, la plupart préférant se répandre en circonlocutions alambiquées. Car les fabricants d'antivirus le savent : le premier qui acceptera de laisser le FBI installer son virus mouchard sera illico boycotté par le marché américain. L'affaire est d'autant plus inquiétante que le projet Magic Lantern, dont l'utilisation ne sera pas connue des suspects avant leur comparution devant le tribunal, est intégré dans une initiative beaucoup plus large, *Cyber Knight* (cyber-chevalier) visant à protéger l'ensemble du territoire américain et ses installations sensibles contre des attaques de « cyberterroristes ». Voilà la guerre prête à repartir de plus belle entre les partisans des libertés électroniques et les services qui les combattent, auxquels les attentats ont indiscutablement apporté des soutiens et des arguments fort opportuns. En matière de sécurité et de services secrets aussi, l'occasion fait le larron. Dans la détestation nourrie contre le FBI, ce dernier se retrouve en bonne compagnie : la NASA est peut-être encore plus honnie que lui !

Aux États-Unis, jusqu'à ce que les attentats surviennent, la NSA était considérée dans l'opinion ainsi que parmi les élites intellectuelles comme l'une des principales menaces contre les libertés individuelles, fondement de la Constitution. Dans la communauté culturelle des activistes d'Internet, elle n'est pas loin de représenter, depuis le début des années 90, une sorte de mal absolu. Sa volonté d'imposer – d'abord clandestinement, puis en cherchant à circonvenir l'appareil d'État – un système de cryptologie généralisé dont elle aurait détenu les clés (le Clipper Chip[1]) l'avait fait considérer comme manipulatrice, tentaculaire et incontrôlable. De fait, nombre de films à succès, dont

1. *Guerres dans le cyberespace*, *op. cit.*, pp. 39-42.

Sneakers[1], *Enemy of the State*[2], *Mercury rising*[3], *The Shadow Conspiracy*[4] – la liste n'est pas exhaustive – peignent la NSA sous un jour particulièrement sombre et font de ses responsables autant de monstres de duplicité, d'assassins d'enfants et de factieux indécrottables. Le trait est forcé, la fantaisie débridée, et le genre fait une large place à des théories du complot on ne peut plus schématiques. Il est néanmoins indéniable qu'aux États-Unis mêmes, ces scénarios à succès ne font que traduire une évidence : la NSA inquiète.

La mouvance « historique » de l'Internet, cette nébuleuse de militants créateurs d'un véritable mouvement culturel né dans la lignée des *cyberpunks* et des auteurs de science-fiction William Gibson et Bruce Sterling[5], est à l'origine d'un très solide mouvement de contestation des contrôles étatiques exercés sur les communications électroniques. Ses victoires contre la Communauté du renseignement sont innombrables et incessantes, qu'il s'agisse – dans le domaine de la sécurité des communications – de la lutte contre le Clipper Chip, de la cessation des poursuites contre

1. Mise en scène de Phil Alden Robinson, avec Robert Redford. Sorti en 1992.

2. Mise en scène de Tony Scott, avec Gene Hackman. Sorti en 1998.

3. Mise en scène de Harold Becker, avec Bruce Willis. Sorti en 1998.

4. Mise en scène de George Cosmatis, avec Donald Sutherland. Sorti en 1997.

5. Le mouvement des *cyberpunks* continue de jouer un rôle culturel considérable, et leurs auteurs cultes, outre Gibson [inventeur du terme cyberspace dans son roman *Neuromancer* (1982)] et Sterling, sont William S. Burroughs, Don DeLillo, Philip K. Dick, Robert Sward. Sur ce sujet, voir Jean Guisnel : « Hackers et cyberpirates, un autre mythe », lors du colloque *Figures de piraterie. Imaginaire et représentations (XIIe-XXIe siècles)*, Musée national de la Marine, Paris, 15-16 février 2001.

Philip Zimmerman, créateur du logiciel de cryptologie PGP (Pretty Good Privacy), ou de la transformation de la législation américaine sur l'exportation des cryptosystèmes. Autour notamment de l'EFF *(Electronic Frontier Foundation)* et de l'EPIC *(Electronic Privacy Information Center)*, une puissante coalition s'est organisée. En vertu d'une idéologie aux apparences libertaires, finalement assez proche de celle qui anime la NRA (National Rifle Association) qui milite de son côté pour le droit de chaque Américain à détenir des armes, les défenseurs de la liberté de communiquer refusent tout contrôle de l'administration sur leurs échanges électroniques.

Mais cette communauté qui fournit clandestinement ses meilleurs pirates informatiques aux armées et aux services secrets américains, ne se place pas toujours aux ordres des généraux, de la CIA ou de la NSA. Et dans les jours qui suivent les attentats, certains de ces hackers attaqueront de leur propre initiative... Quand le 11 septembre les tours s'effondrent et le Pentagone brûle, l'Amérique se trouve brutalement confrontée à un acte de guerre qu'elle n'attendait absolument pas. Confrontée à cette réalité, elle est littéralement sidérée. Pétrifiée, inaccessible à d'autres sentiments que le chagrin et la révolte. Incapable d'agir dans l'instant, cela va de soi, même si personne ne peut douter que sa réaction surviendra un jour. Mais qui donc va passer immédiatement à l'offensive, concrètement, et avec une certaine efficacité, quoique l'on puisse penser de la méthode ? Des pirates informatiques. Sans discernement, sans aucun sens de l'action policée, de l'opportunité politique ou de la nuance, ils ont sans délai pris le parti d'attaquer les sites web de tout ce qui, de près ou de loin, pouvait sur Internet représenter une expression de l'islam intégriste, voire de l'islam tout court. Les sites militants proches des talibans afghan, ceux du gouvernement iranien, les prosélytes de Ben Laden et d'Al-Qaida, se sont retrouvés effacés et remplacés par des injures, ou des images provocatrices. Plusieurs centaines de sites ont ainsi été détruits, par des informaticiens experts qui, comme les pirates des Caraïbes, portent des noms de guerre et se dissimulent eux aussi derrière des pseudonymes. L'organisation des attaques a été menée par une équipe d'une soixantaine de pirates internationaux fonctionnant en réseau, qui s'est baptisée « *the dispatchers* », et l'un des plus brillants attaquants – qui s'en est particulièrement pris aux sites iraniens bien protégés – est connu comme RaFa, ancien membre d'un groupe renommé, World of Hell, spécialisé dans les attaques de *top level domains* (singulièrement en .gov et .mil)[1]. D'autres membres de WoH, comme Mistah Hackah Jack, ont précisé au fil des jours qu'ils utiliseraient des modes d'intervention de plus en plus nombreux, ce qui fut effectivement réalisé. L'attaque – circonscrite au registre virtuel et symbolique – s'est révélée suffisamment sérieuse pour que le National Infrastructure Protection Center, structure du FBI spécialisée dans la défense contre les attaques informatiques, publie une « alerte » rappelant que quels que soient les sentiments patriotiques motivant les pirates, leurs actions n'en demeuraient pas moins répréhensibles et passibles d'une peine de cinq ans de prison. Mais le FBI savait fort bien à qui il avait affaire, et aussi qu'il n'avait rien à craindre de *white hat*

1. Matt Loney : « Hackers Slash out at Islamic Sites », *ZDNet*, 18 septembre 2001.

hackers (les « bons » pirates) qui n'ont plus de délinquant que l'apparence et travaillent en fait bien souvent en collaboration avec les services de sécurité, contrairement aux vrais délinquants, les *black hat hackers*, que la police poursuit. À notre connaissance, aucune des attaques menées en riposte au 11 septembre n'a fait l'objet de la moindre poursuite, à ce jour. Les attentats du 11 septembre ont d'ailleurs eu des effets sérieux sur nombre d'initiatives de pirates informatiques, singulièrement sur les animateurs de ces sites permettant de « naviguer » anonymement sur le web, ou d'« anonymiser » les envois de courriers électroniques. Pour ne pas prêter le flanc aux accusations de complicité éventuelle avec les terroristes, les animateurs de ces sites les ont fermés comme ce fut le cas pour MagnusNet Proxy Server.

Premiers projets de réforme structurelle

Le *Miami Herald* nous apprend que le 13 mars 2002, soit pratiquement six mois jour pour jour après les attentats, donc avant la mort des pirates de l'air terroristes, le chef présumé du réseau, Mohamed Atta, et Marwan Al Shehhi, l'un de ses lieutenants, avaient reçu leurs visas d'étudiants à l'école d'aviation de Venice (Floride) ! Incroyable bévue de l'INS (Immigration and Naturalization Service), dont chacun, aux États-Unis, à commencer par George W. Bush, se demande comment elle a bien pu se produire... Ce pataquès démontre à tout le moins l'ampleur du capharnaüm régnant dans les services de renseignement américain quand il s'agit d'effectuer le moindre contrôle sur la circulation des étrangers, pourtant le *b.a.ba* de toute police, *a fortiori* de toute démarche de contre-espionnage. En fait, ces visas aussi posthumes que tardifs illustrent de manière saisissante les inextricables difficultés dans lesquelles se débattent les services de sécurité dès qu'il s'agit de gérer des fichiers d'étrangers. L'encombrement informatique, les divisions, la concurrence, la protection des prérogatives sont tels que lorsque les différents services croient être en mesure d'identifier quiconque entre sur le territoire américain avec ou sans visa, ils se trompent lourdement. Ce problème central n'a pas manqué d'être cerné assez tôt, mais on peut être assuré que la bureaucratie a mis en œuvre des trésors d'imagination pour que les évolutions nécessaires soient les plus lentes possibles. La réalité, c'est que nombre de services et d'agences gouvernementales disposent d'informations qui ne sont pas échangées, et c'est la correction de cet état de fait qui figure parmi les projets de réforme évoqués. Les bases de données concernées sont les suivantes :

• **CLASS (Consular Lookout and Support System) :** Le département d'État met en œuvre la base CLASS (Consular Lookout and Support System) contenant 5,3 millions de fiches sur des demandeurs de visas, dont un million fournis par l'INS et trois millions émanant de la DEA (Drug Enforcement Agency). Cette base fonctionne essentiellement à partir des noms des personnes sollicitant un visa. Des programmes spécialisés utilisant de puissants algorithmes, dont l'efficacité paraît sujette à caution, gèrent les distorsions orthographiques fréquentes dans les langues arabe, russe et espagnole. Le problème à résoudre concerne la numérisation des photographies, de même que l'installation de terminaux accessibles aux agents de l'INS dans tous les points d'entrée sur le territoire américain. En septembre 2001, seuls les aéroports de Newark et de Miami étaient équipés.

• **TIPOFF/Viper :** Développée après l'attentat contre le World Trade Center en 1993, la base TIPOFF/Viper est gérée par le service de renseignement du département d'État, l'INR (Bureau of Intelligence and Research), et alimentée en informations classifiées par les ambassades, la NSA, le FBI et la CIA. Elle intègre désormais les informations fournies par les services d'immigration du Canada (depuis 1997) et d'Australie (2000). Après nettoyage des informations dont la collecte et l'exploitation seraient illégales, les informations de TIPOFF sont reversées dans les systèmes CLASS et IBIS. Elles sont enrichies par une base annexe de données photographiques numérisées intitulée TIPPIX. Celle-ci fait l'objet d'études classifiées permettant de lui appliquer des moyens d'étude et d'analyse biométriques.

• **IBIS :** Base de données commune à l'INS et au Custom Service (Douanes). Désormais intitulée BAP (Border Agency Partnership), elle fait l'objet d'intenses efforts pour devenir accessible à distance aux services du département d'État.

• **NCIC III :** L'un des problèmes auxquels les services d'immigration et le département d'État ont dû faire face concernait l'impossibilité d'avoir accès à la base de données des archives criminelles du FBI (NCIC III), laquelle ne pouvait être partiellement consultée que pour les demandes de visas permanents. Une évolution majeure, désormais permise par le Patriot Act, autorisera le département d'État à consulter le NCIC III avant toute délivrance de visa, sauf si celle-ci concerne un citoyen américain ou un résident permanent titulaire de la *green card*.

La mise en relation des bases de données ne constitue pourtant qu'un problème mineur dans une réorganisation des « services » qui ne manquera pas d'être beaucoup plus vaste. Il est bien évident que les États-Unis doivent réformer en profondeur leurs services de renseignement et il est permis de prédire qu'une réforme majeure interviendra sans doute d'ici l'été 2003. On ne peut guère, à ce jour, anticiper ce qu'elle sera dans le détail, mais les grandes lignes en sont apparentes : elles porteront à la fois sur l'organisation structurelle des services, leur recrutement, leur mode de fonctionnement, leur rapport avec les pouvoirs exécutif et législatif. Pour la communauté dans son ensemble, et pour chacune de ses composantes prise individuellement, les enjeux sont ceux de la puissance de collecte et d'analyse, donc des moyens financiers, du pouvoir d'influence sur le politique et de l'autonomie. En clair : les services entendent bien continuer à n'en faire qu'à leur tête, comme c'est le cas depuis qu'ils existent, et ne pas avoir de comptes à rendre, comme ils sont malgré eux contraints de le faire depuis le 11 septembre. Pour autant, ils ne décident pas seuls et ils vont avoir à tenir compte des exigences – que l'on peut imaginer « raisonnables » – de la commission Snider, tout en répondant à de nouvelles revendications des parlementaires et, dans une moindre mesure, de la Maison-Blanche. Lors de la discussion au Sénat et à la Chambre des représentants sur les amendements à apporter à l'*Intelligence Authorization Act for*

Fiscal Year 2002, le 6 décembre 2001, des indices fort clairs sont apparus sur les axes de travail que les parlementaires sont censés exiger dans les discussions ultérieures.

Pour ceux-ci, les choses sont évidentes : les services secrets américains doivent d'abord être abreuvés en dollars, en particulier pour financer sans restriction un plan de modernisation sur cinq ans. Dans le cadre de ce plan, la NSA doit être « revitalisée ». Déjà considérée en 2001 comme prioritaire, elle le sera encore davantage dans les prochaines années. Elle se voit enjoindre non seulement de développer ses moyens d'interception techniques, mais également de se lancer dans une collaboration plus étroite avec des sources humaines clandestines. En ce qui concerne la CIA, les parlementaires exigent qu'elle accentue aussi ses efforts dans le renseignement humain. Elle se voit réclamer de recruter des officiers traitants « capables d'agir effectivement partout dans le monde ». Si les budgets consacrés à la collecte de l'information sont importants, avec des résultats souvent satisfaisants, la capacité d'analyse, en revanche, n'est pas en rapport. La fusion des informations de diverses sources ne marche pas et les capacités d'analyse demeurent notoirement insuffisantes. Les parlementaires considèrent donc que les cinq prochaines années doivent être mises à profit pour corriger cette situation.

La communauté du renseignement est accusée de ne pas appliquer les méthodes du secteur privé en matière de recherche et de développement, de financer des projets dépourvus d'intérêt et d'y dilapider des sommes considérables. L'accent est mis sur une indispensable coopération avec le secteur privé, l'initiative donnée en exemple étant la société In-Q-Tel[1], créée par la CIA pour offrir des capitaux aux innovateurs dans les technologies de l'information. Elle se concentre sur cinq domaines : recherche d'informations sur Internet ; détection d'attaques, anonymat, gestion des droits d'accès numériques ; *knowledge management* et visualisation ; services d'information cartographique et géospatiale. Depuis de longues années, et même, à dire vrai, depuis les tout débuts d'Internet, la CIA s'intéresse de très près aux informations qui s'y trouvent (dans les fichiers accessibles par le réseau) ou qui y transitent (comme le courrier électronique). Mais, au fil des années, son attitude a changé : plutôt que de dissimuler un intérêt qui n'avait échappé à aucun des acteurs de l'industrie de l'information, l'Agence s'est ouvertement intéressée au domaine au point de lancer une société d'investissement, In-Q-Tel, qui place les fonds des services secrets dans des entreprises prometteuses exploitant des idées neuves dans les technologies de l'information. C'est ainsi qu'In-Q-Tel a investi dans la société californienne SafeWeb, productrice d'un logiciel éponyme permettant de « surfer » sur le web tout en demeurant complètement anonyme. Les traditionnels moyens de surveillance et de « reniflage » des informations personnelles – les fameux *cookies*, entre autres – se trouvent ainsi désactivés, et le « surfeur » reste incognito, sans laisser derrière lui cette infinité de traces[2] dont les entreprises, les services de police et les cybervoyeurs de tout

1. Le « Q » est un hommage au bricoleur de génie des films de James Bond.

2. Pour voir ce que sont ces traces et les effets des *cookies* : http://www.cnil.fr/traces/index.htm.

poil font leur miel. Jusqu'au 10 décembre 2001, date à laquelle le service a été interrompu, chaque internaute désirant surfer anonymement se connectait donc sur le site de SafeWeb et pouvait dès lors voyager dans le cyberespace à l'abri des regards. Enfin... pas de tous les regards, bien sûr ! Chez SafeWeb, donc à la CIA, on savait tout des pérégrinations de chaque internaute connecté... Les objectifs de SafeWeb sont de « faire » le plus de dollars possible en vendant des produits de sécurité, mais aussi de sauver l'humanité souffrante ! Pour l'heure, la principale innovation de la CIA, dans son engagement avec In-Q-Tel, tient au fait que cette information est publique et fait l'objet d'une vaste campagne de communication. Mais ce rapprochement avec l'industrie privée n'est pas nouveau, et la CIA comme la NSA et le NRO ont mis en œuvre une intégration poussée de leurs activités avec le secteur privé. Elle va continuer à une échelle sans doute décuplée.

Présenté le 10 octobre 2001[1], le projet du sénateur républicain Arlen Specter (Intelligence Reform Act of 2001) offre un intérêt particulier : il ratisse large, ne s'engage pas dans une direction jugée inacceptable par les « services » ou l'administration, mais reprend à son compte des idées communément admises dans la classe politique et la presse, déjà évoquées en termes variés par les commissions d'étude. À ce jour, elles ne sont en aucune manière endossées par l'administration ou par la technostructure de la communauté du renseignement. Alan Spenter propose par exemple une idée qui a également ses partisans en France, à

1. « Federal Government Needs Structural Reorganization », *Congressional Record*, 10 octobre 2001.

savoir la création d'un ministère de la Sécurité intérieure (Department of Homeland Security) dont les compétences seraient plus étendues que celles de l'Office of Homeland Security, mais aussi de la National Homeland Security Agency qui avait été réclamée par la commission Hart-Rudman et qui n'avait point vu le jour. Ce département ministériel rassemblerait dans une même structure plusieurs services aujourd'hui dispersés : Coast Guard (gardes-côtes), Customs Service (douanes), Border Patrol (INS), FEMA (Federal Emergency Management Agency), Critical Infrastructure Assurance Office et Institute of Information Infrastructure Protection (Bureaux de protection des infrastructures sensibles, ministère du Commerce), National Infrastructure Protection Center et Domestic Preparadness Office (Bureaux « offensifs » sur la protection des infrastructures sensibles, dépendant du FBI). Au sein de ce nouveau ministère envisagé par Arlen Specter, plusieurs agences spécialisées seraient créées, dont une Agency for prevention (surveillance des frontières), une Agency for Critical Infrastructure Protection (coordination des efforts officiels en matière de cybersécurité et de protection électronique et physique des infrastructures sensibles) et une Agency for Emergency Preparadness and Response qui reprendrait, en les développant, les activités de la FEMA (Federal Emergency Management Agency, spécialisée dans la gestion des catastrophes et qui se rapproche de la Sécurité civile française). Surtout, Arlen Specter réclame la création d'un Office of Science and Technology qui coordonnerait les activités publiques de recherche et donnerait éventuellement des directions « stratégiques » aux entreprises privées. Nous sommes ici assez loin de la lutte contre le terrorisme, mais cette initiative reprend les idées du rapport Hart-Rudman liant de manière explicite les projets scientifiques intéressant la sécurité nationale aux efforts en matière de renseignement. Ce rapport fustigeait ainsi l'abandon du projet *Superconducting Super Collider* (accélérateur nucléaire), et la perte de compétences dans le domaine des supraconducteurs. Dans les deux cas, estimait-il, au profit de l'Europe... Le niveau de l'effort à consentir serait comparable à ceux produits pour l'année internationale de géophysique (1958), pour le début de l'aventure spatiale (décennie 60), et pour le décryptage du génome humain. Le même rapport considérait un doublement de l'effort financier comme indispensable[1].

Concernant plus directement la lutte antiterroriste, Specter demande la création d'un Office of National Assessment qui évaluerait et analyserait toutes les informations de la communauté du renseignement relatives aux menaces terroristes. Pour le reste, le projet d'Arlen Specter ne remet pas fondamentalement en cause l'organisation actuelle du renseignement américain. Il propose de créer un système de planification et d'examen annuel des priorités des services. L'absence de novation en ce domaine est illustrée par le fait que la proposition de loi correspondante ne fait qu'amender légèrement le National Security Act de 1947 en proposant que le National Security Council adresse chaque année au DCI un plan faisant état des priorités censées conduire son action. Plus original et même quelque peu insolite, la création d'un poste d'adjoint au directeur central du Renseignement, spécialement chargé de la gestion des activités des différents

1. *Road Map...*, *op. cit.*, p. 32.

services (Deputy Director of Central Intelligence for the Intelligence Community). Le titulaire de ce poste, dont la nomination devrait être approuvée par le Sénat, aurait en charge la conduite de la coordination quotidienne des services autres que la CIA, le FBI et la DIA. Il n'aurait donc pas voix au chapitre sur plus de 95 % des activités de la communauté du renseignement… En fait, la principale originalité du projet Specter consisterait à découpler les fonctions de directeur central du Renseignement et de directeur de la CIA. Elle impliquerait donc la création d'un second poste, celui de Deputy Director of Central Intelligence for the Central Intelligence Agency, et aurait pour effet de placer le DCI dans une position hiérarchique plus élevée, accroissant de ce fait son autorité.

Projet Scowcroft

En mai 2001, pressentant à son tour qu'une réforme des services de renseignement s'imposerait, le président George W. Bush avait diligenté deux commissions d'étude chargées de lui remettre avant la fin de l'année des projets de réformes « indépendantes mais parallèles », présentées d'emblée comme complémentaires. L'une, secrète, était composée d'une dizaine de membres de la communauté du renseignement et présidée par Joan Dempsey, Deputy Director of Central Intelligence for Community Management. Elle a ajourné ses travaux après les attentats du 11 septembre. L'autre, très discrète, a été confiée à Brent Scowcroft – devenu depuis lors président du PFIAB –, et ses membres, choisis par George Tenet, n'étaient pas des éléments actifs de la communauté du renseignement, tout en lui étant proches. Il s'agissait notamment d'anciens responsables comme David Jeremiah, l'ex-directeur adjoint de la CIA, Richard Kerr, l'ancien sous-secrétaire d'État Stapleton Roy, et l'ancienne adjointe de l'attorney général, Jamie Gorelick. Des personnalités leur étaient associées à titre privé : John Foster (membre du PFIAB de Bill Clinton), Jeong Kim (expert en technologies de l'information, membre du conseil d'administration d'In-Q-Tel), et William Schneider, président du Defense Science Board. Ses propositions n'ont pas été rendues publiques, mais ont été en partie rapportées par la presse, début novembre 2001 ; elles impliquent une importante redistribution des cartes au détriment des militaires. Dans ce schéma, la NIMA, la NSA et le NRO seraient enlevés au Pentagone et placés sous l'autorité directe du DCI. Le DCI étant un civil, quand les trois « services » sont dirigés par des officiers généraux, un tel changement confirmerait le poids croissant du politique sur les « services ». Pour ces raisons, mais aussi parce qu'il craint que les militaires aient moins aisément accès aux informations secrètes, le secrétaire à la Défense, Donald Rumsfeld, s'est fermement opposé à cette réforme. Si elle devait avancer, elle aurait toutes chances de provoquer un clash majeur entre le Pentagone et l'administration. Quoique sensée, sinon hautement souhaitable, elle court donc le risque de ne pas aller bien loin. La commission Scowcroft veut également dégager le DCI de la conduite quotidienne de la CIA : cette mesure ne rencontrerait pas d'opposition et se trouve déjà proposée par les autres commissions d'étude.

Si ces premières propositions connues devaient être appliquées, elles ne remettraient pas fondamentalement en cause le fonctionnement actuel des services américains. Les travaux de la commission Snider ont été prévus pour démarrer à la mi-avril 2002 et pour se poursuivre sur un an, et déboucheront sans doute, à terme, sur de nouvelles propositions plus radicales : il convient de garder à l'esprit que les États-Unis ont toujours su, dans leur histoire, corriger les erreurs du passé pour s'adapter avec imagination aux nouveaux défis.

Annexes

Principaux attentats anti-américains liés aux événements du monde arabo-musulman

		Nombre de victimes	**Responsables**
1982-1991	En neuf ans, 18 Américains seront pris en otage au Liban, dont trois seront tués par leurs ravisseurs.	Trois, dont le colonel des Marines William R. Higgins, et le chef de la station de la CIA à Beyrouth William Buckley.	Inconnus. Soupçons envers le Hezbollah pro-iranien.
4 novembre 1979	Prise de 52 Américains en otage à l'ambassade des États-Unis à Téhéran. Il seront libérés en janvier 1981.		Gouvernement iranien.
18 avril 1983	Destruction de l'ambassade des États-Unis à Beyrouth. Camion piégé.	63 morts, dont 17 Américains.	Jihad islamique. Soupçons d'aide des gouvernements iranien et syrien.
23 octobre 1983	Quartier général des Marines à Beyrouth, attentat-suicide[1].	242 morts, dont 241 Américains.	Jihad islamique. Soupçons d'aide des gouvernements iranien et syrien.
12 décembre 1983	Destruction de l'annexe de l'ambassade des États-Unis à Koweit City. Camion piégé.	4 morts, 62 blessés.	Jihad islamique. Soupçons d'aide des gouvernements iranien et syrien.
20 septembre 1984	Destruction de l'ambassade des États-Unis à Beyrouth. Camion piégé.	13 morts.	Destruction de l'ambassade des États-Unis à Beyrouth. Camion piégé.

1. Quelques secondes plus tard, un autre véhicule piégé explose dans l'immeuble Drakkar abritant des parachutistes français. 57 seront tués.

Principaux attentats anti-américains liés aux événements du monde arabo-musulman

		Nombre de victimes	Responsables
12 avril 1985	Attentat dans un restaurant de Madrid fréquenté par des militaires américains.	18 morts, tous Espagnols. 82 blessés, dont 15 Américains.	Revendications par le Jihad islamique et l'ETA. La première hypothèse demeure la plus plausible pour les enquêteurs espagnols.
1er juin 1985	Détournement du vol 847 de la TWA.	Robert Stethem, un nageur de combat de l'US Navy est tué.	Hezbollah. Arrêté par les Allemands en 1987, le principal suspect Mohammed Hamadei a été condamné à la prison à vie.
8 août 1985	Base américaine de Francfort. Voiture piégée.	2 Américains tués, 20 blessés.	Rote Armee Fraction. Eva Haule et Birgit Hogelfeld ont été condamnées à la prison à vie.
7 octobre 1985	Détournement du paquebot *Achille Lauro*.	Leon Klinghoffer, handicapé en chaise roulante, est assassiné puis jeté par-dessus bord.	Les quatre auteurs palestiniens qui avaient obtenu l'asile en Égypte ont vu leur appareil intercepté par l'US Navy, puis contraint d'atterrir en Italie. Condamnés à de longues peines de prison, trois ont été libérés ou se sont évadés.
23 novembre 1985	Détournement du vol Egyptair 648.	Un Américain et un Israélien tués par les preneurs d'otages, et 60 lors de l'assaut par les forces égyptiennes.	Omar Mohammed Ali Rezaq, l'un des pirates, a reconnu l'implication du groupe Abu Nidal. Extradé vers les États-Unis et condamné à la prison à vie en 1996.
2 avril 1986	Détournement du vol 840 de la TWA (Rome-Athènes).	Une bombe tue 4 personnes, aspirées vers l'extérieur par un orifice dans le fuselage.	Éventuellement, le groupe palestinien Organisation du 15 mai.

Principaux attentats anti-américains liés aux événements du monde arabo-musulman

		Nombre de victimes	Responsables
5 avril 1986	Discothèque La Belle (Berlin). Bombe.	3 morts, dont 2 Américains et 150 blessés.	Malgré plusieurs revendications, le gouvernement américain considère la Libye comme responsable, et engage le 14 avril l'opération El Dorado Canyon contre Tripoli, tuant une fille et blessant deux autres enfants du colonel Khadafi.
21 décembre 1988	Attentat contre un Boeing de la Pan Am qui s'écrase sur la ville de Lockerbie (Ecosse).	270 morts, dont 6 agents de la CIA enquêtant sur les enlèvements d'Américains à Beyrouth.	Des doutes persistent sur l'origine de l'attentat. Bien qu'un agent libyen ait été condamné en février 2001, le groupe FPLP-Commandement général basé à Damas demeure un suspect sérieux.
25 janvier 1993	Tir au fusil d'assaut sur un parking de la CIA, à Langley.	Deux morts, trois blessés.	Après quatre ans de chasse à l'homme par la CIA et le FBI, le Pakistanais Mir Aimal Kasi est arrêté à la frontière pakistano-afghane. Transféré aux États-Unis, il sera condamné à mort.
26 février 1993	Explosion d'un camion piégé au World Trade Center de New York.	6 morts.	En janvier 1998, Ramzi Youssef, le « cerveau » de l'attaque sera condamné à la prison à vie, plus 240 ans. Ses liens supposés avec Ben Laden ne sont pas démontrés. Un ancien sergent de l'US Army, Ali A. Mohammed, a entraîné les poseurs de bombe, et pourrait être lié à Al-Qaida.

Principaux attentats anti-américains liés aux événements du monde arabo-musulman

		Nombre de victimes	Responsables
13 novembre 1995	Explosion d'un camion piégé devant un cantonnement de coopérants américains à Riyadh.	7 morts, dont 5 Américains, 60 blessés.	4 suspects liés à Oussama Ben Laden sont arrêtés en avril 1996 par les autorités saoudiennes et décapités en juin, sans avoir été interrogés par les Américains.
25 juin 1996	Explosion d'un camion piégé devant un cantonnement de coopérants américains (Khobat Towers) à Dahran.	19 morts et 400 blessés.	Cellule saoudienne du Hezbollah libanais. Soupçon initial de commandite par le gouvernement iranien ; possible intervention d'Oussama Ben Laden. Pas de coopération dans l'enquête entre le FBI et les Saoudiens.
7 août 1998	2 véhicules piégés explosent à quelques minutes d'intervalle devant les ambassades améri-caines à Nairobi (Kenya) et Dar es Sallam (Tanzanie).	224 morts, 5 000 blessés.	Oussama Ben Laden et son lieutenant Mohammed Atef (sans doute tué en Afghanistan) ont été inculpés dans cette affaire, de même que d'autres membres présumés du réseau Al-Qaida : Mohammed Saddiq Odeh, Mohammed Rashed Daoud al Owhali, Abdallah Mohammed Fadhul, Wadih el Hage, Mahmduh Mahmud Salim, Khalid al Fawwaz, Khalfan Khamis Mohammed, Mustafa Mohammed Fadhil, Ahmed Khalfan Ghailani, Fahid Mohammed Ally Msalam et Sheikh Ahmed Salim Swedan ; les accusations reposent sur les confession d'un repenti seulement connu sous le nom de code CS-1 (Confidential Source-1).
24 octobre 2000	Attentat par mer contre la frégate *USS Cole* dans le port d'Aden (Yémen).	17 marins américains tués.	Attribué à Al-Qaida. Gros conflit durant l'enquête entre le département d'État et le FBI.

Principaux attentats anti-américains liés aux événements du monde arabo-musulman

		Nombre de victimes	Responsables
11 septembre 2001	2 avions détournés frappent les tours du World Trade Center, un troisième le Pentagone tandis qu'un quatrième n'atteint pas sa cible, peut-être la Maison-Blanche.	2 830 morts à New York, 189 au Pentagone, 44 dans le vol 93 d'United qui s'est écrasé en Pennsylvanie.	Al-Qaida.

Sources : *The Washington Post, Time Magazine, Brookings Institution, Le Monde, Libération.*

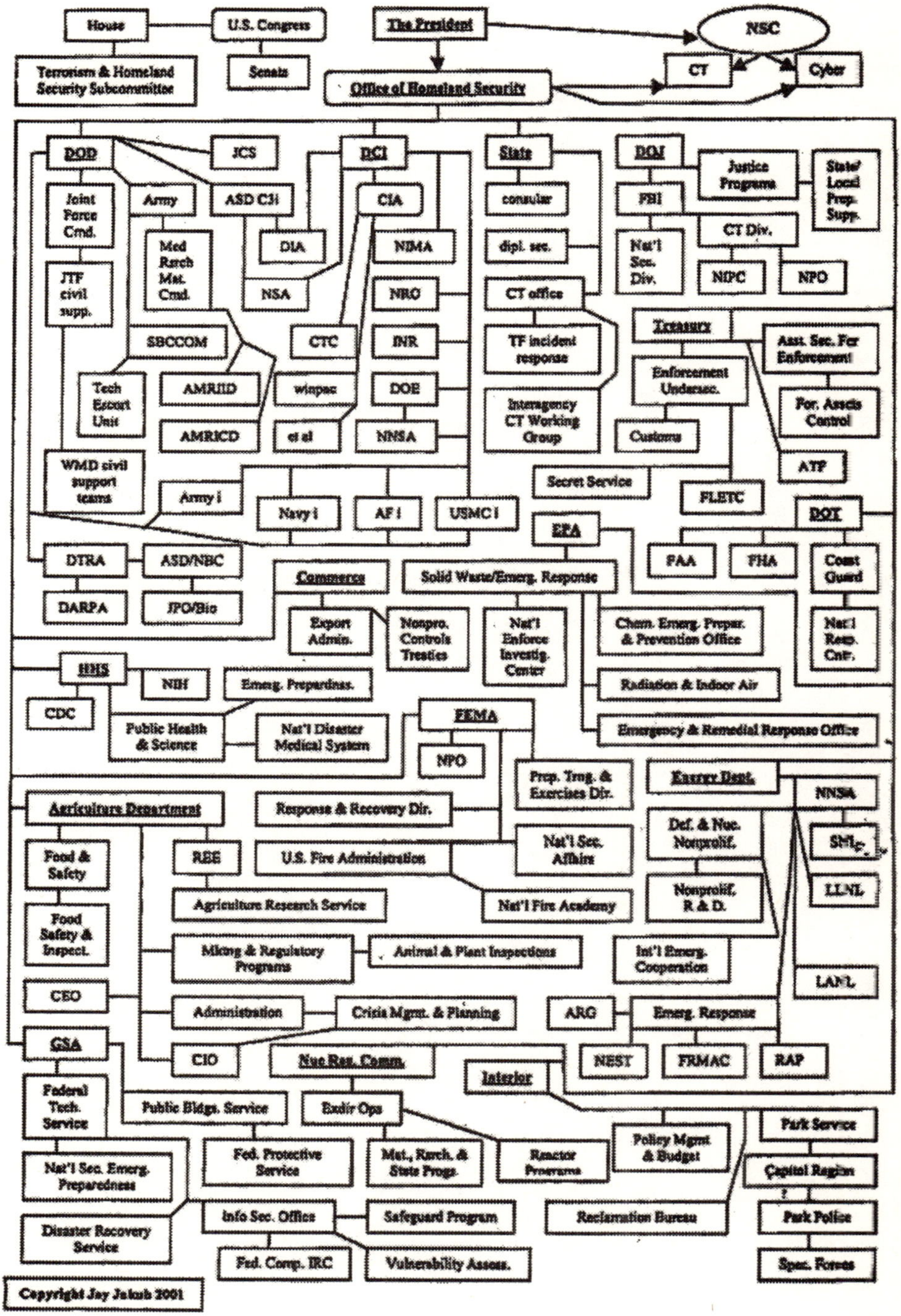

Organigramme des Services de sécurité et de renseignement sous la coupe du *Office of Homeland Security* concernant la sécurité intérieure. *New York Times*, novembre 2001.

INDEX

Table des matières

Impression réalisée sur CAMERON par
BRODARD ET TAUPIN
La Flèche

pour le compte des Éditions Fayard
en mai 2002

Imprimé en France
Dépôt légal : mai 2002
N° d'édition : 21015 – N° d'impression : 13040
ISBN : 2-213-61178-5
35-57-1378-5/01